JN107645

Grade 1

英検® 1級

最短合格！ リーディング問題 完全制覇

植田一三 編著

由良 毅・中坂あき子・上田敏子・田岡千明 著

はじめに

英検®1級は、ほかの資格検定試験とは異なり、ハイレベルな語彙力、読解力、リスニング力、社会問題に関するエッセイライティング力・スピーキング力など、高度な英語のスキルを幅広く評価する、非常にバランスの取れた検定試験です。事実、語彙問題は、『TIME』や『The Economist』のような高度な英語の文献を読んで内容を理解するのに必要な10,000語水準以上の語彙力や句動詞の知識をテストしています。長文読解問題は、高度な英字誌やアカデミックジャーナルが読める能力を、リスニング問題は、CNN放送やDiscovery Channelや洋画などを聞いて理解できる力を判定します。エッセイライティングやスピーキングテストでは、社会問題や世界情勢について英語で意見を論理的に述べる力を評価しています。

2016年度からは、合否判定のみであった以前の方式とは異なり、技能別の「英検®CSEスコア」が導入され、LRSW（Listening, Reading, Speaking, Writing）の4技能の英語力をバランスよく測定できるようになりました。この方式では、4技能のスコアが均等に配点されており、リーディング（語彙+読解）のように問題数が多い技能では1問あたりの配点が低い一方、エッセイのように問題数が少ない技能では1問あたりの配点が高くなっています。よって、極端に苦手な技能があると合格しにくくなります。1級のCSEスコアの合格基準点は、一次試験が2,028点（リーディング、ライティング、リスニング各850点満点で計2,550点満点）、二次試験は602点（満点は850点）となります。また、1級CSE合格基準点の2,630点（一次+二次）は、言語能力を評価する国際指標であるCEFRではC1（5段階のうち上から2番目）に対応し、自分の英語力を世界基準で測ることができます。「合否ラインまでの距離」を示す指標「英検®バンド」が技能ごとにプラスマイナス（+−）で示され、プラスの数値が大きいと余裕合格を意味します。

CSE方式では、リーディングは語彙問題と長文読解問題の正答数で総合判断されるので、語彙問題のスコアが高ければ有利と言えます。ですが、ものを言うのは、やはり総合得点です。長文読解問題もきちんと正解し、一定水準を超える必要がありますし、語彙問題が苦手な方は、得点源としてしっかりと長文読解の対策をしていただきたいと思います。しかし、1級の空所補充問題はほかの検定試験と比べて選択肢が長くて難問も多く、内容一致問題は、日本語で読んでもとっつきにくい内容でなかなか頭に入らず、パッセージの量に圧倒されて時間が足りない方が多いようです。さらに、誤答が正解に見えるよう巧妙に作られており、正解はパッセージを巧みにパラフレーズや要約したり、行間を読む必要のある洗練された問題が多いので、なかなかハードです。

本書は、このような一筋縄ではいかないハイレベルな長文読解で高得点を狙う方のために作成されました。構成は、次のようになっています。Introductionでは「1級リーディング問題の特徴」や「空所補充問題と内容一致問題の分析と難問攻略法」を取り上げ、特に正解や誤答を分析することで、distractors（誤答）にはまらずに、迷わず正解を選ぶための極意を伝授します。以降の章では、最新の出題傾向に沿った演習問題と模試に挑戦します。どの問題も「標準・やや難・難レベル」の3段階に分かれ、実際の試験より難しい高負荷な問題を多く揃えています。Chapter 1では、空所補充問題で高得点を獲得するための「攻略ストラテジー」をすべての問題に散りばめています。Chapter 2では、内容一致問題での高得点の獲得と表現力の向上を目指します。最後のChapter 3では、模試を3セット用意しました。さらに弱点を強化していただければと思っています。

なお、本書の作成にあたり、惜しみない努力をしてくれた、理学博士で英語の達人である由良毅氏（大問3問題作成）、アスパイアスタッフの中坂あき子氏（大問2・3）、上田敏子氏（大問2・3、全体企画）、田岡千明氏（大問3解説）、およびジャパンタイムズ出版・英語出版編集部の西田由香氏には、心から感謝の意を表したいと思います。それから何よりも、われわれの努力の結晶である著書をいつも愛読してくださる読者の皆さんには、心からお礼を申し上げます。

それでは皆さん、明日に向かって英語（悟）の道を
Let's enjoy the process!（陽は必ず昇る！）

植田一三

解答・解説編 CONTENTS

カバー・本文デザイン／DTP組版：清水裕久 (Pesco Paint)
英文校閲：Ed Jacob
ナレーション：Jennifer Okano
録音・編集：ELEC録音スタジオ
音声収録時間：約50分

本書の構成と使い方

本書は、英検®最上位級の1級に挑戦する方が長文読解攻略に必要な力をつけるための問題集です。問題編（別冊）と解答・解説編（本冊）に分かれています。

問題編

・別冊の問題編には、空所補充問題（大問2）と内容一致問題（大問3）の演習問題と模試3セットが収録されています。
・問題は、過去20年の出題傾向を徹底分析して作成した計38題120設問になります。全体的に本試験より難しめの問題を揃えています。

解答・解説編

► **Introduction　1級リーディング問題の攻略力をUP！**

最初に、合格のために必要な長文の「問題攻略力」について、理論面から見ていきましょう。解答時間の目安、試験によく出るトピックはもちろん、各大問の問題分析や攻略法についても丁寧に解説しています。

► **Chapter 1　語句空所補充問題攻略（大問2）**
► **Chapter 2　内容一致選択問題攻略（大問3）**

演習問題それぞれに難易度やトピックなどが記されていますので、それを手掛かりに挑戦していきましょう。解き終わったら、解説をよく読んで答え合わせをしましょう。

► **Chapter 3　模擬試験　模試3セットに挑戦！**

演習問題で力をつけたあとは、仕上げとして模擬試験にチャレンジしましょう。巻末のマークシートを利用し、本番の試験に臨む気持ちで解いていきましょう。

① **トピック**　「教育・心理学」「歴史・文化・メディア」「生物・科学・環境」「政治・経済」などの頻出分野を網羅しています。

② **難易度**　3段階になっています。自分の力に応じた難易度の問題から取り組んでもよいでしょう。

③ **解答時間**　常に意識して解答しましょう。

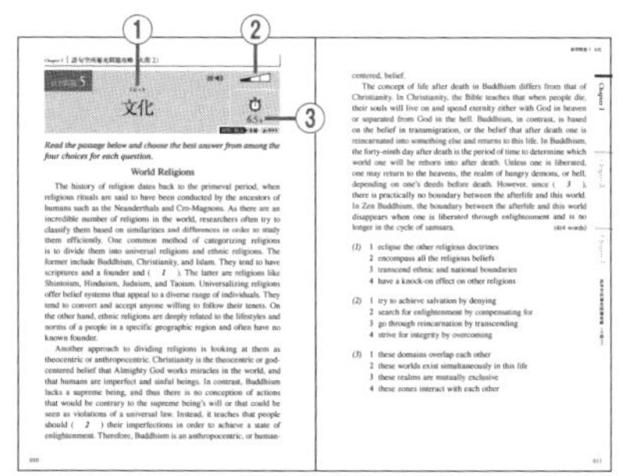

④ **訳**　パッセージと選択肢は全訳つきです。解答のヒントとなる部分に下線が引いてあり、数字は設問番号に対応しています。また、空所補充問題（大問 2）では、空所の部分が色文字になっています。

⑤ **Words & Phrases**　覚えておきたい単語・表現を取り上げました。難語も多いですが、繰り返し登場するものもあります。知らない語句はここでチェックしましょう。

⑥ **解答・解説**　正解を導くための道筋を丁寧に説明しています。「カリスマ講師の目」では、問題タイプや正解のパターンなどを紹介し、攻略のアドバイスを行っています。

⑦ **音声番号**　厳選したパッセージに音声がついています。読解スピード、リスニング力の強化にお役立てください。

※大問 2 の読み上げ音声は、空所に解答を入れて読んでいますのでご注意ください。

音声のご利用案内

本書の音声は、スマートフォン（アプリ）やパソコンを通じて MP3 形式でダウンロードし、ご利用いただくことができます。

スマートフォン

1. ジャパンタイムズ出版の音声アプリ「OTO Navi」をインストール
2. OTO Navi で本書を検索
3. OTO Navi で音声をダウンロードし、再生

3 秒早送り・早戻し、繰り返し再生などの便利機能つき。学習にお役立てください。

パソコン

1. ブラウザからジャパンタイムズ出版のサイト「BOOK CLUB」にアクセス
https://bookclub.japantimes.co.jp/book/b616464.html
2. 「ダウンロード」ボタンをクリック
3. 音声をダウンロードし、iTunes などに取り込んで再生

※音声は zip ファイルを展開（解凍）してご利用ください。

Introduction

1級リーディング問題の攻略力をUP!

1

1級リーディング問題の特徴

1級のリーディング問題は大きく3つの形式に分かれており、本書で扱うのは長文の語句空所補充問題（大問2）と内容一致選択問題（大問3）です。これらは、一般的に「長文読解」と呼ばれています。筆記問題全体の解答時間は、ライティングも含めて100分になります。

リーディング試験概要（いずれも4択）

形式・課題	問題数	問題文の種類	語数
短文の語句空所補充 （大問1／語彙問題）	25	短文 会話文	
長文の語句空所補充 （大問2）	**2題6問**	**説明文 評論文など**	**約400語**
長文の内容一致選択 （大問3）	**3題10問 3設問形式×2 4設問形式×1**		**3設問形式：約550語 4設問形式：約800語**

長文問題は読むべき英文量が多く、しかも話が唐突に始まったり、断片的で内容がわかりにくかったり、パラグラフがやたら長かったり、文と文とのつながり（cohesion）や構成（organization）が難解だったりして、頭に入ってきにくいものが多いと言えます。また、設問のレベルも高いため、内容を理解して要点をまとめ、さまざまに言い換えられた正解選択肢をすばやく発見できる国語力（ロジカルシンキング力）、短期記憶力、ある程度の知識と教養、そして頭の回転の速さ（agility）が必要です。

■ 求められる「問題攻略力」とは

長文問題を突破する戦略としては、次のような「問題攻略力」を鍛えることが何より重要です。

- パラグラフの冒頭または最後にポイントが述べられ、キーワードが頻繁に言い換えられるパッセージの特徴に慣れる
- パッセージのポイントをすばやくつかみ、選択肢のトリック（distractors＝トリッキーな誤答）に惑わされずに正解を探す
- 構成や説明がわかりにくい英文に対しては、知識と国語力で補う
- 設問や正解・誤答のパターンを知る
- パッセージに登場する研究者と筆者自身の意見を区別できる判断力を磨く

こうした「問題攻略力」を総合的に上げていかないと、ライティング問題や、リスニング問題の選択肢を読んで「聞く体制」を整える時間が足りなくなってしまいます。

■ 解答時間の目安

空所補充問題は長さが約400語なので2分で読み、1問あたり1.5分を目安に解きましょう。すると1題につき6.5分（2分＋1.5分×3設問）、2題で13分かかることになります。

内容一致問題の長さは約550語と800語なので3分または4分で読み、1問あたり3分を目安に解きましょう。その場合、合計では12分（3分＋3分×3設問）×2題＋16分（4分＋3分×4設問）＝40分かかる計算になります。

筆記試験は100分ですから、長文読解に53分、語彙問題に10分、ライティング問題に30分かかるとすると、残りは7分です。その時間をリスニング問題の「選択肢先読み」に充て、「リスニングしながら問題を解くreadiness」を作るのが理想です。

■ 頻出のトピック

出題されるパッセージは、『Scientific American』や『National Geographic』のような科学情報誌を題材に使っていることが多いので、まずは英文記事の読解最低水準である 8,000 語の語彙力の習得を目指しましょう。

パッセージのトピックに関しては、いくつかの種類に分けることができます。ここ数年で出題されたトピックを見ていきましょう。

分野	トピック
科学分野	「毒のメカニズム」、「通信衛星データの経済メリット」、「恐竜の仮説」「ゴキブリと宝石バチ」、「生物学的分類論争」、「心理学の再現性の危機」、「タマバチ」、「マウスのユートピア」、「植物神経生物学」、「演技と脳」、「記憶とニューロン」、「サイコパスのプラス面」、「古生物学サイルリアン仮説」、「CRISPER 遺伝子操作」
歴史・文化分野 （法律関連のトピック含む）	「アダム・スミス」、「高利貸しと罪」、「アメリカ先住民の強制移住」、「ブレヒトと叙事演劇」、「ウェブスター辞書」、「ナセルと反アラブ主義」、「ヴェルサイユ条約」、「ペルーのにわか景気」、「フォークランド戦争」、「ピノチェト下のチリ」、「グラディオ秘密軍隊作戦」、「イラン・コントラ疑惑」、「ワイマール共和国」、「黒死病」、「アメリカ憲法解釈」

このほか、現代の経済やビジネス関連のトピックもよく出題されます。ビジネス分野はなじみ深い人も多いので特別な対策はしなくともよいでしょう。逆に、歴史分野はとっつきにくいマイナーなテーマが取り上げられるため対策しにくいですが、過去問題集を解くのは必須です。科学分野については前述の『Scientific American』や『National Geographic』だったり、『TIME』のようなニュース雑誌を「習慣的に読む」ことで、長文に慣れるようにしましょう。英文を定期的に読むだけでなく、問題練習にも取り組む必要があります。

さらに、拙著『英語で説明する人文科学』や『英語で説明する科学技術』(以上、語研)のような本で、ある程度の一般教養を身につけることも大切です。

続いて、空所補充問題と内容一致問題の特徴と攻略法を個別に見ていくことにしましょう。

2

空所補充問題の分析と攻略法

1 問題タイプ

1 級の空所補充問題は、空所の前後の文をさらっと読んだだけでは解けないものが多く、正解の根拠となる範囲が広いという特徴があります。また、論理構築や文の関係性がうまくつかめず、選択肢で迷って誤答を選んでしまうケースが多いようです。そこで、段落全体を速読して流れや前後関係をつかんで解くという読解法を習得することで、すばやく確実に正解にたどり着けるようになります。

前後関係には大きく「**順接型**」「**逆接型**」の 2 タイプがあり、「順接」にはさらに「因果・強調・例証・追加」の 4 パターンがあります。これらの関係を読み取るには、文脈の流れを示す「**論理接続表現**」を知る必要がありますが、ハイレベルな問題ではそれらが省略されたり、間接的な表現に置き換えられたりしますので要注意です。以上の点を踏まえて、ぜひ覚えていただきたいパターンとテクニックを披露しましょう。

順接の接続表現
「例証型」(as an illustration, for instance など)
「因果型」(therefore, consequently, hence, as a result など)
「強調型」(indeed, in fact, actually, as a matter of fact, in truth など)
「追加型」(furthermore, additionally, moreover, similarly, at the same time など)

順接関係は「例証型」と「因果型」が多く出題されており、「強調型」と「追加型」の出題比率は低めとなっています。

また、「ポイントを述べてから具体例を述べる」場合が最も多く

① 主張・理論のあとに根拠・引用を述べるパターン
② 法則のあとに個々の事例を述べるパターン
③ 原因のあとにその結果を述べるパターン
④ 仮定のあとにその論理的結果を述べるパターン
⑤ 実験のあとに発見事項を述べるパターン

などの関係性がよく出題されます。

これに対して逆接関係は、A ↔ B（AとBでは反対のことが述べられる）が最頻出パターンで、「肯定論・支持 ↔ 否定論・反論」の頻度が最も高く、ほかにも

① 一般論を述べてから独自の見解を述べるパターン
② 過去のことを述べたあとで、現在あるいは未来のことを述べるパターン
③ 原則を述べたあとで、例外を述べるパターン
④ 理論的なことを述べたあとで、実際的な例を述べるパターン
⑤ 予測されたことを述べたあとで、意外で・皮肉な状況を述べるパターン

などがよく出題されます。空所補充問題が苦手な人は、これらのパターンがあることを知っておくと、順接か逆接かがすぐにわかるので便利です。

ハイレベルな問題においては、空所の前後に but や however などのようなすぐにわかる逆接語が全く見当たらなかったり、in fact（ところが実際には）、unfortunately（だが不幸なことに）、even so（だがそうだとしても）、ironically（だが皮肉なことに）、unexpectedly（ところが意外なことに）、whether this is true or not（しかしいずれにしても）、instead（だがその代わりに）、on the flip side（その一方で）などのような「準逆接表現」に置き換えられる場合が多いので、それらを見落とさないように注意しましょう。

以上のような論理展開を意識しながら英文を読み解くことによって、予測能力と問題処理能力が同時にアップできるわけです。それでは最後に、順接と逆接によく用いられる語句をまとめておきましょう。順接関係 A → B のパターンで、頻度的には B よりも A の方が空所になっていることが多いです。

順接[A → B]を示す表現例

□ like / for instance / such as (抽象=具体)
□ indeed (抽象=強調)
□ not surprisingly (具体=当然の帰結)
□ this means that (事例=要約)
□ in that sense (事例=要約)
□ an analogy can be made (抽象=具体)
□ compounding the problem (問題=難題)
□ the reasoning is that (主張=根拠・背景)
□ if..., then (仮定=帰結)
□ as...will (仮定・理由=結果)
□ following...then (事前=事後)

逆接[A ↔ B]を示す重要語例

□ used to ↔ today (過去 ↔ 現在)
□ in the past ↔ recently (過去 ↔ 現在)
□ on the face of it / on the surface ↔ in reality (外観 ↔ 内実)
□ some ↔ others (一方 ↔ 他方)
□ traditionally / conventionally ↔ over the last decade (従来 ↔ 近年)
□ only ↔ staggering (過小 ↔ 過大)
□ normally ↔ on the other hand (原則 ↔ 例外)

別の分類として、空所に入る正解の選択肢が「**ポジティブな文脈かネガティブな文脈か**」で見分ける方法があります。あるいは、ポジティブ・ネガティブの方向性が同じ選択肢の中で、「**degree (程度) や意味合いの違い**」で判断する難問タイプもあります。

重要なのは、文脈から「ポジティブかネガティブかを見抜くこと」です。答えがネガティブだと判断できる場合、選択肢の3つがポジティブであれば、容易に正解を選ぶことができます。ただし、高度な問題では **however** のようなすぐにわかる逆接語ではなく、前述の「**準逆接表現**」に置き換えられることがあります。

「**degree 型問題**」は厄介ですが、選択肢が「**general か specific か**」を見て解ける場合があります。例えば、環境に関する問題で、「公共の清潔度をさらに引き上げることはどう思われているか」という視点に対し、選択肢の1つが have increased pathogen levels (病原菌の増殖)、もう1つが have made matters worse (事態の悪化) だとします。一見、どちらもネガティブで選択肢の識別は難しいように思えます。ですが、空所の内容を示した本文部分に illness will be much more severe や excessive attention to cleanliness could eventually weaken our natural immune systems（過度の衛生は人間本来の免疫力を低下させ、逆に病気にかかりやすくしてしまうかもしれない）と書かれていると、正解はそれを「**一般化**」した general な後者 have made matters worse（事態の悪化）になります。「菌の強まり」については一言も述べられていないので、specific な前者 have increased pathogen levels（病原菌の増殖）は不正解となります。

2 難問への対処法

空所補充問題を解くには、空所の前後を広い範囲にまたがって読まなくてはなりません。ただし、問題文は、長めのパラグラフでも1文目にポイントを述べ、最後の文でもう一度言い換えて（internal summary）いることが多いのが特徴です。よって、「パラグラフリーディング」をすれば、容易に問題を解くことができます。

しかし、中には、空所の前後の文を読んだくらいでは解けず、複数のパラグラフを読ませる「**段落交差型**」**の難問**も見られます。正解の根拠となる範囲が広いと、論理の構築や文の論理的関係がうまくつかめず、選択肢で迷い、誤答を選んでしまう可能性が高くなります。このようなときは、パラグラフ全体を速読（その部分を2～3回読めばできる）して、流れをつかんで解くという読解法の習得が欠かせません。つまり、**全体像を見る理解のスピードの底上げ**が重要になるのです。

3

内容一致問題の分析と攻略法

■ 問題タイプと攻略法

内容一致選択問題では、何が問われ何に重点を置いて読めばよいのかを知っておくことが、問題を速く解くことにつながります。よく出題される設問のパターンには、①**筆者や研究者などの主張・見解を問う問題**、②**出来事や活動の原因・理由・結果・目的などを問う問題**、③**例証や事実関係の細部を読み取る問題**の３つがあります。それぞれの特徴と攻略法を見ていきましょう。

① 筆者や研究者などの主張・見解を問う問題

パッセージの筆者自身や、主張が引用された権威者など、文中に登場した**人物の考え方に関する問題**です。出題比率が最も高く、「**結論**」を問う場合もあります。次のような設問が使われます。

- Which of the following statements would X most likely agree with...?
- What is X's view [argument, opinion] of...?
- Which of the following best summarizes [represents] his/her opinion?
- What conclusion does he/she reach concerning...?

人名などから検索読みできるので解答部分は発見しやすいのですが、普通は**複数の文にわたっている**ので、**速読しなければ全体の思想を読み取ることができない**ことの多い難問タイプです。大体において、筆者の意見とほかの権威者の意見はイコールではないことに注意しましょう。前者は「私の考えでは」のような導入表現（tag）がなく、最終パラグラフで述べられる傾向が強いことも念頭に置いておきましょう。

② 出来事や活動の原因・理由・結果・目的などを問う問題

problem, trouble（問題）、**concern**（懸念）、**controversy [contention]**（議論）などの「因果関係」を問う問題です。これも出題頻度が高いです。事象の要因については、reason, factor や理由を表す接続詞（since, as, because）などが書かれてないことが多く、the most likely explanation is...や where did it originate?（由来･起源を問う問題）のように表現されることもあります。前後関係を意識して読み取る必要があります。

また、「**結果（result, consequence, outcome, repercussions）**」や「**影響（impact, effect, influence）**」もよく問われます。答えの該当部分が長い傾向があるので、全体を通して一連の流れをつかむことが必須です。さらに、「**活動や調査などの目的 (one purpose [objective, aim, goal])**」が問われこともありますので、普段から因果関係を意識した読解を心掛けましょう。

③ 例証や事実関係の細部を読み取る問題

What is used as a(n) example [proof, evidence] ? のように「**具体例**」を問う問題や、What does he/she attempt to show by introducing the example [case, experiment, observation]? のように「**具体的事実から導き出される事柄**」を問う難問パターンがあります。単に具体例を理解するだけではなく、「例を通して言いたいことは何か」をつかむことが重要です。

さらに、具体的な**情報を問う問題**の例を見てみましょう。

- What is one challenge [problem, disadvantage, obstacle, drawback, concern]? 〈問題・欠点・懸念
- What is one advantage over...? 〈利点
- What is one action [solution, approach] to... 〈対処方法
- How does it deal with [handle]...? / How was the discovery of... made? 〈発見方法

いかがでしたか。内容一致問題でどこに着眼点を置くかが理解できたと思います。普段から漫然と英文記事を読むのでなく、これまで説明したような視点を頭に入れて、読む練習をするようにしましょう。

では次に、選択肢の正答・誤答パターンについて見ていきます。

4

内容一致問題選択肢の「正解」分析

内容一致問題の正答と誤答のパターンを知っておくことは、問題作成者の意図がわかり、選択肢のワナにはまりにくくなるために非常に有益です。内容一致問題で、正解に本文の語句がそのまま使用されることはありません。選択肢は、正答だと気づかせないために実に巧妙に作られているので、どうしても答えがわからないときはこれを逆手に取り、正解に見えないような選択肢を選ぶという方法もあります。

正解は次の３つのタイプに分かれ、その複合型も出題されます。

① 行間・裏返し型（類推を含めた行間把握型、視点切り返し型）
② サマリー・一般化型（具体例のキーアイデア化型、複数文の要約型）
③ 類語言い換え型（語句レベルの簡単なパラフレーズ型）

①「行間・裏返し型」パターンをマスター！

「**行間型**」は、本文に直接書かれていない内容を推論して解かなければならない難問パターンです。このタイプは infer, suggest, imply のような「示唆する」系の語が使われており、論理の飛躍にならないように推論しなければなりません。また、「**裏返し型**」とは、「当時までその考えは主流ではなかった」を「当時からやっとその考えが受け入れられた」のように、内容を「裏返して」解釈するものです。例を見てみましょう。

例１

Those attempting to acquire traditional taxonomic techniques are becoming a dying breed.
伝統的な分類技術を学ぼうとする人は絶滅しかけている

を読んで、

➤ Classification skills based on conventional methods will be lost.
従来の方法に基づく分類技術は失われるであろう

を推論する。

解説 「スキルが失われる」という状況を推論させる問題で、さらにtraditional をconventional、techniquesをskillsへの類語言い換えを組み合わせた複合型問題。

例2

International trade will continue to make sense even if one country dominate the market in every industry.

一国がすべての産業で絶対的な優位性を持っていても、国家間の貿易は成立し続ける

を読んで

➤ Nations that have no advantage in any market may actually still have a chance for business transactions.

いかなる市場において優位性を持たない国々にも、実際に商取引の機会がいまだにある

を推論する。

解説 「一国が市場を支配しても国際取引は成立する」から「優位性が全くない国でも商取引のチャンスはある」を読み取る難しめの問題。

例3

Domestication seems to have occurred independently in eight areas of the world over a span of 3,000 years.

動物の家畜化が3,000年にわたって世界の8つの地域で起こってきたようだ

を読んで、

➤ Agriculture appeared in different areas in roughly the same historical period.

農業が異なる地域でおよそ同時期に起こった

を推論する。

②「サマリー・一般化型」パターンをマスター!

「サマリー・一般化型」は具体例を「抽象化」するものです。例えばpiano, violin, drum, fluteと楽器がたくさん出てきたら、musical instrumentsのように「概念化」したり、politics, economics, psychology, anthropology, astronomyのように学問分野がたくさん出てきたら、academic disciplinesのように概念化するというものです。

しかし、実際は③の**「類語の言い換え型」との複合型**で出題されることが多く、長文読解だけでなく、リスニング問題でも最もよくあるタイプです。反対に「概念化」を「具体例化」して出題されることがありますが、比率的には非常に少ないと言えます。

例1

deforestation and shrinking natural habitats
森林破壊や減少しつつある自然生息地

を読んで、

➤ environmental degradation
環境悪化

という表現に一般化(抽象化)する。

例2

With an increasing trend toward turning every corner of the country into billboards, people try to tune out advertising messages.
国のあらゆる場所で宣伝をする傾向が強くなると、人々は広告メッセージを無視しようとする

を読んで、

➤ Prolonged exposure to advertising is gradually decreasing its impact on consumer behaviors.
長く広告にさらされると、徐々に消費者への影響が弱まっていく

という表現に一般化(抽象化)する。

解説 「過度な宣伝広告の掲示の影響」を「一般化サマリー&行間・裏返し」た難問パターン。

例3

An outer core of molten iron generates an electric current and creates the magnetosphere through the intricate and constant movements of the outer core.

溶鉄の外核は、複雑に絶えず運動することによって、電流と磁気圏を生成する

を読んで、

➤ The liquid iron that makes up part of the Earth's core creates electromagnetic forces as a result of its complex movement.

地核部分を構成する液体鉄が、複雑な運動することで電磁力を生み出す

という表現に一般化（抽象化）する。

解説 an outer core（外殻）とは磁場が生みだす内核とマントル層の間にある液体層のことで、これを the liquid iron that makes up part of the Earth's core で一般化している。また、molten を liquid に、generates an electric current and creates the magnetosphere を creates electromagnetic forces というやや概念化した言い換えをした「類語言い換え&一般化の複合型」の難問。

③「類語言い換えパターン」をマスター！

長文読解やリスニングでは、どの問題でも非常に頻繁に使われているものです。本文の語句が正解の選択肢にそのまま使われることはほとんどないので、別の表現での言い換えを見抜くには、普段から英英辞典を活用したり、類語をグループ分けしたり、ボキャビルのときにはパラフレーズして覚えるようにしましょう。

例1

thumb your nose at the authorities
当局を非難する

➤ scoff at [show disapproval of, level criticism at] the government policies
政府を批判する

解説 thumb *one*'s nose at ~ は「～を非難する」という意味のイディオム。

例2

stumbled onto the existence by accident
その存在を偶然見つけた

➤ uncovered the existence unintentionally
その存在を偶然発見した

解説 stumble onto ~ は「～に偶然出くわす（～を発見する）」という意味。by accident は by chance, unintentionally, unexpectedly などで言い換えられる。

例3

offering a broader spectrum of investment options and opening overseas branches
広い投資オプションを提供し、海外支店を開設して

➤ broadening investment choices and launching foreign operations
投資の選択肢を広げ、海外事業を開始して

例4

It's a daunting challenge for him to enhance their employees' motivation for work.
従業員のモチベーションを上げるのが至難の業である

➤ his inability to inspire their subordinates to work harder
部下に頑張らせる能力がないこと

解説 employees は workers, subordinates (部下), staff などで言い換えることができる。

以上が内容一致問題の選択肢に用いられる「正解」の代表的なパターンです。たいていの場合、複数のパターンが組み合わされるので、正答を見分けるのがより難しくなります。しかし、難問の作り方を見抜き、すばやく解答できるように長文読解の攻略トレーニングを続ければ、徐々に慣れていくことでしょう。

5

誤答（distractors）にはまらないための極意

最後に、「誤答」について解説しましょう。選択肢の中でも特にトリッキーな誤答をdistractor（ディストラクター）と呼びます。1級では空所補充、内容一致問題のどちらも、これが実に巧妙に作成されており、ワナにはまって誤答を選んでしまうことが多々あります。そこで、ぜひ知っておいてほしいディストラクターのパターンをご紹介します。3つに大別することができます。

① すり替えパターン
② 言い過ぎパターン　*出題の約3割
③ 無言及パターン（not given）

① すり替えパターン

これはさらに、「語句すり替え型」、「論点すり替え型」、「構文すり替え型」に分けられます。**「語句すり替え型」**は、選択肢が本文に書かれている内容と異なるように、一部だけ変えたトリックのことです。It's easy to prove the effect.（その効果を証明するのは簡単だ）をits proven effect（その立証済みの効果）と形容詞をすり替えたり、The cause is easier to prove than the effect. のように関係のない比較級や原因を入れて正解らしく見せたりします。

本文の内容に合うように錯覚させる**「述部すり替え」**トリックもあり、例えばWe cannot assess the validity of the Internet information as evidence.（ネット情報は証拠として有効性を確認できない）をNet information contradicts the evidence.（ネット情報は証拠と矛盾する）として読み手を混乱させます。

さらに**「ほかの権威者・研究者・評論家の意見」**を**「筆者の意見にすり替える」**パターンなどがあり、どれも巧みなので要注意です。

「論点すり替え型」は、問題のポイントをずらすトリックです。本文に書かれていることがほとんどそのまま述べられているので正解かと思うと、質問のポイントとは全く関係がなかったり、「この調査（研究）から何が言えるか」という概論（一般化）を問う質問に対して、**例の説明ばかりしているような誤答の選択肢**が典型的です。

「構文すり替え型」は、最も注意が必要な巧妙なトリックです。「因果関係」や「比較」が用いられた選択肢に多く、因果関係がないのにあると思わせたり、「原因」と「結果」をすり替えたりし、注意深く読まないと気づかない場合が多いのです。例えばIt was invented before the Industrial Revolution.（それは産業革命以前に発明された）をIt triggered the Industrial Revolution.（それは産業革命の引き金となった）のように、**「時間構文」を「因果構文」にすり替えた誤答パターン**もあります。

また、実際には比較されていないのに**「虚偽の比較」**がされているトリックもあります。例えば、「科学的研究資金を誰が提供すべきか」という本文中の問いかけに関して、候補となる政府資金と民間資金の各問題点を述べてから、この問いかけの結論[解答]としてa wide variety of funding resources（多様な資金源）が提示されます。これに対し、選択肢ではresearch should be funded by universities rather than by government or private sources（研究は政府や民間資金よりも大学から提供されるべき）やprivate funding is the safest alternative（民間資金が最善の手段）などと書かれて、文章では言及されていない比較や優劣の要素を含ませたりするのです。

逆に、本文では**比較**されているのに、**both, each, not more than**などを用いて「違いがなく同じ」として**同一線上に並べた選択肢**も誤りです。また、２人の考えが異なる場合は、They both feel... などから始まる選択肢はまず正解にはなりません。このように**「因果と比較のトリック」**には特に注意しておく必要があります。

② 言い過ぎパターン

本文の意味をこじつけることで書かれていないことまで大げさに述べるトリックです。例えば He participated in volunteer activities.（彼はボランティア活動に参加した）を His volunteering spirit changed his life.（ボランティア精神が彼の人生を変えた）のように**拡大解釈した選択肢**がそうです。これは、人間の誤読や勘違いの多くは「誇大化」によるものだという本質的な弱点につけ込んだワナです。また、**all, always, every, never, no one, only などの断定的な（categorical）な表現**を用いた誤答も「言い過ぎパターン」に属します。**逆に、部分否定や語気緩和などで大局的に述べられている選択肢は、正解になりやすい**と言えます。

③ 無言及パターン（not given）

本文に記述が見当たらないような誤答選択肢のことです。無言及は細かくチェックしていくと時間を取られすぎて、制限時間内に試験が終わらなくなってしまうような厄介なものです。常識的な判断から選ぶと間違うように作られていることが多いのが難点です。

以上が 1 級の長文問題で要注意の典型的な誤答パターンです。英語の運用力だけでなく、選択肢を細かくチェックする注意力を試すものが多いので、それらにひっかからないようにトレーニングしましょう。とはいえ、本文の内容の重要な点が速く正確につかめれば、たいていすぐに正答が見つかります。ですから、その**「攻めの力」を鍛えつつ、distractors にはまらない「守りの力」**も同時に養っていけば、高得点取得は間違いないでしょう。

Chapter 1 からは、実際に演習問題を解きながら、攻略法を述べていくことにしましょう。

長文読解攻略のための質問箱

英検®最上位級の１級は、一発合格が難しく、何度も挑戦する方の多い試験です。このコラムでは、受験者の皆さんが共通して抱えているお悩みにアドバイスします。

Q

長文問題ではいつも時間が足りず、特に最後の問題を適当に解答して正答数が少なくなってしまいます。どのように取り組めばよいでしょうか。

A

１級の長文読解は、空所補充問題が約6.5分×２題で13分、内容一致問題は約12分×２題＋16分＝40分の制限時間で解かないと、語彙問題やライティング問題が解けなくなるという、時間的に非常にタイトな試験です。しかも、パッセージがあまり知られていない歴史的事件であったり、科学分野の昆虫や宇宙の話であったり、日本語でも読まないような、とっつきにくい内容のものが多く出題されます。背景知識を持っていないため、文脈に入りにくく、記憶にも残りにくいかもしれません。

そこで、まずは普段から『TIME』や『Scientific American』のような英字誌を、１日に最低１ページは読んで英文になれ親しみ、「英文献親和性（an affinity for English literature）」をつけておく必要があります。

一方、試験問題の文体は論理明快でわかりやすく、「かつてはＡだったためにＢだったが、最近の調査結果によって（のちに）、ＣのためにＤであることがわかった（Ｄとなった）」というパターンが多いです。ですから、そうした英文の構成を踏まえた読み方に、制限時間を設けた問題練習を通して慣れることが大切です。このような日常のトレーニングによって、本番でも緊張せずに実力を発揮することができます。

Chapter 1

語句空所補充問題攻略……大問2

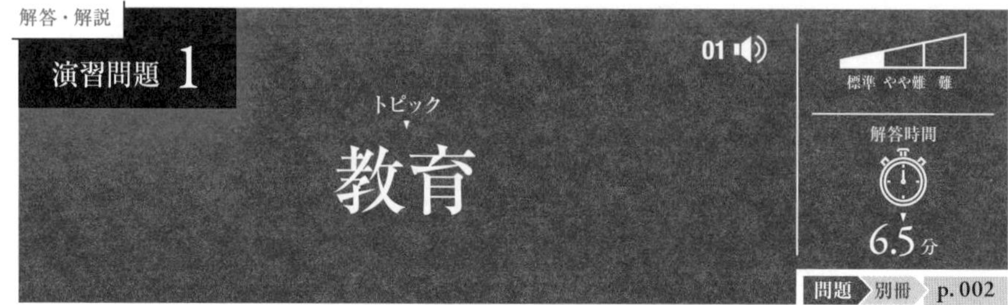

訳

飛び級制度

飛び級制度では、生徒を生物学的年齢ではなく発達段階に基づいたクラスに分ける。これにより、子供たちが最大の知的潜在能力を発揮できるようになると賛同者は提唱している。この発達が最も効果的に達成されるのは、生徒が**常に刺激を受け続ける**ときだと提唱者は主張する。(1) このような刺激は、子供の現在の知的段階に合わせた負荷の高い教材に触れることによって最も効率的に得られる。しかし、生徒が年齢によってグループ分けされている教室で教師が幅広い知的能力に対応する場合は、この目標を達成するのは大変なことである。

飛び級制度は、IQ の測定に基づいて行われる。IQ の高い、または特別な才能を持つ子供は、英才教育（GATE）プログラムを通じて特別な教育を受けることができる。GATE プログラムへの参加条件は、IQ 130 以上であり、この条件を満たすのは 100 人中わずか 2 人である。しかし、IQ は能力の一部分しか測定できず、年齢や発達によって変化する。そのため、(2) 多くの教育者は、IQ を才能の基準として採用することに反対している。ゆえに、**これまで見過ごされてきた**生徒をもっと詳しく調べるべきだという声も高まっている。(2) 特に、IQ テストは言語と数学の能力を強調するので、ほかの科目に優れた適性を持つ子供も評価し、彼らが GATE にふさわしいかどうかを判断すべきだという強い主張がなされている。

このような状況の中、この制度が広く実施されるためには、生徒の進度に応じて**柔軟に飛び級や留年を許可する**枠組みが必要だ。(3) 例えばオランダでは、教育を受けた人の半数が初等・中等教育での留年を経験していると言われ、飛び級をした子供が再び元の学年に戻されることも珍しくない。実際、この国では、子供たちが自分のレベルに合わないクラスにいるのは最も不幸なことで、学校で同じ学年を繰り返すことは、時には子供の成長のために必要だと考える人が多い。一方、日本のように習熟度ではなく年齢で一律に学年を分けている国では、年齢の平均的な学力を持たない多くの子供たちが悩み続けることになる。それらの国の教育機関には、枠からはみ出した子供たちが学習意欲を失わないような工夫が求められている。

Words & Phrases

□ academic acceleration	飛び級制度、加速教育
□ IQ (Intelligence Quotient)	IQ（知能指数）
□ be eligible for ~	～にふさわしい、～に対して資格がある
□ the Gifted and Talented Education (GATE) program	才能教育（GATE）プログラム
□ a subset of ~	～の一部 （subset は「大集団の中の小集団」の意）
□ as a criterion for giftedness	才能の基準として
□ retention	留年
□ the proficiency level	習熟度

(1) **正解** **3**

訳 **1** 互いに比較されない
2 最高の教育者によって教えられた
3 常に刺激を受ける
4 学ぶことを好きになるように教えられた

解説 第1パラグラフ3文目前半の「このような刺激は、子供の現在の知的段階に合わせた負荷の高い教材に触れることによって最も効率的に得られる」というサポート部分から、3の「常に刺激を受ける (consistently challenged)」が正解となる。〈challenge +人〉は「人の意欲をかきたてる、人に刺激を与える」という意味なので覚えておこう。1の「ほかの生徒と比較される」や2の「最高の教育者に教わる」、4の「学びへの愛を教わる」はどれも文中で言及されていない。

カリスマ講師の目 概念化パターンに注目！

空所後の specific なサポートを見て、general な表現に広げた解答を探す問題。用例を読み、それらを短く概念化する練習は、読解だけでなく、リスニングやエッセイライティング対策としても有効だ。

(2) **正解** **4**

訳 **1** 不正をしたように見える
2 GATE にふさわしくないかもしれない
3 学校が嫌いなようだ
4 見落とされている可能性がある

解説 第2パラグラフ4～5文目で「IQ が能力の一部しか測定できず採用に反対する教育者が多い」ことが述べられ、空所後の7文目 In particular 以下では「IQ テストは言語・数学的能力を強調するもので、ほかの教科に秀でた子供も評価すべき」とある。これらを裏返して表現した、4の「見過ごされてきたかもしれない (生徒をもっと詳しく調査すべき)」が正解。1の不正行為、3の学校嫌いは文中に言及されていない。2の「GATE にふさわしくないかもしれない (生徒を調査する)」は論理的ではない。

カリスマ講師の目 論理の裏返しパターン (imply 型) に慣れよう！

同じ内容を別の表現に置き換えるには、2つのパターンがある。単に表現を言い換える場合は、英語表現力の問題だが、論理を裏返して別の言い方で imply する場合は、論理性と推測力が必要になる。1級ではこの裏返しパターンに難問が多い。

(3) 正解 2

訳 **1** 同情的な生徒のサポート体制と一致する
2 飛び級や留年を許容する柔軟性がある
3 急速に変化する教育環境に対応できる
4 指導の提供基準が確立している

解説 第 3 パラグラフでは、飛び級制度を実施する際の枠組みについて書かれている。空所後の「オランダでは留年が多く、飛び級しても合わなければ元の学年に戻ることが珍しくない。同じ学年を繰り返すことは子供の成長に必要だと考える人が多い」というサポート部を短く要約した、2 の「柔軟に飛び級や留年を許可する（枠組みが必要）」が正解。1、3、4 は言及されていない。

カリスマ講師の目 **サマリー型に注意せよ！**

サマリー型の選択肢は、読解問題の定番。長いサポート部分を要約する練習に日頃から取り組んでおくことも、読解問題スコアアップに効果的だ。ここでは、retention や sent back to the grade they used to belong to、そして repeating the same grade と、「留年」にまつわる表現が複数出てくることに注目して解答を選ぼう。

訳

フレーミング効果

人は普段、自分の枠の中で無意識に「枠」を使って判断や行動をしているが、異なる枠を与えられると、全く同じ内容を見ても異なる判断や選択をしてしまうことがある。これは「フレーミング効果」と呼ばれ、同じ意味の情報でも焦点の当て方によって全く異なる判断をする認知バイアスのことである。このバイアスは、人が**損失に対する嫌悪感を持つ**傾向があるために生じるもので、(1) 実際、欠乏に至る手段は敬遠される可能性の方が高い。

このフレーミング効果は、さまざまな実験で示されている。マクニールらは、被験者を 2 つのグループに分け、それぞれのグループに手術に関する以下のような異なる表現の情報を提示して、がんの治療時に手術と放射線治療のどちらを選択するかを検証した。最初の被験者には「術後 1 カ月の生存率は 90%」と伝え、2 番目の被験者には「術後 1 カ月の死亡率は 10%」と伝えた。内容は意味的には同じだが、生存率に基づく情報を与えられた被験者の方が、死亡率に基づく情報を与えられた被験者よりも、手術を選択した被験者が多いことがわかる。このことは、薬物療法をより前向きに検討するなど、その後の行動に変化をもたらす可能性がある。このように、(2) どのような枠組みに治療法のオプションを入れるかによって人の判断や行動が変わることがあるため、医師は**言葉遣いに慎重になる**必要がある。

このフレーミング効果は、企業のマーケティング活動にも意図的に利用されている。例えば、特定の商品の購入を促すためにいわゆる「おとり商品」を提供することがある。デューク大学の心理学・行動経済学教授であるダン・アリエリーは、あるイギリスの雑誌の購読者を対象に、どの購読タイプが最も多く選ばれているかという実験を行った。まず、(3) 電子版のみ 59 ドル、印刷版のみ 125 ドル、電子版と印刷版のセットで 125 ドルという 3 つの購読プランを用意した。被験者のうち、電子版を選んだ人は 16%、印刷版のみを選んだ人はゼロ、電子版と印刷版を選んだ人は 84%であった。しかし、「印刷版のみ」の選択肢をなくすと、数字は大きく変わり、電子版が 68%、電子版と印刷版のセットが 32%という結果になった。「印刷版のみ」という選択肢があることで、一番高い選択肢を**相対的にお買い得に見せ**たわけである。

Words & Phrases

□ a cognitive bias	認知上の先入観
□ arise	起こる
□ recourse	依頼、頼ること
□ privation	欠乏、窮乏化
□ eschew ~	～を避ける
□ et al.	およびその他の者 (=and others)
□ radiation therapy	放射線治療
□ subject	被験者
□ the survival rate	生存率
□ the mortality rate	死亡率
□ semantically identical	意味的には同一の
□ subsequent actions	続いて起こる行動
□ bait products	おとり商品 (bait は「餌」の意味)
□ subscriptions to ~	～の購読
□ have an aversion to ~	～を嫌がる
□ steer clear of ~	～を避ける
□ chastisement	酷評
□ circumlocution	回りくどい表現
□ argot	隠語
□ circumspect	慎重な
□ jargon	専門用語、難解な表現
□ decoy	おとり、餌

(1) **正解 2**

訳
1 危険に接すると自分の殻に閉じこもってしまう
2 負けること（損失）を嫌う
3 競争を避ける
4 非難されることが多くなる

解説 空所直後の第1パラグラフ最終文のthe recourse that leads to privation are more likely to be eschewed（欠乏に至る手段は敬遠される可能性が高い）がヒント。同じ内容が繰り返されていると考えられるので、privation（欠乏）を類語のloss（損失・負け）に、be more likely to be eschewed（敬遠されれる可能性が高い）をhave an aversion to ~（～を嫌がる）に言い換えた2が正解。1の「自分の殻に閉じこもる（withdraw into themselves）」や、3の「競争を避ける（steer clear of the competition）」、4の「非難（chastisement）されやすい」はどれも文脈に合わない。

カリスマ講師の目 言い換え型に注目！

正解は巧みに言い換えられていることが多いため、空所前後に言い換えがないか注意しよう。

(2) **正解 3**

訳
1 回りくどい表現を避ける
2 詳細な情報を専門用語で伝える
3 言葉遣いに気をつける
4 専門用語に頼らない

解説 第2パラグラフ2文目の「生存率90％」と「死亡率10％」は同じ内容だが、前者の表現を使うと手術を選択する被験者が増えた、というマクニールの実験結果に注目。最終文にasで導かれた「どのような枠組みに治療法のオプションを入れるかにより人の判断や行動が変わるため」とあるので、3の「慎重な言葉遣いが必要（be circumspect in their wording）」が正解となる。how the treatment options are framedが選択肢ではwordingと言い換えられている。1、2、4は文意に合わない。1のcircumlocution（回りくどい表現）、2のargot（隠語）、4のjargon（専門用語）は1級レベルの単語として重要なので覚えておこう。

カリスマ講師の目 空所直後のasなど「理由」を示す接続詞に注意！

因果関係は読解やリスニングの最頻出項目だ。as, sinceなどの「理由」を表す接続詞や、lead to, result inといった「結果」を導く表現にも注意を払って読む練習をしよう。

(3) 正解 4

訳 1 巧妙な消費者詐欺
2 顧客の注意をそらすためのおとり
3 熱心な読者を釣るためのおとり
4 比較的お買い得に見える

解説 第3パラグラフ後半では、ある雑誌の「おとり商品（bait products）」の実験例が紹介されている。通常なら安価な電子版に購読が集中するはずが、高額な電子版・印刷版のセットの販売数を伸ばすため、同額のおとり商品（印刷版）を用意。高額であるはずの商品を「比較的お買い得（a relative bargain）」に見せた。この「おとり商品」の例を概念化した4が正解。このように、空所補充問題ではサポート（例）を概念化したものが答えとなるパターンが非常に多い。電子版・印刷版のセットはおとりではないので、1の scam（詐欺）、2の decoy（おとり）、3の bait（おとり）のどれも適さない。

カリスマ講師の目 **specific な例を見て一般化する練習をせよ！**
アンケートや実験などの詳細情報が出てきたら、その結果を概念化して答えられるかどうかが正解の鍵となる。

訳

STEM 教育

コンピュータ、数学、工学などを組み込んだ STEM 分野は、予測できるほど近い将来、世界中で社会的な重要性が増すと期待されている。これらの分野は、卒業後 5 年間の給与を考慮すると、最も富をもたらすと言われている。21 世紀に入ってから、多くの先進国や新興国が、グローバル化が進む社会で IT に貢献し、活躍できる人材の育成を目指し、国を挙げて STEM 教育に取り組んでいる。例えば、インドでは 2015 年から STEM 人材育成プロジェクトが始まり、中国では 2030 年までに学生の半数以上が STEM 分野の学士号を取得すると予想されている。しかし、(1) ある調査によると、STEM 分野の仕事の半分以上は 4 年制大学卒業者でなくても就くことが可能であり、この分野の**人材が不足していることを示唆している。**さらに、全米製造業協会とプロフェッショナルサービスネットワークのデロイトが行った報告では、2025 年までに米国では 350 万件の STEM 職が発生するものの、200 万件は未達成になると予測されていることが実証されている。

STEM 教育は、**実体験を通して**自発性、創造性、批判的思考力を育むことに重点を置いている。例えば、(2) 日本の小学校では、6 歳の子供たちが風船で静電気を起こしたり、ミニチュアのジェットコースターを作ったりして物理を学んでいる。米国の別の例を見てみよう。「SeaPerch」プログラムでは、初歩的な造船工学や海洋工学への興味をかきたてるために、ポリ塩化ビニル（PVC）パイプなどの身近な材料で、簡単な遠隔操作用の水中無人探査機を製作する機会を提供している。

STEM 教育は、ICT（情報通信技術）の革新的な活用を前提にしている。しかし、(3) その目的を達成するためには、個人情報や著作権の保護など、解決しなければならない障害が多くある。このような状況の中、無線 LAN ネットワークにおける**安定した最適な認証方法の確立**と、技術管理担当者の育成が必要である。そうでなければ、STEM 教育による革新的な人材の育成という目標の実現を期待するのは非現実的である。

Words & Phrases

□ **STEM fields**	**STEM 分野** (STEM と は science, technology, engineering, and mathematics（科学・技術・工学・数学）の教育分野の総称)
□ **foreseeable future**	**予測できるほど近い未来**
□ **lucrative**	**富をもたらす**
□ **in view of ~**	**～を考慮して**
□ **emerging countries**	**新興国**
□ **thrive**	**活躍する**
□ **go unfulfilled**	**達成されない**
□ **foster initiative**	**自発性を育てる**
□ **remotely operated underwater vehicle**	**遠隔操作水中探査機（ROV）**
□ **polyvinyl chloride (PVC) pipe**	**ポリ塩化ビニルのパイプ**
□ **pique *one*'s interest**	**興味をかきたてる**
□ **naval architecture**	**造船工学**
□ **ocean engineering**	**海洋工学**
□ **utilization of ICT (information and communication technology)**	**情報通信技術の利用**
□ **stumbling blocks**	**（進展を妨げる）障害**
□ **a pipe dream**	**非現実的な考え、夢物語**

(1) 正解 4

訳 1 スケールメリットを示している
2 希少価値とは無関係である
3 労働力が無限であることを意味する
4 人材が不足していることを意味する

解説 第1パラグラフ5～6文目を参照。5文目の「STEM分野の仕事の半分以上は4年制大学卒でなくても就くことが可能」、6文目の「米国では2025年までに発生する350万件のSTEM職のうち200万件は未達成という予測」を概念化した「人材不足（a paucity of human resources）」の4が正解。1のeconomies of scale（スケールメリット：生産が増えると、単価あたりのコストが減少し利益率が高まること）は無関係で、2は文意に合わず、3は意味が逆になる。

カリスマ講師の目 サマリー（要約・概念化）型の問題に慣れよう！

空所には前後の記述を概念化・要約したものが入り、正解になることが多い。specificな例（サポート）が出てきたら、概念化（キーポイント化）する練習をしておこう。

(2) 正解 3

訳 1 自分のことのように感じるオンライン学習
2 試行錯誤に基づくもの
3 実際に体験することで
4 明確な目標設定への意識を高めることで

解説 第2パラグラフ2～4文目を参照。6歳児が風船を使って静電気を起こす日本の例や、身近な材料で水中無人探査機を子供たちが製作して、物理や造船・海洋工学を学ぶ米国の例を概念化すると、「実体験を通した学び」となる。よって3が正解。1のonline、2のtrial and error、4のclear goal-settingは、どれも空所後のサポート部分に書かれていない。

カリスマ講師の目 概念化したものが正解！

空所の前後にある具体的な説明文を概念化したものが正解となる、典型的な問題。generalな表現とspecificな例の対比を常に探しながら、パッセージを読み進めよう。

(3) 正解 **2**

訳 **1** データデコーディングシステムを構築する
2 安定した最適な認証方法を確立する
3 利用者の文化的リテラシーを向上させる
4 技術情報の漏えいを取り締まる

解説 ICT を活用した STEM 教育の課題を問う問題で、第 3 パラグラフ 2 文目の「個人情報や著作権保護」がヒントとなる。これらの保護のために必要なものとして、2 が正解。1 は decoding（復号化）ではなく coding（暗号化）、3 の cultural literacy（文化的リテラシー）を伸ばすことは文意に合わない。4 は「技術情報」が前述の「個人情報や著作権」に合わない。

解決すべき課題とその手段に注目！

空所の前で課題が述べられ、その解決手段（具体例）が空所に入るタイプの問題に慣れよう。

訳

パレートの法則

パレートの法則は、さまざまな状況において、20%の努力や20%のグループによって約80%の結果が達成されるという観察に基づいている。「80/20の法則」や「少数精鋭の法則」とも呼ばれる。ローザンヌ大学で学んでいた際、経営コンサルタントのジョセフ・ジュランが、イタリアの経済学者ヴィルフレド・パレートの著作を読んで、この概念を品質管理の文脈で一般化することに貢献した。パレートの最初の著書『Cours d'Économie Politique（邦題：経済学講義）』は、イタリアで富の約80%が人口の20%に所有されている理由について論じている。

コンピュータサイエンスでは、パレートの原理は、最適化への取り組みに適用することができる。例えば、マイクロソフト社は、報告されたバグの上位20%を修正すれば、あるシステムにおける関連エラーやクラッシュの80%が解消されると指摘している。ローウェル・アーサーは、「20%のコードには80%のエラーがある」と述べている。また、一般にソフトウェアの80%は、**所定の時間**の20%で書けることがわかっている。(1) 逆に言えば、最も難しい20%のコードは、80%の時間がかかるということである。このことは、ソフトウェアのコーディングコストの見積もりを作成するための有名なプロセスの一部となっている。

労働安全衛生の専門家は、パレートの原理を利用して、**対処すべき危険の優先順位をつけること**を重視している。つまり、20% の危険は 80% のけがを引き起こすという前提で危険を分類することで、安全専門家は (2) けがや事故の 80% を引き起こす 20% の危険をターゲットにすることができる。一方、リスクをランダムに分類すると、けがや事故のわずか20%を占める80%の危機のうちの一つを修正する可能性が高くなる。パレートの法則は、効率的な事故防止の実践に役立つだけでなく、経済的に効率のよい順序で危険に対処することを保証するものでもある。

また、能力主義において一部のエリートが裕福なのは、必要な才能をすべて持っている人口のわずか20%に複数の才能が配分されているからだとも言われている。しかし、80対20の比率は偶然の産物である可能性を指摘する人もいる。イタリアのカターニア大学のアレッサンドロ・プルキーノは、(3)「最大の成功は最大の才能と一致しないし、その逆もまたしかり」と書き、**素晴らしい能力が必ずしも良い結果につながるとは限らない**と指摘している。

Words & Phrases

□ the Pareto principle	**パレートの法則** (イタリアの経済学者ヴィルフレド・パレートが発見した冪乗則と呼ばれる統計モデル。「全体の数値の8割は、全体を構成する要素のうちの2割の要素が生み出している」という経験則 80:20 の法則、ばらつきの法則とも呼ばれる。例えば、「自社製品のうち2割の製品が、売上の8割につながっている」など)
□ the elite few	**少数精鋭**
□ optimization efforts	**最適化への取り組み**
□ a given system	**あるシステム** (given は「任意の」という意味。同意語は arbitrary)
□ meritocracy	**能力主義**
□ vice versa	**逆もまたしかり**

(1) 正解 3

訳 1 最も困難な時
2 最も簡単なコード
3 所定の時間
4 犯したミス

解説 第2パラグラフで空所の直後の5文目冒頭にConversely（逆に言えば）とあるので、そこでは前の内容と反対のことが書かれていると判断できる。5文目には、「最も難しい20%のコードに80%の時間がかかる」とあるので、空所を含む4文目はそれを逆転させて、「一般にソフトウェアの80%は所定の20%の時間で書ける」と解釈できるため3が正解。1、2には言及がないので不正解。4は、ここではミスの話は文脈に合わないので不正解。

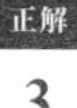
カリスマ講師の目 順接、逆接型問題に注目！

Conversely, To the contraryなど、反対の視点を導く副詞に注意。前後の文の対応箇所を正確に読み取ろう。

(2) 正解 3

訳 1 ～に依存することで、危険が生じる可能性があること
2 ～についての一般的な誤解
3 ～を利用して、どの危険に対処するか優先順位をつけること
4 新しい分類方法

解説 空所を含む文は、この第3パラグラフのトピックセンテンスである。パラグラフ全体を見渡すと、空所のあとの2文目にsafety professionals can target the 20 percent of hazards that cause 80 percent of injuries and accidents（80%のけがや事故を引き起こす20%の危険をターゲットにすることができる）と書かれている。パラグラフ最終文には、「危険が経済的に効率のよい順序で対処されることを保証する」とあるので、この内容にふさわしい3が正解。1は危険が生じるとは書かれておらず、2の誤解も言及がない。4の分類は、手段であって目的ではないので不正解。

カリスマ講師の目 サマリー型に注意！

トピックセンテンスはそのパラグラフの要約になっていることに注意。近視眼的にならず、ポイントが何かを読み取ろう。

(3) 正解 **2**

訳 1 豊かであることは必ずしも楽しいとは限らない
2 素晴らしい能力が必ずしも良い結果につながるとは限らない
3 成功に偶然はない
4 少数精鋭には必ず複数の才能がある

解説 第4パラグラフ空所直後のプルキーノの引用「最大の成功は最大の才能と一致しないし、その逆もまたしかり」の内容と一致する2が正解。vice versa（逆もまたしかり）がキーワードだ。1は楽しいか否かへの言及はないので不正解。3の成功と偶然との関係についても言及がない。4の「必ず複数の才能がある」は言い過ぎパターンで不正解。

サマリー型に注意！

文の前後を読んで要約することが重要。vice versa（逆もまたしかり）のように、読解の決め手となる表現をマスターしておこう。

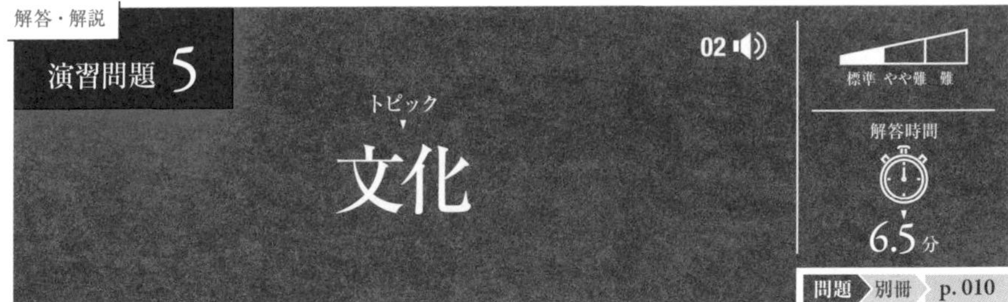

訳

世界の宗教

宗教の歴史は原始時代にさかのぼり、古くはネアンデルタール人やクロマニョン人など人類の祖先も宗教儀礼を行っていたと言われている。世界には驚くほど多くの宗教があり、それらを効率的に研究するために、研究者はしばしば共通点や相違点に基づいて分類しようとする。一般的な分類方法としては、普遍的な宗教と民族的な宗教に分けることができる。前者は、仏教、キリスト教、イスラム教などで、経典や開祖を持ち、**民族や国境を越える**傾向がある。後者は神道、ヒンズー教、ユダヤ教、道教などの宗教である。**(1)** 普遍的な宗教は、多様な人々にアピールする信念体系を示し、その教義に従おうとする人なら誰でも改宗させ、受け入れる傾向がある。一方、民族宗教は、特定の地域の人々の生活様式や規範に深く関わっており、多くの場合、創始者が知られていない。

別の宗教の分類の仕方に、神中心主義と見るか、人間中心主義と見るかがある。**(2)** キリスト教は「神中心主義」で、全能の神が世界で奇跡を起こすと考え、人間は不完全で罪深い存在であるとしている。一方、仏教には最高神が存在しないため、最高神の意思に反する行為や普遍的な法則に反すると見なされるような行為は考えられない。その代わり、人は自分の不完全さ**を克服して完全な状態を追求しようと努力し**、悟りの境地に達するべきだと説いている。ゆえに、仏教は人間中心主義の思想である。

仏教における「死後の世界」の概念は、キリスト教のそれとは異なる。キリスト教では、人が死んでもその魂は生き続け、天国で神とともに、あるいは地獄で神と離れて永遠の時を過ごすと聖書は教えている。これに対し、仏教では「転生」、つまり死後は別のものに生まれ変わって現世に戻るという信仰に基づいている。仏教では、死後四十九日が、死後どの世界に生まれ変わるかを決める期間とされる。**(3)** 解脱(げだつ)しない限り、生前の行いによって、天界、餓鬼(がき)界、地獄のいずれかに戻る可能性がある。しかし、**これらの世界は現世で同時に存在する**ので、死後の世界と現世の境は実質的にはない。禅宗では、悟りを開いて解脱し、輪廻転生の輪からはずれると、死後の世界と現世の境がなくなる。

Words & Phrases

□ the primeval period	原始時代
□ the Neanderthal	ネアンデルタール人
□ Cro-Magnons	クロマニョン人
□ universal [universalizing] religions	普遍的な宗教
□ Shintoism, Hinduism, Judaism, and Taoism	神道、ヒンズー教、ユダヤ教、道教
□ theocentric belief	「神中心主義」の信仰
□ Almighty God	全知全能の神
□ imperfect and sinful beings	不完全で罪深い存在
□ anthropocentric belief	人間中心主義の信仰
□ transmigration	転生
□ be reincarnated into something else	別のものに生まれ変わる
□ the heavens, the realm of hungry demons, or hell	天界、餓鬼(がき)道、または地獄
□ be liberated through enlightenment	悟りを開いて解脱した
□ samsara	輪廻転生
□ eclipse ~	～をしのぐ
□ encompass ~	～を包含する
□ a knock-on effect	ドミノ効果、連鎖反応

(1) 正解 **3**

訳 **1** ほかの宗教的教義を凌駕（りょうが）する
2 すべての宗教的信条を包含する
3 民族や国境を越える
4 ほかの宗教に連鎖反応を与える

解説 第1パラグラフでは世界の宗教を「普遍的な宗教」と「民族宗教」に分類して説明している。空所は「普遍的宗教」の特徴を述べた部分であるが、7～8文目に「多様な人々にアピールする信念体系」や「誰でも改宗させ、受け入れる」とあり、9文目には対照的に「民族宗教は、特定の地域の人々の生活様式や規範に深く関わる」とある。以上の部分を要約した、3の「民族や国境を越える」が正解。1の「他宗教の教義を超える」、2の「全宗教の信条を包含する」かどうかへの言及はなく、3の「他宗教への影響」への記述もない。

カリスマ講師の目 **空所のあとの接続の表現が鍵！**

空所の前後の接続表現から、パッセージの logical development をつかむべし。ここでは「対照」を表す On the other hand に注目して、前後の比較対象内容がわかれば、正解が見える。

(2) 正解 **4**

訳 **1** ～を否定することによって救いを得ようとする
2 ～を補うことで悟りを求める
3 ～を超越することによって輪廻転生する
4 ～を克服することによって完全な状態を追求する

解説 第2パラグラフのポイントは、キリスト教が Almighty God works miracles in the world（全能の神が世界で奇跡を起こす）という神中心主義であるのに対し、仏教は人間が自らの不完全さ（their imperfections）を（　　）する「人間中心主義」の思想であるということ。よって、空所に入る正解は imperfections の反意表現である「integrity（完全な状態）の追求」というキーフレーズが入った4。1の「（不完全さ）を否定する」、2の「（不完全さ）を補うことで」、3の「輪廻転生する」はそれぞれ文意に合わない。

カリスマ講師の目 **接続表現 In contrast に注目して、正解を探せ！**

(1) と同様に接続表現が大きなヒントになる問題で、「神中心」のキリスト教と「人間中心」の仏教の対比を見抜けば、おのずと正解が見えてくる。接続表現に注目した読み方は、読解問題の基本。

(3) 正解 **2**

訳 **1** これらの領域は互いに重なり合っている
2 これらの世界は現世で同時に存在する
3 これらの領域は相互に排他的である
4 これらの領域は互いに影響し合っている

解説 第3パラグラフでは、キリスト教と仏教の死後の概念について描かれ、仏教の輪廻転生については3文目以降で述べられている。5～6文目では「人は解脱（げだつ）しない限り、天界、餓鬼（がき）界、地獄のいずれかに戻る可能性があるが、死後と現世の間に境界は事実上ない」とあり、さらに7文目では「禅宗では悟りを開いて解脱し、輪廻転生の輪からはずれると、死後の世界と現世の境がなくなる」とある。これらを総合すると、「天界、餓鬼界、地獄といった世界（these worlds）は現世でも同時に存在する」という2が正解になる。これらの世界が、1の「重なり合っている」や3の「相互に排他的（mutually exclusive）」、4の「互いに影響し合う」といった言及はない。

カリスマ講師の目 **逆接の内容を呼び込む接続語（however や but）に要注意！**

空所直前の However に注目しよう。逆接の表現が出てくると、パラグラフの言いたい内容であることが多い。本問に登場した however などの逆接の接続表現は、正解を導く際の手掛かりになる。

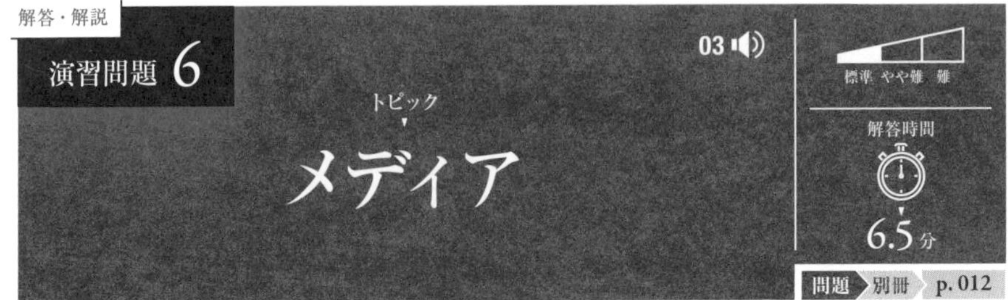

訳

インターネットと印刷機

インターネットが世界に多大な影響を及ぼしたことは間違いない。この広範囲にわたる影響は、多くの歴史家によって、16 世紀のヨーロッパにおける印刷機の影響と比較されることが多い。現代と印刷機出現後の革命期の間には、明確な類似点がある。現代の情報技術と印刷機はともに**消費者市場を一変させた**。(1) 1977 年から 2004 年までの米国におけるパーソナルコンピュータの生産が増え価格が下がった点は、1490 年から 1630 年までの英国における印刷された本の生産増大と価格の下落に酷似している。第二に、どちらも情報の急速な普及による社会の民主化、識字率の上昇に貢献し、個人の地位向上につながった。

しかし、情報普及の弊害として、全世界をオンライン化してサイバースペースで**真に民主的な平等主義社会を実現する**という考えは、(2) ルターの「万人祭司制」――すべての人が共同体の同意があれば平等に司祭になれるとする――構想が妄想であったように、ユートピア的な幻想であったと批評家は主張する。実際、公共の場におけるフェイクニュースの悪影響に見られるように、グローバルネットワークはあらゆる種類の熱狂と恐怖を伝達する仕組みになっている。これは、印刷機と識字率の向上が、多数の女性を不当に迫害した魔女狩りや、キリストが地上に戻って 1,000 年間神の王国として支配したあとに世界が終焉(しゅうえん)を迎えるという、千年幸福論を広めたことに類似している。

だが、社会学者は、現在のネットワーク時代と、印刷機の発明後の時代には大きな違いがあると主張する。今日(こんにち)のネットワーク革命は、ドイツの印刷機の発明によって解き放たれた改革の波よりはるかに速く、より広範囲に及んでいる。さらに、今日の**革命的な富の分配**は、(3) 印刷機の時代とは著しく異なっている。中世から近世にかけて、知的所有権は、西ヨーロッパの都市で技術を秘密裏に独占したギルドを通じて守られた。よって、広告収入を得ることができたのは、一部のメディアだけだった。一方、インターネットは誰もが文字通り一夜のうちに富を築き、かつては揺るぎない市場支配力を持つと考えられていた企業をも破滅させる、無限の可能性を秘めた商業プラットフォームとなった。最後に、印刷機は西欧キリスト教国家の宗教生活に圧倒的な影響を与えたのに対し、インターネットは最近になってビジネスの世界に破壊的な革新をもたらし、政治の世界に影響を与えた。

Words & Phrases

□ pervasive influence	広範囲にわたる影響
□ parallels between A and B	A と B の間の類似点
□ the advent of the printing press	印刷機の発明
□ bear a striking resemblance to ~	～に驚くほど似ている
□ democratization of society	社会の民主化
□ the literacy rate	識字率
□ empowerment of individuals	個人の地位向上、個人が力をつけること
□ dissemination of information	情報の普及
□ a utopian fantasy	ユートピア的な空想
□ Luther's vision of a "universal priesthood"	ルターの「万人祭司制」構想 （「万人祭司制」とは、すべてのキリスト教徒は神の前で平等であり、特権的な身分としての聖職者を否定する考え）
□ illusion	幻想
□ fervor and fear	熱狂と恐怖
□ be analogous to ~	～に似ている
□ propagate witch hunts	魔女狩りを広める
□ the millennial bliss theory	千年幸福論
□ unleashed by ~	～により解き放たれた
□ be markedly different from ~	～とは著しく異なる
□ guild	ギルド （中世より近世にかけて西欧諸都市で形成された商工業者の職業別組合）
□ secretive monopolies	秘密裏の独占
□ advertising revenues	広告収入
□ have a devastating effect on ~	～に圧倒的な影響を与える
□ unassailable market dominance	揺るぎない市場支配力

(1) 正解 3

訳 **1** 学問的な不公平をなくした
2 ずっと古い技術に基づいていた
3 消費市場を変革した
4 大量消費社会を変革した

解説 第1パラグラフ3文目に、現代と印刷機出現後には「明確な類似点がある」と書かれていることに注目。空所にはその「類似点」が入ることが推測される。空所の直後には、パソコン出現後の米国と印刷機出現後の英国において、パソコンや印刷本の生産量が上昇し価格が下がった点が酷似していると述べられている。これをまとめると、両者が消費市場（the consumer market）に影響を与えたということになるので、3が正解。1、2は文意に合わない。4だとすでにmass-consumption societyが存在していたことになるので不正解。

カリスマ講師の目 **サマリー型の問題に注意！**

空所には前後の記述を概念化・要約したものが入り、正解になることが多い。specificな例とgeneralな表現を入れ替える練習をしよう。

(2) 正解 4

訳 **1** 世界的に重要な商業主体
2 文化的に均質な社会
3 政治的にまとまりのある国際社会
4 真に民主的な平等主義社会

解説 第2パラグラフの空所後にある接続表現just as ~（～と同様に）に注目しよう。「ルターの『万人祭司制』構想が妄想であった」ように、「サイバースペースのXはユートピア的な幻想であった」とある。「万人祭司制」構想とはキリスト教徒の平等を説くもので、それに対応するXに当てはまる考えは4が適切。ほかの選択肢はどれも言及されていない。

カリスマ講師の目 **接続表現just as ~に注目！**

空所の前後にjust as ~（～と同様に）があれば、比較されている対応部分を探すと答えが見えてくる。

(3) 正解 **1**

訳 **1** 革命的な富の分配
2 知的財産の保護
3 所得の階級差
4 デジタルと経済の格差

解説 第3パラグラフ3文目のFurthermoreで始まる文は、次の4～6文目に空所のヒントがある。「印刷機の時代は知的所有権をギルドが独占し、広告収入も一部のメディアに限定されていたが、インターネットは富を築く万人のためのプラットフォーム」という部分を概念化して要約した1が正解。1を空所に当てはめると、the distribution of revolutionary wealth today is markedly different from that in the era of the printing press（現代の革命的な富の配分は、印刷機時代とは著しく異なる）とつながる。2は広告収入の独占への言及がないため不正解。3、4は文意に合わない。

カリスマ講師の目 サマリー（要約・概念化）型の問題に注意！

(1) で見たように、空所前後の記述を概念化・要約したものが正解になることが多い。general な表現から specific な例への移行を意識しよう。

訳

ベルリンの壁

ベルリンの壁は、1961年8月13日、東ドイツ政府が何の前触れもなく、西ベルリンを東ドイツ（当時西ベルリンはそこにあった）のほかの地域から物理的に分離・隔離するために、警備つきのコンクリート障壁の建設を開始したことによって実現された。全長155キロのこの建造物は、公式には「反ファシスト保護壁」と呼ばれ、東ドイツ国民を西側諸国の略奪から守るためとされたが、非公式には、資本主義と共産主義の世界を分ける「鉄のカーテン」を体現するものであった。その鉄のカーテンも、今ではすっかり過去のものとなってしまった。ベルリンにある短い部分だけが残っており、その他の残骸も世界各地に展示され、(1) 当時の悪事を思い起こさせる。しかし、**記憶の風化は早い**。一部の人々の間では、(1) 当時の確かなものに対する奇妙なノスタルジーがあり、このような建造物に対する流行がある。だが、往年を軽視する現代の風潮は危険である。

壁が壊されてから30年、世界は大きく変化し、私たちはその変化を吸収するのに苦労している。一部の人にとって、あの瞬間は「歴史の終わり」であり、「民主的資本主義」モデルの優位性を確認するものだったが、(1) 複雑な問題に対して迅速かつ容易な解決策を提供する権威主義への支持が高まる中、ポピュリズムが台頭している。ベルリンの壁は、ある選択の結果とその答えがもたらす莫大な代償を私たちに思い起こさせることができるし、そうでなければならない。この時代の大きな皮肉の一つに、冷戦時代を振り返って、**世界の仕組みが単純であったこと**に気づく人がいる（そしておそらくそれを切望する）。(2) 誰が「善」で誰が「悪」なのかを見分けるのは、大して難しいことではなかった。今日（こんにち）、そのような単純な区分は存在しない。しかし、「新しい冷戦」を熱狂的かつ満足げに語る人々がいることは、意味深く憂慮すべきことである。私たちは、国際政治における複雑さに備え、それを受け入れなければならない。

壁が問題の解決策になると考える傾向が強まっている。これは、社会が外部の力によって不安定になり、その壁を高くすることで**望ましくない変化からわれわれを守ってくれる**という信念を反映している。(3) 移民、難民、気候変動、あるいは「悪い考え」の問題であろうと、壁はますます魅惑的な魅力を放っている。しかし、ベルリンの壁の教訓は、そうではないことを教えている。私たちは、これらの力を排除することはできない。アナログの世界では遮断できなかったし、相互の結びつきが強まる地球上では封じ込められることはない。その本能の裏側には、支配を求める自分自身の中の暗い衝動がある。ベルリンの壁は、抑圧的で権威主義の政府による支配のための空間を作り出そうとした。それは、「外国」の思想を排除することに満足するだけでなく、その枠の中に閉じ込められた人々にそのイデオロギーへの厳格な適合を要求したのである。

Words & Phrases

□ the Anti-Fascist Protection Rampart	**反ファシスト保護壁** （いわゆる「ベルリンの壁」のこと。rampart は「城壁、防御物」の意）
□ supposedly	**おそらく、～とされている**
□ the predations of the West	**西側諸国の略奪**
□ embodiment	**具現化**
□ the Iron Curtain	**鉄のカーテン** （第二次世界大戦後、東ヨーロッパの社会主義国が資本主義国に対してとった秘密主義や閉鎖的な態度などを「障壁」として風刺した比喩表現）
□ monstrosity	**奇怪なもの**
□ remnant	**残骸**
□ yesteryear	**遠くない過去、過ぎ去った時**（文語表現）
□ breach ~	**（城壁など）を破壊する**
□ authoritarianism	**権威主義**
□ remind of us of the consequences	**私たちに結果を思い起こさせる**
□ discerning	**見分けること、判別すること**
□ with fervor and satisfaction	**熱狂的かつ満足げに**
□ the flip side of that instinct	**その本能の裏側**

(1) 正解 1

訳
1 記憶が急速に薄れつつある
2 壁には利点もあった
3 前触れもなく起こった
4 私たちはいつか後悔するかもしれない

解説 空所直前の第1パラグラフ4文目に other remnants are on display around the world as reminders of the evils of the era と、ベルリンの壁は悪事を思い出させるものとの記述がある。それに対して逆接 Yet のあと、6文目では「当時の確かなものに対する奇妙なノスタルジーがあり、このような建造物に対する流行がある」と、悪事の記憶ではなく懐かしむ傾向があると述べられている。このことから、悪い記憶がなくなり良い思い出に変わりつつあると解釈できるので、記憶が薄れるという内容の1が正解。2は壁の利点についての言及がなく、3は壁の建造時のことなので不適切。4も本文では無言及なので不正解。

カリスマ講師の目 ディスコースマーカーに注目！

文中にある順接、逆接、対比、例示など、話の展開を表す語句に注目して流れをつかもう。

(2) 正解 4

訳
1 国際政治における複雑性
2 善悪の判断の難しさ
3 権威主義への支持
4 世界の仕組みが単純であったこと

解説 第2パラグラフ5文目に ...there was little challenge in discerning who was "good" and who was "bad" とあり、これは裏返すと善悪の区別がはっきりしていたということである。また6文目でも No such simple division exists today と、現代にはその単純さがないと述べているので、それを裏返した4が正解。1、2は逆の意味なので不正解。3については、冷戦時代に権威主義への支持が高まったとの言及はないので不正解。

カリスマ講師の目 裏返し型に注目！

否定語を含む表現は、最終的に何が言いたいのかを肯定文に裏返して意味をよく考えよう。

(3) 正解 **2**

訳 1 相互の結びつきがある
2 望ましくない変化からわれわれを守ってくれる
3 部外者に対する恨みを減らす
4 物理的な実体から目をそらす

解説 第 3 パラグラフ 3 文目に「さまざまな問題が何であろうと、壁は魅力的である」と抽象的な表現があるが、これは壁が問題を解決してくれるという考えなので、2 が正解。1 の相互の結びつきは壁とは無関係なので不正解。3、4 は言及がないので不正解。選択肢の insulate A from B（B から A を保護する）は重要表現。

カリスマ講師の目 言い換え・サマリー型に注目！
抽象的な表現からしっかり意味を捉えることが重要。

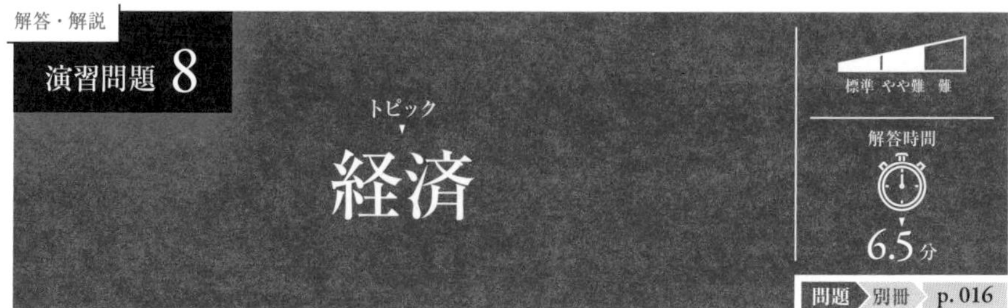

訳

自由貿易

19 世紀初頭、ナポレオンの大陸封鎖により、イギリスの穀物価格は一時的に高騰した。しかし、ナポレオン戦争が終わると、一転して穀物価格が急落した。そして、イギリスの地主たちは、自分たちの利益を守るために、輸入穀物に高い関税をかけるようになった。このような背景から、『人口論』で有名なトーマス・マルサスは、食料輸入の不安定さを理由に、輸入制限や関税を主張した。一方、(1) 政治経済学者のデイヴィッド・リカードは、企業が自らの生産分野に特化すれば、比較優位によって繁栄がもたらされるため、関税を無意味なものであると考えた。そのため、彼は**貿易制限に反対**を唱えた。イギリスでの議論はリカード側が一時的に勝ったが、その後も世界各国で議論が続いている。

アダム・スミスやリカードの時代から貿易を国際分業と捉えてきたように、貿易の自由化は欧米諸国を中心に進められてきた。特に世界恐慌後の各国の極端なブロック経済が世界大戦を引き起こしたのち、戦後は米国を中心に国際貿易の自由化がますます奨励されるようになった。そのため、1947 年に関税貿易一般協定（GATT）が設立され、世界的な貿易自由化の基礎が築かれた。日本への牛肉やオレンジの輸入を自由化したウルグアイ・ラウンドを経て、1995 年に多国間貿易交渉が世界貿易機関（WTO）へと発展した。WTO は (2) 最恵国待遇の原則に基づき、加盟国間の多国間貿易交渉を行っている。要するに、ある貿易相手国に関税の免除などの特権を与えたら、ほかのすべての貿易相手国にも同様に与えなければならないということだ。この基準は、GATT の第 1 条とされるほど重要なもので、**差別なき貿易**の原則に不可欠なものと考えられている。

しかし、(3) 加盟国数の増加に伴い、交渉はますます複雑になってきた。そこで、特に利害の一致する国々は、FTA（自由貿易協定）や EPA（経済連携協定）を結び、**その都度**、経済協力を目指すようになった。前者は、割当や禁輸などの非関税障壁を撤廃し、財やサービスの流通を自由化することを目的とし、後者はさらに進んで、財や投資、人の移動の自由化、知的財産の保護など、幅広い経済関係の強化を目的としている。また、EPA の一種である環太平洋パートナーシップ（TPP）は、物品の関税撤廃をはじめ、金融や環境衛生など、さまざまな分野で外国企業の参入障壁を撤廃するなど、徹底した自由化を目指した協定である。

Words & Phrases

□ Napoleon's blockade of England	ナポレオンの大陸封鎖
□ the Napoleonic Wars	ナポレオン戦争
□ customs duties	関税
□ against the backdrop	その背景の中
□ Thomas Malthus	トーマス・マルサス （1766～1834年。古典派経済学を代表するイギリスの経済学者。過少消費説、有効需要論を唱えた）
□ *An Essay on the Principle of Population*	『人口論』 （マルサスによる人口学の古典的著作）
□ David Ricardo	デイヴィッド・リカード （1772～1823年。自由貿易を擁護する理論を唱えたイギリスの経済学者。各国が比較優位に立つ産品を重点的に輸出することで経済は高まるとする「比較生産費説」を主張。古典派経済学を構築した）
□ international division of labor	国際分業
□ Adam Smith	アダム・スミス （イギリスの哲学者、倫理学者、経済学者。「経済学の父」と呼ばれる。経済学書『国富論』（1776年）の著者）
□ the General Agreement on Tariffs and Trade (GATT)	関税と貿易に関する一般協定
□ lay the foundation for ~	～の基礎を築く
□ the Uruguay Round	ウルグアイ・ラウンド （世界貿易の障壁撤廃、貿易の自由化、多角的貿易促進を目指した多国間通商交渉）
□ the most-favored-nation clause	最恵国待遇条項 （通商条約や通商協定で、第三国に貿易や関税面などで与えている待遇よりも悪い待遇を相手国にしないことを規定した条項）
□ a tariff exemption	関税の免除
□ eliminate non-tariff barriers	非関税障壁の撤廃
□ quotas and embargoes	割り当て（ノルマ）と禁輸措置
□ the Trans-Pacific Partnership (TPP)	環太平洋パートナーシップ
□ the FTA (Free Trade Agreement)	自由貿易協定
□ the EPA (Economic Partnership Agreement)	経済連携協定

(1) 正解 **4**

訳 **1** ナポレオン体制に戻ることに賛成の
2 さらに高い関税を求めて
3 人口と貿易は無関係とする
4 貿易制限に反対の

解説 第1パラグラフ4文目「輸入制限や関税を主張した」(つまり保護貿易賛成派の) マルサスに対して、5文目のOn the other hand 以降で、リカードは「関税を無意味なもの」という自由貿易賛成派のスタンスを取ったとあるので、それを「裏返した」4の「貿易制限に反対」が正解。1や3は不適切で、2の「さらに高い関税を求めて」は文意と反対になる。

カリスマ講師の目 逆接表現のあとに、アンサーパートがくることが多い!

free trade vs protectionism (自由貿易と保護貿易) についての背景知識があれば楽に解ける問題。On the other handという逆接表現に注目し、両者の対立する主張をつかめれば、答えはおのずと見えてくる。

(2) 正解
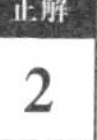

訳 **1** 輸入関税の最大化
2 差別のない貿易
3 経済同盟優先
4 経済的自立の達成

解説 本問はthe most-favored-nation clause (最恵国待遇条項) の原則を問う問題で、その説明として、第2パラグラフ空所前のIn essence, it means...で始まる文に注目しよう。「ある貿易相手国に関税の免除などの特権を与えたら、ほかのすべての貿易相手国にも同様に与えなければならない」の部分を概念化した、2のtrade without discrimination (差別なき貿易) が正解。1の「関税の最大化」や3の「経済同盟優先」、4の「経済的自立の達成」は文意に合わない。

カリスマ講師の目 概念化型に注目しよう!

本問では空所の前でIn essence, it means... (要するに、それは……を意味する) とアンサーパートを明示しているため、論理的でわかりやすい。だが実際の試験では、こういった接続表現をわざと入れていない難問もあるので注意が必要だ。具体的なサポートを概念化する練習が、読解問題対策として有効である。

(3) **正解** 3

訳 **1** あらゆる不測の事態のために
2 職場の政治的影響力のために
3 ケース・バイ・ケースで
4 相互排他的依存のために

解説 第3パラグラフの1～2文目で、「WTOの加盟国の増加で交渉が複雑化したため、利害を同じくする国々がFTAやEPAの協定を別個に結び、経済協力を目指すようになった」という状況を説明している。これに合う3のon a case-by-case basis（その都度）が正解。1のcontingency（不測の事態）、2のpolitical leverage（政治的影響力）への言及はない。4のfor mutual exclusive dependency（相互排他的依存のため）は文意に合わない。

カリスマ講師の目 **国際経済の素養をつけよう！**

WTOやFTA、EPAといった経済用語の基礎知識があると、楽に読み解くことができる。1級レベルの読解問題では経済学や歴史などがテーマとなることが多いため、各分野のアカデミックな背景知識を身につけておくとかなり有利。日本語でもよいので、日頃から意識して背景知識を学ぶようにしよう。参考図書としては、『英語で説明する人文科学』や『英語で説明する科学技術』がある。

訳

国家安全保障会議の見直し

国際競争は変化している。軍事衝突の破壊的な影響を考え、国家間の紛争を解決する手段として、軍事に代わる平和的な紛争解決手段を提供する国際秩序が大部分を占めるようになった。軍事力は特定の状況下では非常に有効だが、その数は減少している。今日（こんにち）、経済的成功は世界的成功の基盤であり、その競争に打ち勝つことは国家の重要な目標である。政府は、自国企業の市場参入を保護し、グローバルな競争の場を確保しなければならない。この論理が、最近政府が国家安全保障会議を拡大し、経済の専門家やアドバイザーを加えることを決定した理由であり、この新しい時代に競争するための正しい視点、洞察、手段をこの国が持つことを保証するものである。これは正しい動きである。しかし、国家経済運営の実践には**巧みな手腕が必要**である。日本は長い間、国益を増進するためにうまく産業政策を用いており、(1) 21世紀のポスト工業化経済においては、その手段を研ぎ澄まし、急速に進む競争に対処するために、必要な専門知識を確実に備えなければならない。

また、新たな重点分野もある。最も急を要するものの一つは、知的財産権や技術の保護である。新技術を軍事利用する可能性があるため、日本やパートナー国に対して新技術を使用する可能性のある国に (2) 技術が流出しないよう、新たなセーフガード（保護措置）が必要である。そのためには、投資、大学を含む官民の研究所へのアクセス、さらには不動産取引などを精査する必要がある。政府は民間企業と緊密に連携し、リスクへの警戒、基準の設定、状況把握に必要な情報の取得を徹底させなければならない。協力を断念した企業は、**こうした最先端領域への取り組みに参加できなくなる**。しかし、これは致命的なミスであり、(2) 先端技術にアクセスできるかどうかが、今後の企業の成功を左右する可能性がある。

戦略レベルでは、国家安全保障事務局の職員は経済的相互依存の武器化に注意を払わなければならない。各国政府は、その規模、重要資源の保有、あるいはサプライチェーンにおける地位を利用して、**貿易相手国に強制力を行使する**傾向が強まっている。(3) これは新しいことではない。1970年代、OPECは石油供給の支配力を利用して、イスラエルに関する問題で石油輸入国政府にOPECの立場に従うよう強制した。今日、経済的影響力を行使する用意がある国が増えている。日本はそのような行動に備え、戦略や対応策を用意しておかなければならない。今回の組織改編の背景には、政府と同盟国、特に米国と協力して合意された成果を達成するために、情報と意思決定を一元化し、その能力を強化するという重要な目的がある。このような大規模な挑戦には、同じ志を持つ国々が一致団結することが必要だ。

 Words & Phrases

□ the National Security Council	国家安全保障会議 (米国の国家安全保障と外交政策に関する最高意思決定機関の一つ。日本では 2014 年に創設された)
□ given ~	～を考えると
□ the number of such cases is dwindling	その数は減少している
□ prevail in that competition	その競争に打ち勝つ
□ level the playing field	競争条件を平等にする
□ animate the decision	決断を促す
□ the practice of national economic statecraft	国家経済運営の実践
□ hone its tools	(直訳) 道具を磨く→手段を研ぎ澄ます
□ scrutiny of investments	投資の精査
□ real estate deal	不動産取引
□ private sector entity	民間企業体
□ be alert to ~	～を警戒する
□ decline to cooperate	協力を拒む
□ cutting-edge technologies	最先端の技術
□ economic leverage	経済的影響力
□ countermeasures	対応策
□ like-minded nation	同じ志を持つ国

(1) 正解 **4**

訳 **1** 徐々にその重要性の多くを失った
2 国際社会の均衡を図ることができる
3 政治的・経済的覇権を正当化する
4 巧みな手腕が要求される

解説 第1パラグラフ6文目の ensure that this country has the right perspective, insights, and tools to compete in this new era（新しい時代で競争するために正しい視点、洞察、手段が必要）に注目。8文目では must hone its tools and ensure that it has the expertise to deal with the rapidly evolving competition in the postindustrial economy of the twenty-first century とあり、hone its tools（手段を研ぎ澄ます）を a deft touch（巧みな手腕）と言い換えた4が正解。1、2は言及がないので不正解。3は文脈と合わないので不正解。選択肢の equalize ~（～の均衡を図る）、hegemony（覇権）は重要表現。

カリスマ講師の目 類語・言い換え型に注目！
文中の表現そのものではなく、パラフレーズ化された表現を見抜こう。

(2) 正解 **3**

訳 **1** 彼らの成功についてあまり批判的でない
2 その成果を判断することに成功しない
3 こうした最先端領域への取り組みに参加することはできない
4 実際に有利に働く

解説 第2パラグラフ3文目に new safeguards to ensure that they do not leak to countries... と、新たなセーフガード（保護措置）が必要であるという言及がある。さらに7文目には「最先端の技術へのアクセスが企業の成功を左右する可能性がある」との記述があるので、保護措置なしでは新しい分野に参戦できないという内容の3が正解。1は言及がなく、2は成果を判断するわけではないので不正解。4も有利になるわけではないので不正解。

カリスマ講師の目 裏返し型に注目！
否定語を含む表現は、結局何が言いたいのかを肯定文に裏返して意味をよく考えよう。

(3) 正解 **2**

訳 **1** 取引先に武器購入を強要する
2 貿易相手国に強制する
3 相手国に波及的な影響を与える
4 市民の人気を得た

解説 空所直後の第 3 パラグラフ 3 文目に This is not new. とあるので、それ以降に空所の内容が書かれていると判断できる。続く 4 文目の内容「OPEC が石油供給の支配力を利用して、イスラエルに関する問題で石油輸入国政府に従うよう強制した」に合う 2 が正解。1 については、武器購入は強要していないので不正解。3 は波及効果があるとの言及はなく、4 も市民の人気を得たわけではないのでそれぞれ不正解。選択肢の compel A to *do*（A に無理やり～させる）、coerce ~（～に強制する）は重要表現。

サマリー型に注目！
空所部分が本文中のどの部分を指して要約されているかを見極めることが重要。

問題 別冊 p. 020

訳

グリーンテックの勝者

レアアースは、多くのハイテク製品の製造に不可欠な 17 種類の重金属である。先進工業国は「グリーン経済」への移行を計画しており、その際、レアアースに対する需要が爆発的に増加することが予想される。レアアースの安定供給は、グリーン経済の実現に不可欠であるだけでなく、どのような、そして誰の技術がグリーン経済の主役となるかを決定づける。2010 年、中国漁船の船長逮捕事件をきっかけに、中国が日本のレアアース輸出を打ち切ったことで、レアアース資源は世界の注目を集めることになった。この事件は、世界が**中国以外ではほとんど見つからない材料に依存している**こと、そして (1) 国際関係の脆弱(ぜいじゃく)性を露呈した。それ以来、レアアースの消費者は調達先の多様化を図り、一定の成果を挙げてきた。しかし、多くの重要な鉱物の生産と加工は、依然として (1) 数カ国に高度に集中しており、上位 3 カ国が供給の 4 分の 3 以上を占めている。

しかし、グリーン・カーボンフリー経済への移行を目指す世界では、重要な鉱物の需要が急増することが予想されるため、このような依存関係はさらに憂慮される。立教大学のアンドリュー・デウィット教授は、エネルギー経済学について意味深い研究をしているが、最近の論文の中で、「グリーン化には、環境コストと地政学的影響がますます巨大になる、非常に具体的な重要原料を膨大に必要とする」と説明している。

グリーンテックは、従来の技術や生産よりも多くの重要な材料を使用し、世界が気候目標を達成しようとするならば、クリーンテックの使用は指数関数的に増加しなければならない。しかし、**その量が十分かどうかは定かではない**。デウィット氏は、2030 年までに (2) 自動車の 30%が電気自動車になる世界では、先進的なバッテリー化学を用いても、コバルト、リチウム、一部のレアアースの需要が世界の供給を上回ると結論づけた、オランダの研究者を紹介している。

日本は 2050 年までに温室効果ガスの排出をゼロにすることを表明し、国会では改正地球温暖化対策推進法が成立し、その公約が確認された。日本のエネルギーで力を入れているのは、電気自動車に必要な電池の**世界的なリーダー争い**である。(3) この分野は現在、中国や韓国の企業が独占しているが、日本はリチウムイオン電池よりも走行距離や充電時間が長い固体電池で追い抜こうと考えている。だが、どちらの電池も重要な鉱物を必要とするため、その確保が勝敗を分けることになりそうだ。

Words & Phrases

□ green tech	グリーンテック （資源や環境を保全するための技術やサービスを指す。「clean tech＝クリーンテック」とも呼ばれる）
□ contemplate a transition to a “green economy”	「グリーン経済」へ移行を考える
□ ample and secure supplies	豊富で安全な供給
□ vulnerability	脆弱性
□ critical minerals	重要な鉱物
□ go through the roof	限度を超えて上昇する （ビジネスで販売や価格が急上昇する場合によく使われる）
□ prodigious amounts of ~	山ほどの～
□ tangible	実体的な、明白な
□ geopolitical implications	地政学的影響
□ grow exponentially	指数関数的に（＝急速に）増加する
□ net-zero greenhouse-gas emissions	温室効果ガス純排出量ゼロ

(1) 正解 **4**

訳 **1** 不安定なレアアースの供給への依存
2 グリーンエネルギーの大幅余剰
3 エネルギー供給全体の不安定さ
4 中国以外にはほとんどない材料への依存

解説 第1パラグラフ4文目で中国がレアアースの輸出を打ち切ったことが書かれ、空所直後には、その結果として国際関係の脆弱さが露呈したとある。さらに6文目ではレアアースの消費者は調達先の多様化を図ったものの、7文目では依然として数カ国に高度に集中しているとある。ここから、レアアースの供給を主に中国に頼っていたことがわかるので4が正解。1は、中国への依存が船長逮捕事件をきっかけに判明したとは言えず、文脈にも合わないので不正解。2は逆の意味なので不正解。3については、そもそもエネルギーの供給の話ではないので不正解。

カリスマ講師の目 **サマリー型に注目！**
パラグラフ内の話の流れをつかみ、いくつかの箇所にわたって言及されていることをまとめて正解を導こう。

(2) 正解 **1**

訳 **1** その量が十分かどうかはわからない
2 世界の供給はその需要を上回っている
3 グリーンテックが現実的でなくなる
4 世界的な気候目標は達成されない

解説 第3パラグラフの空所直後の3文目に、「自動車の30%が電気自動車になれば、レアアースの需要が世界の供給を上回ると結論づけたオランダの研究者を紹介」と書かれている。つまり、供給量が十分でないということなので、それを端的に表した1が正解。2は逆の意味なので不正解。3のグリーンテック実現が無理だというのは、論理が飛躍しており不正解。4も、レアアースの供給増加は気候目標達成の一助にはなるが、供給不足だけで目標達成は無理だとするのは言い過ぎのため不正解。

言い過ぎ・飛躍の選択肢に注意！
文の流れを論理的に読み取り、言い過ぎ表現や論理の飛躍に注意しよう。

(3) 正解 **3**

訳 **1** ～の十分な供給をいかにして確保するか
2 ～の環境に配慮した生産
3 ～で世界をリードするための闘い
4 リチウムイオン以上の容量を開発している

解説 第4パラグラフの空所のあとの3文目に、「この分野は現在、中国や韓国の企業が独占しているが、日本が固体電池で追い抜こうと考えている」と書かれている。ここから、日本がトップを追い抜こうとしている、つまり世界をリードしようとしていると考えられるので3が正解。1の「十分な供給」とは電池の話ではないので不正解。2はこれ以降の文脈と合わないので不正解。4も「日本のエネルギーで力を入れているのは」という文脈に合わないので不正解。

カリスマ講師の目 サマリー型に注目！
本問では空所直後の内容を読み取り、それを要約することがポイント。

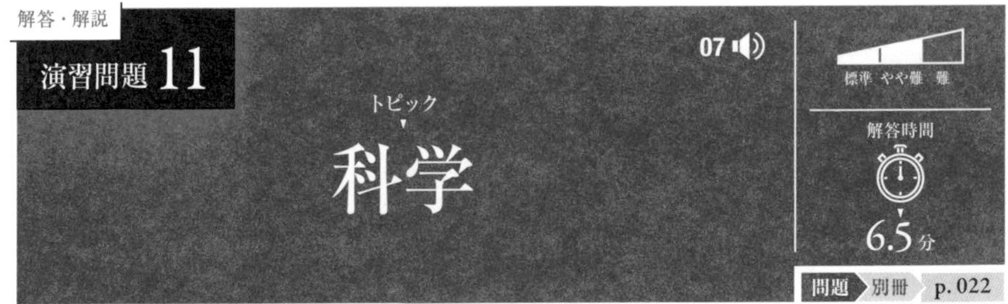

問題 別冊 p. 022

訳

人間とロボットの意識

東京大学大学院情報理工学系研究科の國吉康夫教授は、この 30 年間、納得のいく人造人間を作ろうと試みてきた。彼が作りたいのは、「人の話を正しく理解し、自分の経験や身体感覚をもとに、人間と同じように自然に会話や交流ができる能力を身につけたロボット」だという。

今日（こんにち）、有機的なものと電子的なものの境界が**ますます曖昧になっている**世界では、(1) 私たちはまさにそれらの統合に向かって進んでいるのかもしれない。イーロン・マスクは先月、ニューラリンクという新会社を設立した。この会社は、人が電子機械と直接コミュニケーションできるようにする「ニューラル・レース」技術の開発を目的としている。このレースは、脳に埋め込む電極の網として構想されている。つまり、コンピュータから有機脳にデータをアップロードしたり、電子ハードウェアに思考をダウンロードすることができるようになるのだ。

國吉教授は、**身体を持ってこそ**真の知性になると考えている。つまり、人の思考は (2) 物理的世界との関係から影響を受け、またそれによって決定されるということである。彼と彼のチームが作った二足歩行ロボットについての説明において述べたように、「人間の行動は、中枢神経系によって制御されるものというよりも、人間の身体的特徴とその環境によって支配される制約と相互作用の結果として生じる」のである。これは驚くべき考えだ。体外離脱した脳、例えば水槽の中で生かされている脳は、意識を持たないかもしれない、ということである。人は将来のことを考えるとき、少し前傾姿勢になる。もし、國吉の考えが正しければ、イタリアの奇才外科医セルジオ・カナヴェーロが計画しているような人間の頭部移植がうまくいくかもしれない。

國吉教授は、立ってジャンプできる人型ロボットを作ったあと、人間が**子宮の中から**どのように知能を発達させるかの研究に着手した。まず、(3) 仮想の胎児を作り、コンピュータのシミュレーションの中で発達させた。すると、胎児は自然に本物の赤ん坊と同じような動きをするようになった。次に、発達 32 週目の胎児をコンピュータでモデル化し、脳がどのように情報を受け取るかを研究した。この驚異的な研究は、(3) 胎児自身の身体からのフィードバックに基づいて、人間の意識がどのように構築され始めるかを明らかにしているのである。

Words & Phrases

□ the demarcation between the organic and the electronic	有機的なものと電子的なものの境界線
□ a mesh of electrodes	電極の網
□ a two-legged robot	二足歩行ロボット
□ a disembodied brain	体外離脱した脳
□ lean slightly forward	少し前のめりになる
□ maverick surgeon	異端の外科医
□ humanoid robot	人型ロボット
□ fetus	胎児
□ spontaneously	自発的に
□ extraordinary	並外れた
□ build a picture of ~	～をはっきりさせる

(1) 正解 **2**

訳 **1** 以前よりも否定できない
2 ますますぼやけていく
3 価値を失っている
4 より明確に思い描くことができる

解説 第2パラグラフの空所直後にwe could very well be moving toward their integration（私たちはまさにそれらの統合に向かって進んでいる）とあり、有機的なもの（人間）と電子的なもの（ロボット）の境界線がなくなり、統合する方向だという解釈ができるので2が正解。1は否定できないことへの言及がないので不正解。3のvalue（価値）は関係がないので不正解。4は反対の意味になっているので不正解。

カリスマ講師の目 **サマリー型に注目！**

特にトピックセンテンスの場合、空所部分がパラグラフ全体の要約になっていることを意識しよう。

(2) 正解 **2**

訳 **1** 教育が絶対に欠かせない
2 身体を持つ必要がある
3 ロボットにはほとんど可能性がない
4 人間関係で楽になる

解説 第3パラグラフの内容は、空所の直後にあるコロン以下の内容が相当する。コロン以下にはa person's thoughts are influenced by our relationship with the physical worldと、「人の思考は物質的世界との関係に影響される」と書かれているので2が正解。1の教育についての言及はなく、3、4についても言及がないのでそれぞれ不正解。

カリスマ講師の目 **コロン前後の内容に注目！**

コロンのあとでは、直前の文の具体的説明や例などが挙げられる。逆に言えば、コロンの前はそれを要約した内容になっていることに注意。

(3) 正解 **1**

訳
1 子宮内から
2 機械学習に基づく
3 完全に発達した胎児から
4 人間型ロボットに基づく

解説 第 4 パラグラフの空所直後の First, he created a virtual fetus and had it develop in a computer simulation. から、仮想胎児を発達させたとあり、最終文 This extraordinary work is building a picture of how human awareness might start to build up on the basis of feedback from the fetus' own body. で、研究方法はその胎児自身の身体からのフィードバックに基づくものだとわかる。ここから、胎児の居場所である「子宮（womb）内から」とした 1 が正解。3 は完全に発達した胎児を使ったわけではないので不正解。2、4 は意味が通じないので不正解。

1 級レベルの単語に注目！

本文の内容が理解できても 1 級レベルの単語がわからなければ解答できない。一般語彙だけでなく、分野を広げて語彙を増やそう。

演習問題 12

トピック

生物

標準 やや難 難

解答時間 6.5分

問題 別冊 p. 024

訳

アストロサイト

私たちの脳内では、約 1,000 億個の神経細胞が、シナプスを介して電気信号や化学信号で情報を伝達している。(1) これらの細胞が神経機能において中心的な役割を担っているとするなら、一般的に**脚光を浴びる**のも無理はない。なぜなら、(1) これらの細胞が伝える信号は、人間の行動の核心に関わるものだからだ。しかし、脳内では、アストロサイトと呼ばれる補体細胞が、実はニューロンの数よりも多いという事実は注目に値する。残念ながら、この星形の細胞は、神経細胞のように電気的インパルスを発射しないため、神経学的研究においてほとんど無視されてきた。理研脳科学総合研究センター（埼玉県）の合田裕紀子教授は、これを正そうとしている。彼女の最新の研究は、アストロサイトがシナプスの強さを調節するのに役立っていることを示唆している。

神経細胞が発火すると、神経細胞間の接続の強さが変化する。まったく新しい結合が生じることもあれば、神経細胞間の結合が弱まったり強化されたりすることもある。合田教授のチームは、培養した脳細胞と、記憶の形成に大きく関与するタツノオトシゴの形をした脳の海馬のスライス標本を用いて、脳細胞を調べた。その結果、(2) 海馬のアストロサイトが、神経活動によって引き起こされる脳の変化を制御していることがわかった。「シナプス伝達がどのように制御されているかをより深く理解することは、(2) 病気のメカニズムの解明や治療法の開発に役立つでしょう」と合田教授は語る。「われわれの研究は、アストロサイトが**新規治療薬のターゲットになる可能性**を示している」と教授は言う。アストロサイトは、神経細胞の維持と栄養補給に重要な役割を果たしていることがわかってきている。

２～３年前、科学者たちは、アストロサイトの力を鮮明に示す実験を行った。ヒトの未熟な脳細胞を子マウスの脳に注入したのだ。すると、その細胞はアストロサイトに成長し、本来のマウスの細胞を駆逐してしまった。１歳になったマウスの脳は、ヒト由来のアストロサイトと通常のマウスの神経細胞のハイブリッドになっていた。ヒトのアストロサイトはマウスのアストロサイトよりはるかに大きいので、マウスの脳に装着すると、**マウスにターボチャージをかけるような効果があった**のだ。そして、(3) ヒトのアストロサイトをマウスに装着した方が、記憶力や理解力などの標準的なテストを行った場合、(3) ずば抜けていることが判明したのである。例えば、恐怖に関連した記憶を測定するためのあるテストでは、ヒトアストロサイトを持つマウスは、通常のアストロサイトを持つマウスよりも (3) はるかに良い成績を収め、記憶力が優れていることが示唆された。このように、アストロサイトはこれまで考えられていたよりも、脳において相当に重要な役割を担っていることがわかった。

Words & Phrases

□ synapse	シナプス （神経情報を出力する側と入力される側の間に発達した、情報伝達のための接触構造）
□ given ~	～と考えると
□ neurological functioning	神経機能
□ complementary cells	補体細胞 （神経細胞を介して脳の情報が伝達される際、その周りで神経細胞を補佐する役割を果たす細胞の総称。「グリア細胞」ともいう。「アストロサイト」はグリア細胞の一種で、神経伝達物質の回収や代謝など、さまざまな役割を担う）
□ outnumber neurons	ニューロン（脳を構成する神経細胞）の数を上回る
□ fire electrical impulses	神経インパルスを発生する （「インパルス」とは、脳の神経回路網を作るニューロンにおいて、相互に伝達される感覚の信号や運動の命令のこと）
□ regulate synaptic strength	シナプスの強さを調整する
□ reinforce ~	～を強化する
□ in culture	培養液中で
□ hippocampus	（脳の）海馬
□ seahorse-shaped	タツノオトシゴの形をした
□ oust the native mouse cells	マウスの細胞を駆逐する
□ a hybrid of ~	～の混成物
□ rodent	ネズミ、リス、ビーバーなど、大きな切歯を持つげっ歯類の小動物

(1) 正解 **2**

訳 **1** 信号に大きな影響を与える
2 脚光を浴びる
3 常に技術を磨く
4 進歩の妨げになることはほとんどない

解説 第1パラグラフ2文目で these cells、つまり neurons（神経細胞）は神経機能において中心的な役割を担っており、その理由として「これらの細胞が伝える信号は、人間の行動の核心に関わるものだからだ」と説明されている。さらに neurons と対比される astrocytes が、4文目では these star-shaped cells have largely been ignored（ほとんど無視されてきた）とあるので、「驚くべきことではない」にふさわしい選択肢は、「中心・核心的」で「無視されるの逆の意味」を表す come into the spotlight（脚光を浴びる）の2が正解となる。ほかの選択肢は本文に記述がないので不正解。選択肢の wreak havoc on ~（～に大惨事をもたらす）、hone *one*'s skills（技術［腕・技］を磨く）、hamper ~（～を妨げる）は重要表現。

カリスマ講師の目 **1級レベル表現を使った選択肢型に注目！**

本文の内容が理解できても come into the spotlight のような1級レベルの表現を知らないと解答できない。1級レベルの単語や熟語などの表現は、語彙問題だけでなく読解問題にも使われることを意識して学んでいこう。

(2) 正解 **4**

訳 **1** 海馬で目の肥えた記憶機能
2 栄養価補給の主役であること
3 脳の神経活動の調節因子であること
4 新規治療薬のターゲットとなる可能性

解説 第2パラグラフ4文目に ...astrocytes in the hippocampus regulate changes in the brain brought on by neural activity（アストロサイトが、神経活動で引き起こされる脳の変化を制御している）とあり、続いて、「シナプス伝達がどのように制御されているかをより深く理解することは、病気のメカニズムの解明や治療法の開発に役立つ」と書かれているので、「アストロサイトが新規治療薬のターゲットとなる可能性」の4が正解。1は言及がなく、2は7文目にアストロサイトはすでに important in...nutritional support for neurons（栄養補給に重要な役割を果たしている）とあるので、could be a predominant provider of support with nutritious value とはならず不正解。3も前述の通り、アストロサイトは神経活動の調節因子であることがわかっているので同じく不正解。

カリスマ講師の目 サマリー型に注目！

正解の選択肢は、本文では複数文で述べられた内容を一文でまとめていることに気をつけよう。空所の内容が前述部分、後述部分いずれのサマリーなのかを見極めることも大切！

(3) 正解 **1**

訳 **1** マウスにターボチャージャーをかける効果があった
2 マウスの脳に恐怖感を与えた
3 人間ベースの脳細胞に取って代わった
4 普通のネズミに劣らないくらい賢くなった

解説 第3パラグラフ6文目、空所の直後の文に、ヒトのアストロサイトを装着したマウスはstood out from the othersとあり、さらに7文目にはoutperformed mice with regular astrocytes, suggesting their memory was superiorと普通のネズミよりもかなり優れているという内容がある。これを比喩的に言い換えている1が正解。2は実験方法なので不正解。3は4文目にa hybrid of human-derived astrocytes and regular mouse neuronsとあるので不正解。4は普通のネズミよりもはるかに賢くなったという事実に反するので不正解。選択肢のevoke ~ ((感情など) を呼び起こす)、supplant ~ (～にとって代わる) は重要表現。

カリスマ講師の目 言い換え・サマリー型に注目！

空所部分のあとに述べられている内容のサマリー、つまりトピックセンテンス的になっていることに気づく必要がある。さらにその部分を、比喩的に言い換えた答えを選ぼう。

長文読解攻略のための質問箱

Q

長文読解では焦ってしまって間違いが多くなり、スコアが伸び悩んでいます。勉強法のアドバイスをお願いします。

A

１級の長文問題は洗練されており、**正解は、該当箇所を含んだパラグラフのポイントを「概念化・サマリー」したもの**です。内容をしっかり把握できていない場合は、わかりにくいと言えるでしょう。これに対し、誤答は本文の一部を使って正解らしく見えるよう巧みに作られています。ですから、ポイントがつかめていないと、少し外れた誤答や語句をすり替えた誤答を選んでしまうことが多々あります。

こうしたトリックにはまらず、すばやく正答を見つけるには、**パラグラフ全体を読んでそのポイントをつかむ「セレクティブパラグラフリーディング」**をする必要があります。それには、本書をはじめとした攻略法に基づくトレーニングが欠かせません。

また、「焦る」ということは、パッセージを読んで理解するスピードが遅いところからも起こりえます。何度も述べているように、普段から『TIME』や『Scientific American』のような英字誌を多読して英文になじみ、「英文読解基礎体力」をつけておくことも不可欠です。

Chapter 2

内容一致選択問題攻略……大問3

問題 別冊 p. 026

訳

ブレグジット（英 EU 離脱）後のヨーロッパ

ブレグジットはイギリスにとって災難である。スコットランドと北アイルランドを分離独立で失うリスクを考えると、イギリスは、グレートブリテンから「リトル・イングランド」に戻るという考えを受け入れているようだ。確かに、イギリス王国を救うことだけが、ブレグジット賛成派の関心事であった。ブレグジット賛成派は、自分たちが取り戻したはずの「主権」に固執している。(1) しかし、彼らが 2016 年の国民投票で成功したのは、ロシアの干渉とアメリカのソーシャルメディアのアルゴリズムのおかげだということは、よく知られている。「離脱」キャンペーンは偽善とうそずくめであり、この国の生粋の民主主義者と誤解されて喜んでいるはったり屋が率いていたのだ。チャーチルは、シャルル・ドゴールに「イギリスは常にヨーロッパより外洋を好む（ヨーロッパにとどまらず世界に羽ばたく）」と言ったとされている。しかし、もし彼が現代にいたら、ドゴールはジョンソンのイギリスにはヨーロッパも世界もないと指摘するだろう。その代わりに、貿易戦争、ドナルド・トランプ米大統領との擬似的友好関係、米国や中国、EU などの大国がますます支配する世界におけるパッとしない経済的展望がある。

それでも、ブレグジットがヨーロッパという概念、すなわち形而上学的な幻想（抽象的で実現できそうもない考え）、地政学版の道化師のような色とりどりの衣装（さまざまな文化から成る地政学的にユニークなところ）に対する敗北であることは明らかである。ヨーロッパは、ドイツ思想、フランス政治、イギリス商業のユニークな融合体である。(2) EU の中でイギリスは、フランスの大言壮語に対抗するジョン・スチュアート・ミルとデイヴィッド・ヒュームの現代版であり、(2) ワーグナー的排外主義に向かう大陸の衝動を抑えるベンジャミン・ディズレーリのような存在であった。イギリスは、国際交渉に G・K・チェスタートンのような皮肉を持ち込んだ。そして、危機的状況にあるギリシャに同情し、地球の惨めな人々に連帯感を与えるために、バイロンのようなコスモポリタニズムを提供したのである。イギリスがなくなれば、ヨーロッパはますます息苦しくなり、ヨーロッパは自由の揺りかご（イギリス）を失うことになる。

あたかも物理的な法則によってそうなるかのように、ヨーロッパは危機の時には必ず結束するという夢のような話はさておこう。なぜ、ヨーロッパはその偉大な知恵によって、権威主義者やポピュリストの推進力に対して、同等かつ反対の民主主義の推進力で対応すると思われているのか。昨年は、ブレグジットの現実が迫っていたにもかかわらず、欧州議会選挙を救うことはできなかった。その結果、ハンガリーのヴィクトール・オルバン首相のような選挙で選ばれた独裁的リーダー志望者に対して、わずかながら正当性を与えることになってしまった。歴史がおかしくなるのを防ぐ予防的役割をイギリスが果たさない限り、大陸ではポピュリズムのまん延がさらにひどくなると言ってよいだろう。これは欧州統合の夢が終わったということなのだろうか。

そうとは限らない。EU には、イギリスを味方としてとどめておくという選択肢がまだ残されている。

われわれの行動によりパートナーシップを復活させることで、いなくなったパートナーからまだ利益を得ることができるのだ。私は、旅立った大切な家族に対する仲間意識を示すことができるヨーロッパを、これからも夢見ていくだろう。(3) <u>われわれは、マグナ・カルタやガリヴァーのコスモポリタニズム、ロンドンのスウィングをもたらした文化を失ってはいない。ジョン・ロックやアイザイア・バーリンの真の自由主義を、われわれはまだ知っている。</u>自由と皮肉な懐疑主義の融合であるヨーロッパのこの真のセンスこそが、好戦的な、民主主義で選ばれた独裁をおとなしくさせるために必要なものなのだ。ヨーロッパは死んでいない。われわれは戦い続ける――イギリス抜きで、しかし依然としてイギリス人とともに。

Words & Phrases

□ secession	**分離**（Brexit反対のスコットランドやアイルランドがイギリスから分離すること）
□ Brexiteer	**ブレグジット賛成派**
□ be fixated on ~	**~にこだわっている**
□ sovereignty	**主権**（ここではイギリスがEUから干渉されずに政治経済政策を行うこと）
□ a saturnalia of cynicism and fake news	**偽善やうそずくめ**
□ charlatan	**はったり屋**
□ only too happy to be mistaken for the country's staunchest democrats	**生粋の民主主義者と誤解されて喜んでいる**
□ prefer the open sea to Europe	**ヨーロッパにとどまらず世界に羽ばたく**
□ a pseudo-friendship	**見せかけの友好関係**
□ mediocre economic prospects	**パッとしない経済の先行き**
□ metaphysical chimera	**実現できそうもない幻想**
□ geopolitical Harlequin's coat of many colors	**さまざまな文化から成る地政学的にユニークなところ**（色とりどりのパッチワークから成る道化師の衣装をヨーロッパの多様性に例えている）
□ a unique amalgam of German thought, French politics, and English commerce	（法律思想としてはドイツ的で、政治や外交的にはフランス的で、商業経済的にはイギリス的という独特の融合体であること）
□ the modern version of John Stuart Mill and David Hume	（現代において自由主義の啓蒙思想家的であること）
□ stand against French grandiloquence	**フランスの大げさな言葉づかいに立ち向かう**
□ Benjamin Disraeli checking continental impulse toward Wagnerian chauvinism	（カリスマ的な狂信（EU）への追従を阻止する権威主義反対者であること）
□ the irony of G. K. Chesterton	（自由主義の思想が実際にはそれほど功を奏していないという皮肉さ）
□ a touch of Byronic cosmopolitanism	**バイロンのような異国を愛するグローバリズム**
□ instill compassion for Greece during its crisis and solidarity for the wretched of the Earth	**危機的状況にあるギリシャに同情し、地球の惨めな人々に連帯感を与える**（「ギリシャへの情けをかける」とは2009年のギリシャ経済危機（債務不履行やEU離脱の可能性が高まった）に実施した金融支援プログラムを指す）

□ stifling	**窮屈な、息苦しい**
□ lose the cradle of liberty	**自由のゆりかご**（自由の発祥の地であるイギリス）**を失う**
□ Let us dispense with the fable that ~	**～という夢のような話はさておこう**
□ Europe will always come together in times of crisis	**危機の時はヨーロッパはいつも団結する**
□ as though compelled by some physical law	**あたかも物理学の法則でそうなるかのように**
□ populist thrust	**ポピュリストの推進力**
□ the looming realities did nothing to *do*	**ブレグジットの迫りくる現実は～するために何もできなかった**
□ conferred a modicum of legitimacy to would-be democrat-dictators	**選挙で選ばれた独裁的リーダー志望者を大なり小なり正当化することになってしまった**
□ play its historical prophylactic role (*prophylactic = preventive)	**歴史がおかしくなるのを防ぐ役割を担う**
□ the epidemic of populism will become more virulent	**ポピュリズムのまん延がさらにひどくなる**
□ have the option of keeping Britain close in heart and mind	**イギリスを味方としてとどめておくこともできる**
□ Magna Carta	**大憲章、マグナ・カルタ、独裁的な国王に反抗し、議会を打ち立てようとしたもの**（1215 年にイングランド国王ジョン（John of England）が貴族の要求によって調印した憲章。国王といえども法に従うべきことを明文化し、国王の権利を初めて制限した重要な法律。その後、実際にこれによって国王の権利が制限されることはなかったが、その精神はイングランド内戦 (the English Civil War) やアメリカ独立にも生かされた）
□ swinging London	（ビートルズ、ミニスカートなどに見られる 1960 年代におけるファッション、音楽、映画、建築などにおけるロンドンのストリートカルチャー）
□ the true liberalism of John Locke and Isaiah Berlin	**ジョン・ロックやアイザリア・バーリンの真の自由主義**（2 人は自由改革を尊重する文明論の代表格）
□ a blend of freedom and ironic skepticism	**自由と皮肉な懐疑主義の融合**（自由を尊重しながらも物事に対して懐疑的なこと）
□ stare down the truculent faces of democratic-dictatorship	**好戦的な独裁をおとなしくさせる**

(1) 正解 **4**

訳 この文章の筆者が、ブレグジット賛成派が主権を取り戻したとは思わない理由は何か。

1 イギリスはもはやチャーチルの時代のような経済大国ではなく、より影響力のあるほかの国々が主導する世界において、今や緩やかな経済成長しか期待できない。

2 イギリス国民は、離脱キャンペーンを主導したエセ民主主義の疑似愛国者たちにだまされて、欧州連合からの離脱に投票した。

3 スコットランドと北アイルランドがイギリスから離脱し、イギリスが今よりずっと小さくなる可能性がある。

4 離脱キャンペーンの成功は、主に外国の介入と特定の結果をもたらすソーシャルネットワークの計算の影響によるものであった。

解説 第 1 パラグラフの 5 文目を参照。「2016 年の国民投票で（ブレグジット賛成派が）成功したのは、ロシアの干渉とアメリカのソーシャルアルゴリズムのおかげ」とある。正解はそれを言い換えている 4。その他の選択肢についてはすべて第 1 パラグラフで示唆されてはいるが、どれも筆者が主権奪還について懐疑的である理由ではない（すり替えパターン）。

カリスマ講師の目 **行間型 & 類語言い換え型に注目！**

本文にブレグジット賛成派が取り戻したはずの "sovereignty" と引用符がついていることから、筆者が本来の文字通りの意味でこの単語を使っていないことがわかる（→つまり疑問視している）。そのすぐあとの文が理由となる。本文の owe A to B（A は B のせいである）が正解選択肢では A was due to B と言い換えられていることに注意。

(2) 正解 **3**

訳 この文章の筆者によると、イギリスが欧州連合に貢献したことの一つは何か。

1 イギリスはヨーロッパの信頼できるリーダーであり、常に異なる見方や政治的スタイルを持つ国々をまとめてきた。

2 イギリスは、自国の政治課題を推進するためだけに壮大な戦略計画を立てる傾向のあるフランスに対する拮抗勢力であった。

3 ヨーロッパのほかの国々がヨーロッパ中心主義をとっているとき、イギリスはそのような態度を抑制することで、カウンターバランスとして機能した。

4 イギリスは、欧州連合の中ですべての国が公平に扱われ、ギリシャのような国が差別的な扱いを受けることがないようにした。

解説 第2パラグラフの3文目を参照。後半にある「ワーグナー的……」の記述は、狂信的なEUへの愛国主義（つまり追従）を阻止する権威主義的反対者としての役割を果たしていたという意味である（Words & Phrasesの説明参照）。それを言い換えている3が正解。1については、国々をまとめてきたリーダーだったとは書かれていない（無言及パターン）。2については、フランスは大言壮語の傾向はあるが、壮大な戦略計画を立てるとは言っていない（すり替えパターン）。4については、経済危機のときにギリシャに手を差し伸べたとあるだけなので言い過ぎパターンの不正解。

カリスマ講師の目 **行間型 & 類語言い換え型に注目！**

正解を導き出すには、check continental impulses toward Wagnerian chauvinism「ワーグナー的愛国主義（狂信主義）に向かう大陸（EU）の衝動を抑制する」の意味を理解しておく必要がある難問。狂信的なまでの愛国主義＝自国中心主義（ここでの自国はEUを指す）の言い換えだけでなく、行間の読み取りが鍵となる。

(3) 正解 **2**

訳 ブレグジット後のヨーロッパについて、この文章の筆者が最も同意するのは次のうちどれか。

1 欧州議会は民主主義で選ばれた独裁者に乗っ取られ、その正当性を失い、欧州統一の夢はついえるだろう。

2 イギリスが EU から離脱しても、人々を抑圧する政府に反対する自由主義や民主主義の精神は残るだろう。

3 民主主義と思いやりが EU の礎なので、政治的危機においてヨーロッパの人々は常に団結すると信じ続けるだろう。

4 ヨーロッパのほかの国々と共有していたイギリスのポジティブな文化的側面や自由主義が失われるだろう。

解説 第4パラグラフの前半に、イギリスが EU を離脱してもその恩恵は受けられると記述がある。特に5～6文目を参照。国王でも法に従うことを明文化した「マグナ・カルタ」や「ジョン・ロックやアイザイア・バーリンの真の自由主義」の文化が失われないことが述べられている。よって正解は2。1については、第3パラグラフ最後の6文目の内容を第4パラグラフの最初の文が否定しているので、欧州統一の夢がついえるとは言えない（本文と矛盾するすり替えパターン）。3についても、第3パラグラフの1～2文目に反対の内容が述べられている。4についても「失われる」が、第4パラグラフにある「残る」という筆者の考えとは反対なので不正解。

カリスマ講師の目 言い換え型に注目！

正解の選択肢2の governments that oppress people は、本文第4パラグラフ7文目にある dictatorship の言い換えとなっていることに注意。

解答・解説
演習問題 2
3 設問形式
トピック
経済
標準 やや難 難
解答時間
12分
問題 別冊 p. 030

訳

自由市場経済

市場経済は自然に近いものである。政府が市場に介入することは、自然環境の破壊に匹敵し、それゆえ避けるべきである。人間の手が加わっていない自然は偉大である。自然の猛威は人間の力を凌駕する。というのが、「経済エコロジスト」と呼ばれる自由市場主義者の意見である。一方、ケインズ派の経済学者は、コントロールされていない市場は、アンバランスと不安定に悩まされると言う。失業率を下げ、インフレを抑制し、貿易不均衡を是正し、好不況をコントロールするためには、政府が財政金融政策を通じて市場に介入することが不可欠であるというのが彼らの意見である。(1) 自由市場主義者は、マルクス主義やケインズ主義の経済学者が傲慢にも、人間の知性を過大評価し、人間が市場の原動力を理解できると思っていると批判する。彼らは、人間の知的能力に限界があることを認識してすべてを市場に委ねることが最善であると主張する。全能の政府などという架空の目標を追い求めてはいけないのだ。

1840 年代から 1870 年代にかけて、イギリスでは規制のない、つまり自由放任の市場経済が存在したと言われている。ジョン・メイナード・ケインズが自由放任主義に警鐘を鳴らす小冊子を出版したのは 1926 年である。その 3 年後にウォール街が大暴落し、世界恐慌が発生した。その後、1970 年代半ばまで、世界の先進国はケインズ主義的な経済政策をとっていた。アメリカとイギリスで、当時のレーガン大統領とサッチャー首相の指導のもと、自由放任主義が復活したのは 1980 年代に入ってからである。

イギリスの歴史学者で政治思想が専門のジョン・グレイは、自由市場を自然なものだとは考えていない。グレイは著書『False Dawn（邦題：グローバリズムという幻想）』の中で次のように述べている。「新右翼の思想家たちが想像したり主張したりしてきたように、自由市場は社会的進化の賜物ではない。自由市場は、社会工学と不屈の政治的意志の産物である。(2) 19 世紀のイギリスでは、民主主義的な制度が機能していなかったからこそ、そして機能していない間は、自由市場が実現可能であったのだ」。グレイはさらに、こうも言った。「これらの真実が、民主的政府の時代に世界的な自由市場を構築するというプロジェクトに与える意味は深い。市場というゲームのルールは、民主的な審議や政治的な修正から隔離されなければならないということである。民主主義と自由市場はライバルであり、味方ではないのだ」

自由市場の擁護者は、自由放任の経済を作ろうとするときに「改革」について語る。しかし、自由市場の改革は、ごく一部の裕福な人々にしか利益をもたらさない傾向がある。大多数の貧しい人々は、そのような改革によって被害を受ける。自由市場における高成長は、貧しい人々の所得をわずかに増加させるかもしれない。(3) しかし、市場の自由は、1980 年代から 1990 年代にかけてアメリカやイギリスで起こったように、所得格差を顕著に拡大させる。富と貧困の感覚は相対的なものであるから、貧しい人々はより貧しく感じることだろう。したがって、民主的な投票では、市場の自由が拒否されることは確実である。グレイはまた、「民主的な政治生活の通常の過程では、自由市場は常に短命である。その社会的コストは、いかなる民主主義においても、長くは正当化されないほどである。この真実は、イギリスにおける自由市場の歴史が証明している」とも書いた。その真理を証明するかのように、1997 年 5 月のイギリス総選挙で労働党が圧倒的な勝利を収めた。イギリスの有権者の大多数は、サッチャリズム、すなわち自由市場経済が民主主義と相いれないとして、これを拒否したのである。

Words & Phrases

□ be akin to nature	自然に類似している
□ intervention in the market	市場への介入
□ be comparable to the destruction of the natural environment	自然環境の破壊に比肩する
□ the fury of ~	～の怒り
□ dwarf human power	人間の力をはるかにしのぐ
□ free-market advocates	自由市場を提唱する人々
□ Keynesian economist	ケインズ学派の経済学者（ケインズとは後出の John Maynard Keynes のことで、イギリスの経済学者。1883 ～ 1946 年。マクロ経済学を確立し、20 世紀の経済学に大きな影響をもたらした）
□ be plagued by imbalances and instability	不均衡や不安定さに悩まされる
□ fiscal and monetary policies	財政金融政策
□ curb inflation	インフレを抑制する
□ correct trade imbalances	貿易の不均衡を正す
□ tame boom-or-bust business cycles	好景気と不況のサイクルの変動を抑える
□ Marxist economist	マルクス経済学者
□ an almighty government	全能の政府
□ an imaginary goal	想像上の目標（実現できない目標）
□ laissez-faire (market economy)	自由競争主義的な（市場経済）
□ John Maynard Keynes' booklet	ジョン・メイナード・ケインズの小冊子『自由放任の終わり』
□ Wall Street crash	ウォール街大暴落（1929 年に起きた株価の大暴落。世界恐慌のきっかけとなった）
□ the Great Depression set in	大恐慌が始まった
□ Ronald Reagan	ロナルド・レーガン（第 40 代米大統領）
□ Margaret Thatcher	マーガレット・サッチャー（第 71 代英首相）
□ John Gray	ジョン・グレイ（イギリスの政治哲学者）
□ regard the free market as natural	自由市場を自然なものと見なす
□ New Right thinker	新右翼思想家
□ an end-product of social engineering and unyielding political will	社会工学と断固とした政治意志の産物
□ functioning democratic institutions	機能している民主主義的な制度
□ the implications of these truths for ~	これらの真実が～に意味すること

□ be insulated from democratic deliberation and political amendment	民主主義的な討議や政治的な改定から隔離された
□ the financially underprivileged	貧しい人々
□ be bound to *do*	～するに決まっている
□ income gap	所得格差
□ the feeling of wealth and poverty is relative	豊かさと貧しさの実感は相対的なものである
□ be short-lived	一時的なものである、短命である
□ be legitimated in any democracy	どんな民主主義的な社会でも正当化される
□ as if to prove the truth	真実であること証明するように
□ the Labor Party	(イギリスの) 労働党
□ win a landslide victory	圧倒的 (地すべり的) な勝利を得る
□ the British general election	イギリスの総選挙
□ Thatcherism	サッチャー主義
□ be incompatible with~	～と両立しない

(1) 正解 2

訳 なぜ自由市場を提唱する人々はケインズ学派の経済学者を批判しているのか。

1 ケインズ学派の経済学者は、経済に介入する際に自然環境への多大なる打撃を避けるには高度な知性が必要であると考えているから。

2 ケインズ学派の経済学者は、非現実的なほど高いレベルの知性を必要とする政府の市場介入を提唱しているから。

3 ケインズ学派の経済学者は政府の能力の限界を認識しているがために、政府の介入を超えた財政金融戦略を提案しているから。

4 ケインズ学派の経済学者は、それなしでは不均衡で不安定なものになってしまうであろう市場に秩序をもたらすため、人工知能を活用する政府による介入を提案しているから。

解説 第 1 パラグラフの 8 ～ 10 文目を参照。自由市場を提唱する人々はケインズ学派の経済学者が「傲慢にも人間の知性を過大評価している」と批判しており、全能の政府は「追い求めるべきではない架空の目標である」としている。裏を返せば、ケインズ学派が推奨している市場介入は現実的でないほど高いレベルの知性 (unrealistically high level of intelligence) を必要とすると考えられるので、2 が正解となる。1 については自然環境への打撃についての記述がなく (無言及パターン)、3 については、政府の能力の限界を認識しているのは自由市場提唱者の方である (すり替えパターン)。4 についても人工知能への言及はない (無言及パターン)。よって、いずれも不正解。

カリスマ講師の目 行間型・類語言い換え型に注目！

ケインズ学派は傲慢なほど人間の知性を過大評価しており、架空の目標を追い求めるべきではないという部分から、彼らは非現実な高いレベルの知性を要求していると読み取ろう。imaginary と unrealistically の言い換えにも注意。

(2) 正解 **1**

訳 ジョン・グレイによると、次の記述のうちどれが19世紀半ばから後半のイギリスに当てはまるか。

1 自由市場から恩恵を享受しないであろう人々の意見を反映できるような制度が十分なかった。

2 現在私たちが知っているような民主主義的制度はなかったものの、そこで起こった社会的進化により自由市場が繁栄することが可能であった。

3 当時発達した民主主義政府により、ソーシャルエンジニアリングと崇高な政治的意思を通して、自由市場が効果的に機能することができた。

4 そこで創造された自由市場は、民主主義と政治への悪影響により、すぐに終焉(しゅうえん)を迎えた。

解説 第3パラグラフの4文目を参照。「It (=the free market) は functioning democratic institutions were lacking (機能する民主主義制度が欠如していた) から feasible (実現可能) だった」とある。第4パラグラフの2文目にも「自由市場は少数の裕福な人々にしか恩恵をもたらさない」、同パラグラフの最後にも、民主主義による投票で自由市場を提唱する政府が覆されたとの内容がある。これら複数のパラグラフをまとめた1が正解。2については本文に「自由市場は社会的進化の恩恵ではない」とあり、矛盾している (すり替えパターン)。3については「民主主義と自由市場はライバルである」という内容に矛盾し (すり替えパターン)、4については述べられていない (無言及パターン) ので、どれも不正解。

カリスマ講師の目 **行間型・サマリー型に注目!**

正解となる選択肢は、複数の段落や文の内容がまとめられていることに気をつけよう。ここでは19世紀のイギリスにおける民主主義制度の欠如と、実際に20世紀になって民主主義的投票により自由市場が支持されなかった (→民主主義で人々の意見が反映された (=行間の読み取り)) のサマリーとなっている。

(3) 正解 1

訳 この文章の筆者によると、なぜ自由市場は民主主義制度のもとでは決して長続きしないのか。

1 自由市場には、民主主義国家において貧しい人々が受け入れることができない社会的負担が伴うから。

2 自由市場は政治的改革から守られており、それゆえ民主主義的政治環境における変化に遅れずに進んでいくことができないから。

3 民主主義的政府において貧しい人々の収入は豊かな人々の収入ほどは増加せず、そのことで結果的に貧しい人々は民主主義政府を完全に拒否することにつながるから。

4 民主主義国家において自由市場はより繁栄するものの、経済的に貧しい人々に対する経済的恩恵なしでは、自由市場は必然的に崩壊するから。

解説 第4パラグラフの5～9文目を参照。「市場の自由では income gap（収入の格差）が拡大する」、「貧しい人々がより貧しく感じる」、「投票では市場の自由が否決される」ので、「その社会的コストのために自由市場はいつも短命」をまとめている1が正解。2については変化についていけるかどうかの記述はなく（無言及パターン）、3については民主主義だから貧しい人々の収入の増加が豊かな階級と比べて少ないわけではない（すり替えパターン）。4についても、民主主義国家において自由市場がより繁栄するとの記述はない（実際はそうかもしれないが、少なくともこの文章からは読み取れないため無言及パターン）ので、いずれも不正解。

カリスマ講師の目 サマリー型に注目！

正解の選択肢は、本文では複数文で述べられている内容を一文でまとめていることに気をつけよう。もちろん social burdens と social costs のような言い換えにもいつも注目！

問題 別冊 p. 034

訳

ウクライナの正義

国家間の紛争を解決する国連の最高裁判所である国際司法裁判所（ICJ）は今週、ロシアに対しウクライナへの侵攻を直ちに停止するよう求めた。裁判所は武力行使について「深く懸念する」と述べ、軍事介入の正当性を否定したのだ。ロシアがこの命令を聞き入れる可能性は低いが、だからといって重要でないわけではない。この判決は、国家間の関係を支配するのはルールであり、生々しいパワーではないという基本原則を強化するものである。この判決を空文化させないために、各国政府にはその実質化が求められている。

ウクライナは侵攻直後にロシアを国際司法裁判所に提訴し、自国への侵攻と解体の口実となっている主張について裁定を求めた。ロシア政府は、ウクライナがルハンスクとドネツクというロシア語話者の多い東部の地域で大量虐殺を行ったと訴えた。ロシアはこの訴訟の最初の審理に参加せず、今週出された判決にも姿を見せなかった。それどころか、ロシア政府は国際司法裁判所に書簡を送り、ロシアは国連事務総長に大量虐殺ではなく自衛のために行動していると正式に通告しているため、この件に関する裁判所の管轄権はない、と主張した。しかし、そのことは裁判官たちを思いとどまらせることはできなかった。裁判所は 13 対 2 で、ロシアがウクライナに対して行った軍事作戦を「直ちに中止すること」と裁定した。さらに、ロシア政府は自国の支配下にある軍隊、あるいは自国が支援する軍隊も停止させるようにしなければならないとした。

裁判所は、ウラジーミル・プーチン大統領が武力行使の目的として大量虐殺の阻止を明言した多くの発言を挙げ、ロシアの行為が国連憲章第 51 条の「自衛」に当たるとする主張を退けた。(1) 自衛という言葉が、独立を宣言したウクライナ東部の 2 つの飛び領土についてだけであったなら、第 51 条は国連加盟国にのみ言及しており、2 つの離脱地域はその地位を享受していないと裁判所は指摘した。(2) さらに、裁判所はロシアの主張する大量虐殺を「立証する証拠は把握していない」とも述べ、ジェノサイド条約が「他国の領土で一方的に武力を行使する」ことを認めているかは「疑問だ」とも付け加えた。しかし、ジェノサイド条約がロシアの行動を正当と見なさないのであれば、第 9 条に従い、国際司法裁判所にこの事件を扱うための裁判権を与えたことになる。裁判所は、大量虐殺という虚偽の主張のために武力行使を受けるなどがあってはならないとするウクライナの主張を認め、それはウクライナが「ロシア連邦による軍事行動の対象とならないというもっともな権利」を有することを意味した。また、この判決では、途方もない被害が発生しているため、行動を起こすことの緊急性が強調された。法律の専門家は、法的には要求されないが、その時々の緊急性によって決定された点を指摘していると、裁判所の表現を強調している。ドノヒュー裁判官は、「いかなる軍事作戦も、特にロシア連邦がウクライナの領域で行った規模のものは、必然的に人命の損失、精神的・身体的損害、財産や環境への損害をもたらす」と指摘した。(3) 裁判所は、ロシアの武力行使に「深い懸念」を抱いている。裁判官の間では、双方とも「紛争を悪化させたり拡大させたりするようなことをしてはならない」ということで一致した。

ウクライナのウォロディミル・ゼレンスキー大統領はこの判決を「完全な勝利」と呼び、国連のアントニオ・グテーレス事務総長はこの判決を「私が繰り返し訴えてきた平和のための訴えを完ぺきに強化するものだ」と述べた。国際法の基本原則は、国家の主権、国家間の平等、国境の不可侵である。ロシアの侵略は、これらの柱を踏みにじり、圧倒的な力によって支配される秩序に置き換えようとするものである。ウクライナへの侵攻は、「いかなる国家の領土保全または政治的独立に対する武力の行使」をも禁じた国連憲章第 2 条第 4 項に違反する、単純かつ明白な侵略行為である。ロシアはこの判決を無視するだろうが、だからといって意味がないわけではない。モスクワの政府は、国際法を軽視し拒否する政府であることが確認され、この判決と無法者としての地位がより明確になる。**(4)** 逆に、ウクライナは紛争の平和的解決を約束する国であることが再確認される。国際司法裁判所には強制力はないが、正義はそれに意味と内容を与える努力を他国がすることによって定義され、現実のものとなる。私たち全員が団結して、正義に実質を与えているのだ。だからこそ、世界の指導者たちは、この危機に対処する際に国際法に絶えず言及するのである。大国間競争の時代に戻ろうとも、私たちは武力外交一辺倒を否定しなければならない。そうしないと、善悪のない、ただ力の均衡が保たれているだけの世界になってしまう。それは悲観的な見通しだが、しかし、このような事態が起こらないようにすることは、私たちにできることであり、また、しなければならないことである。

Words & Phrases

□ the International Court of Justice (ICJ)	**国際司法裁判所**（国連の機関で本部はオランダのハーグ (The Hague)。国連加盟国間の紛争を裁定。国連加盟国が裁定に不服なら安保理に申し立てできる）
□ be unlikely to heed the order	命令を聞く可能性は低い
□ give ~ substance	～を実体あるものにする
□ file a suit against ~	～を提訴する
□ rule on the claim used as a pretext to ~	～する口実として行った主張を裁定する
□ dismember the country	国をばらばらにする、解体する
□ the court has no jurisdiction over the case	その件に関しては法廷の管轄外である
□ act on the grounds of self-defense, not genocide	大虐殺ではなく正当防衛を理由に行動する
□ deter the justices	裁判官たちを思いとどまらせる、阻止する
□ expressly referred to stopping genocide as the purpose of the use of force	大量虐殺の阻止が武力行使の目的であったと明言した
□ if the reference to self-defense was intended to refer to the two enclaves	正当防衛が 2 つの飛び領土についてだけであったなら
□ Article 51 only refers to members of the United Nations, and neither of the two breakaway regions enjoyed that status	法廷は第 51 条は国連加盟国にしか当てはまらないので、2 つの離脱地域には当てはまらなかった
□ evidence substantiating Russian claims on genocide	ロシアの大量虐殺に関する主張を証明する証拠

□ the Genocide Convention	ジェノサイド条約（正式名称はConvention on the Prevention and Punishment of the Crime of Genocide（集団殺害罪の防止および処罰に関する条約）という。集団殺害を国際法上の犯罪とし、防止と処罰を定めるための条約。前文および19カ条から成る）
□ provide authority for the "unilateral use of force in the territory of another state"	「他国の領土における一方的な武力行使」に対する権限を与えている
□ legitimate Russian action	ロシアの行動を正当と見なす
□ provide jurisdiction for the ICJ to take the case	国際司法裁判所に裁判権を与える
□ pursuant to Article 9	第9条の規定に従い
□ it should not be subject to the use of force as a result of false claims of genocide	大量虐殺という虚偽の主張のために武力行使を受けるなどがあってはならない
□ a plausible right not to be subjected to military operations by the Russian Federation	ロシア連邦による軍事行動の対象とならないというもっともな権利
□ underscore the urgency of acting	行動を起こすことが緊急に必要であることを強調する
□ be dictated by the exigency (=urgency) of the moment	その時々の緊急性によって決定される
□ the inviolability of borders	国境の不可侵
□ trample on those pillars and seek to replace them with an order ruled by sheer power	そういった大原則を踏みにじって、力でねじ伏せようとしている
□ prohibit the "use of force against the territorial integrity or political independence of any state"	「いかなる国の領土保全または政治的独立に対する武力の行使」をも禁止している
□ have no enforcement mechanism	強制力を持たない
□ be defined and realized by efforts of other actors to give it meaning and content	正義は他国がそれに意味と内容を与える（つまり重要と見なす）努力によって定義され、現実のものとなる
□ all of us, collectively give substance to ~	われわれすべてが～を実体あるものにする
□ a grim prospect	悲観的な見通し

(1) 正解 **3**

訳 国際司法裁判所（ICJ）は、自衛のための行動であるというロシアの主張をどのような理由で退けたのか。

1 ロシアが国連に提出した正式な通告書に実質的な証拠がないため、ICJ は有効と認めなかった。

2 ロシアがウクライナに与えている被害の程度は、ルハンスクやドネツクのそれよりもはるかに深刻で甚大であった。

3 プーチン大統領がウクライナによる大量虐殺を受けたと主張した 2 つの地域は、国連加盟国ではないため、自衛という言い訳は無効である。

4 新たに国連に承認された独立国での軍事行動は、いかなる理由であれ許されるものではない。

解説 第 3 パラグラフの 2 文目「自衛という言葉が、独立を宣言したウクライナ東部の 2 つの飛び領土についてだけであったなら、第 51 条は国連加盟国にのみ言及しており、2 つの離脱地域はその地位を享受していない」を参照。それを言い換えている 3 が正解。1 については第 2 パラグラフの 4 ～ 6 文目で通告書について言及しているが、その文書に「実質的な証拠」がないことが ICJ がロシアの主張を退けた理由とは明記されていない（無言及パターン）。2 については、被害の程度を比べる記述はない（比較の構文すり替えパターン）。4 については、「新たに国連に承認された独立国」と条件づけはされていない（すり替えパターン）。

カリスマ講師の目 **類語言い換え型に注目！**

本文と正解選択肢の言い換えとして、以下が挙げられる。前者が本文、後者は選択肢の表現だ。

the reference to self-defense ≒ the excuse of self-defense
neither...enjoyed that status (=UN membership)
≒ are not UN member states

(2) 正解 **1**

訳 次のうち、この文章から正しく推測できるものはどれか。

1 ロシアが提示した大量虐殺の怪しげな証拠により、ウクライナはロシアによる武力行使を禁止する判決をICJに訴える資格がある。

2 第51条は、ロシアを含む国連加盟国が、大量虐殺に対していかなる軍事行動をとることも禁止している。

3 ジェノサイド条約によってウクライナでの武力行使が承認されるには、ロシアの主張する大量虐殺を証明するより多くの証拠が必要である。

4 ウクライナが大量虐殺を行ったという主張が立証された場合のみ、ICJはロシアにウクライナ東部のみでの軍事行動の継続を許可する。

解説 第3パラグラフの3～4文目を参照。要約すると、「ロシアの主張を立証する証拠はない→ジェノサイド条約がロシアの行動を合法とは認めない→ICJに裁判権がある」となる。この内容を示している1が正解。2については、第3パラグラフの1～2文目より、大量虐殺が認められれば自衛として軍事行動をとれる可能性が示唆されている（裏返し行間読み）。3については、第3パラグラフの3文目でそれらしいことが述べられているものの、「より多くの証拠」がジェノサイド条約に合法と認められるか否かにとって重要かまでは述べられていない（無言及パターン）。4については、(1)の問題とも関連しているが、大量虐殺を行ったとされる場所が問題なので、ロシアの主張が立証されても軍事活動の継続がICJによって認められるかどうかは不明（すり替えパターン）。

カリスマ講師の目 サマリー型&言い換え型に注目！

正解選択肢は、第3パラグラフの2文を簡潔にまとめていることに注目しよう。少々難易度の高い言い換えであるが、本文でdid provide jurisdiction for the ICJ to take the caseが、選択肢ではqualifies Ukraine to appeal to the ICJとされていることにも注意。

(3) 正解 **4**

訳 この文章によると、今回の判決で注目された点は何か。

1 裁判官たちは、異なる理由で、ゼレンスキー大統領と国連事務総長の両方を大喜びさせる結論に達した。

2 数人の裁判官は、ロシアとウクライナに対して、ウクライナの苦難を悪化させないように、彼らの行動を抑制するよう等しく求めた。

3 ロシアが国連安保理の常任理事国であるにもかかわらず、ロシアを非難する判決に裁判官全員が投票した。

4 両国は苦境を悪化させるような行動をとるべきではないということに、裁判官たちは同意した。

解説 第3パラグラフの9～10文目を参照。裁判所は「深い懸念」を抱き、裁判官たちは「双方とも紛争を悪化させたり拡大させたりするようなことをしてはならない」と意見が一致したとある。その内容を言い換えている4が正解。1については第4パラグラフの1文目に惑わされるかもしれないが、2人がelated（大喜び）だったかどうかはわからず、またそれがnoteworthyだった点でもない（すり替えパターン）。2については数量詞の問題で、「数人」ではない。本文ではunanimity（全員の合意）とあるのですり替えパターンの不正解。3については「常任理事国」に言及がなく、「ロシアを非難する判決に全員投票」がすり替えパターン。

カリスマ講師の目 **類語言い換え型に注目！**

この問題は、実は第3パラグラフの6行目から伏線がある。本文ではunderscoredやhighlightといった単語が、設問のnoteworthyの類語として使用されている。

(4) 

正解 4

訳 筆者は、この判決が国際社会にとってどのような意味を持つと考えているか。

1 ロシアと現在の危機には影響を与えないが、判決は将来の紛争発生を防ぐ国際法の基本を確認するものである。

2 判決はロシアの行動を侵略行為と定義し、国連憲章に基づき、国連が軍事力を行使することを可能にする。

3 判決はロシアによって無視される可能性が高いため、国際法の実質と信頼性が失われる。

4 判決はウクライナのロシアに対する道徳的優位性を裏付けるものであり、国際社会がこの危機に毅然と対処する根拠を与えるものである。

解説 第4パラグラフの7～11文目を参照。この部分の内容をまとめて一般化している4が正解。1については確かにロシアは判決を無視するかもしれないものの、5文目にあるようにmeaninglessではない。「影響を与えない」と言い切ってしまうのも言い過ぎパターン。2については、後半の「国連が軍事力を行使するのを可能にする」という記述はない（無言及パターン）。3については後半の「国際法の実質と信頼性が失われる」という部分が、第4パラグラフ9文目の内容と矛盾する（すり替えパターン）。

カリスマ講師の目 **一般型に注目！**

正解選択肢では第4パラグラフの後半の複数の文が一般化されて言い換えられている。そこではロシアとウクライナの国際社会での認識のされ方の違い、力ではなく法に基づいて正義が規定されるという趣旨が述べられている。これが国際社会が基盤とすべき原理であるということがわかる。

演習問題 4

3 設問形式

トピック

歴史

標準 やや難 難

解答時間 12分

問題 別冊 p. 040

訳

変化する米国の台湾外交政策

2017 年 1 月から、トランプ政権は米国と台湾の関係活性化を大きく前進させ、二国間交流の拡大、防衛関係の強化、武器売却の引き受けなどを通じて、両国の距離を 40 年以上ぶりに近づけた。この進展を象徴するように、(1) マイク・ポンペオ国務長官は、米国と台湾の当局者間の相互交流に関する自主規制の解除を発表した。「台湾は活気に満ちた民主主義国家であり、米国の頼りになるパートナーだ。しかし、国務省は数十年にわたり、外交官、軍人、その他の官公職員の台湾側の人々との交流を規制する複雑な内部制限を設けてきた。米国政府は、北京の共産党政権をなだめるために、一方的にこのような行動をとったのだが、もうこれまでだ」とポンペオは述べた。

この決定に関連して、ケリー・クラフト米国連大使は 1 月 13 日から 15 日まで台湾を訪問し、1971 年に中華人民共和国が中華民国に代わって国連に参加して以来、初めての公式交流となる相手との会談を行う予定であった。しかし、出発前夜、「近づく新政権への移行」を理由に、クラフトの渡航は突然中止された。むちのように急な政策の方向転換とともに何が起こったのかは不明である。ジョー・バイデン次期政権に近い人たちは、「(バイデン次期政権は) トランプ政権の末期に政策決定がなされたことを当然不満に思っているだろう」と発言していた。これはさまざまな面で非常に奇妙な発言であり、(2) もうすぐ発足する政権の中国寄りの傾向をうっかり露呈してしまった。バイデンが本当に台湾を支持していても、中国共産党との密接すぎる関係から、自分でそのような判断を下すことができないのであれば、トランプが彼のために困難な仕事をしたのはありがたいことである。

政策発表の「遅さ」には、トランプ自身が再選されると信じていたという単純な事実が関係していたのかもしれない。そして、交流に関してこの是正措置が取られれば、台湾への閣僚級以上の訪問が飛躍的に増えていたであろう。この意味で、クラフトの突然の訪台中止は、台湾にとって打撃であり、中国共産党の勝利に見えた。幸い、トランプ政権時代にはアレックス・アザー保健福祉長官をはじめ、ハイレベルな台湾訪問が増えてきていた。アザーは、李登輝元総統が昨年 7 月 30 日に死去したことを受けて、弔問のため 8 月前半に台湾を訪れた。

トランプ政権は台湾との関係を前進させたものの、2 つの重要な行動を未完成のまま残した。1 つは、大統領の公式訪問の実現である。そして (3) 2 つめは、正式な国交の回復、つまり台湾の国家としての承認である。クラフトの台湾訪問が不可解にキャンセルされたことで、その地域の多くの人々が失望を覚えた。香港のある親しい友人は、このニュースを聞いたとき、「ポンペオがやったことはすべてすぐに取り消されるだろう」と書いてきた。(3) 普段は政治的ではない彼女も、明らかに将来を憂いていた。当然だろう。香港では、「今日の香港は明日の台湾だ」という表現がある。「そして、その翌日は沖縄と日本だ」という推論が付け加えられる場合もある。バイデン次期政権はこの点を理解すべきだが、どうも理解していないようだし、あるいは理解しないことを選択している。

Words & Phrases

□ make great strides in ~	～で大きく進歩する
□ increasing bilateral exchanges	二国間交流の拡大
□ strengthening defense ties	防衛関係の強化
□ undertaking arms sales	武器の売却の引き受け
□ Secretary of State Mike Pompeo	米国務長官マイク・ポンペオ（在任 2018～2021 年）
□ the lifting of self-imposed restrictions on interactions	自ら課した相互交流の制約の解除
□ a vibrant democracy	活気に満ちた民主主義国家
□ the State Department	米国務省
□ complex internal restrictions	複雑な内部規制
□ servicemember	軍人
□ their Taiwanese counterparts	彼らと同じ立場にある台湾側の人々（すなわち、台湾の外交官、軍人やその他の官公職員）
□ take these actions unilaterally	これらの措置を一方的に講じる
□ appease the Communist regime	共産党政権をなだめる
□ the upcoming presidential transition	近づく新政権への移行
□ the whiplash-like turnaround	（むちのように）急な方向転換
□ the incoming Joe Biden administration	次期ジョー・バイデン政権
□ it will rightly be unhappy that ~	～に不満であり、その不満は正当なものである
□ inadvertently	軽率にも
□ the soon-to-be inaugurated administration's pro-China bias	もうすぐ就任する政権（バイデン政権）の中国寄りの傾向
□ his overly close ties to ~	～との過度に密な関係
□ do the heavy lifting for ~	～のために困難な仕事をする
□ the "lateness" of the policy announcement	政策表明が「遅れた」こと
□ corrective measure	是正措置
□ be in place regarding interactions	交流に関して実行される
□ Cabinet-level or higher	閣僚レベルまたはそれ以上
□ a blow to ~	～への一撃
□ be an apparent victory for ~	～にとっては一見勝利のように見える
□ Secretary of Health and Human Services Alex Azar	米国保健福祉長官アレックス・アザー
□ pay his respects	弔意を表す（一般には「敬意を払う」の意）
□ the reestablishment of formal diplomatic relations	正式な外交関係を再び樹立すること
□ Taiwanese statehood	台湾の国家主権
□ feel let down by the inexplicable cancellation	不可解な中止に失望する
□ be undone	もとに戻る、取り消される
□ add a corollary	さらに必然的に引き出せる結論（推論）を付け加える（corollary は数学用語では「系」の意味）

(1) **正解** **4**

訳 この文章によると、トランプ政権時代に米国と台湾との関係で変わったことの一つは何か。

1 国際社会における台湾の軍事的プレゼンスを強化する観点から、台湾への戦略物資の輸出を強化した。

2 台湾と中国の交流を強化する目的で、中国政府をなだめるために台湾への対応により自制を効かせた。

3 中国の要求に応じると決断し、米国高官と台湾高官の交流を制限する自主規制を廃止した。

4 長年、米台間の公式なやりとりや訪問を妨げてきた制限を撤廃する意向を表明した。

解説 第1パラグラフの2文目を参照。「米国と台湾の当局者間の相互交流に関する自主規制の解除を発表した」を言い換えている4が正解。1については、「軍事的プレゼンスを強化」(本文ではあくまで防衛関係の強化としか述べていない)、2については「台湾と中国の交流を強化する目的で」の記述が本文にはない言い過ぎと無言及パターン。3については、「中国の要求に応じると決断」が反対の意味のすり替えパターンである。

カリスマ講師の目 言い換え型に注目!

本文と正解の選択肢4で比較的わかりやすい言い換えが行われている。以下を見落とさないようにしよう。前者が本文、後者は選択肢の表現だ。

announced the lifting of...restrictions
≒ declared its intention to remove restrictions
regulate our...officials' interactions
≒ hampered official communication and visits

(2) 正解 2

訳 筆者によると、ケリー・クラフトの台湾訪問が中止された理由はおそらく、新政権は

1 クラフトが中国共産党とどう渡り合っていくかという新外交政策の詳細について、完全には理解していないだろうと感じたからである。

2 中国共産党との親密な付き合いに不利になるような政策をとりたくなかったからである。

3 政権移行に気を取られ、クラフトの台湾訪問に人的資源を割くことができなかったからである。

4 退任する大統領が任期終了間際に急きょ行った政策を実行に移したくなかったからである。

解説 第2パラグラフの5～6文目を参照。「もうすぐ発足する政権（バイデン政権）の中国寄りの傾向をうっかり露呈してしまった」とある。よって、バイデンの中国寄りの傾向を述べている2が正解。1については、クラフトの政策に対する理解度への言及はない（無言及パターン）。3にある「人的資源」についての言及は本文にはない（無言及パターン）。4については、同パラグラフの4文目にバイデンに近い人々の言葉はあるものの、5文目で筆者はoddだと述べているので4文目の内容は正確ではないことがわかる（すり替えパターン）。

カリスマ講師の目 裏返し型にも注目！

5文目がヒントになることについては述べたが、6文目のifで始まる仮定の文にもヒントがある。「バイデンが本当に台湾を支持していたなら……トランプが彼のためにそれ（クラフトの訪問）を行ってくれればありがたいことである（のにキャンセルした）」→つまり、バイデンは台湾を支持していない（＝中国共産党寄り）という裏返し型である。

(3) **正解 3**

訳 この文章で筆者が暗示している一つの懸念は何か。

1 米国新政権は過去に香港に対してしたように台湾との関係を正式に回復するかもしれないが、中国の拡大計画を防ぐことはできないだろう。

2 米国が台湾との外交を回復できないと、米国大統領は当分の間、台湾を公式に訪問することが不可能になる。

3 国家としての地位と民主主義を否定されている台湾は、香港と同じように中国共産党の支配と監督下に簡単に置かれることになりえ、そして、同じことがアジアのほかの地域にも広がる可能性がある。

4 トランプ政権下での米国高官の台湾訪問が増加したことを中国共産党は見過ごさず、それゆえ米国と中国共産党の関係が損なわれる可能性がある。

解説 第 4 パラグラフの 3 文目、6 ～ 10 文目を参照。「米国が台湾を国家として承認できなかったこと」、「今日の香港は明日の台湾」、「そしてその翌日は沖縄と日本」という内容をまとめている 3 が正解。1 の「台湾との関係回復と中国の拡大計画の阻止」、2 の「台湾への公式訪問がしばらく行われないであろうこと」、4 の「米中関係の悪化」といった懸念については述べられていない無言及パターン。

カリスマ講師の目 サマリー型に注目！

複数の文（第 4 パラグラフの 3 文目、6 ～ 10 文目）にわたって述べられている内容をまとめた選択肢が正解のサマリー型である。比較的簡単なので、この問題は確実に正解したい。

訳

ソヴィエト連邦の崩壊

1980 年代後半、ソ連最後の指導者ミハイル・ゴルバチョフが政権を握ったとき、ソ連は苦境に陥っていた。米国とののるかそるかの軍拡競争に巻き込まれた国のニーズに応える経済計画ができず、経済は徐々に衰退し、その活性化が求められていたのだ。また、非ロシア系民族のソ連からの分離独立の要求が高まっていることも、政府は過小評価していた。これらの問題を解決するために、ゴルバチョフは 2 段階の改革政策を実施した。「グラスノスチ（情報公開）」と「ペレストロイカ（改革）」である。しかし、これらの政策は、新たに勝ち取った言論の自由を行使して、無駄な経済復興の試みを行う政府を非難することを民衆に促しただけだった。ゴルバチョフはまた、核軍縮、軍事援助の縮小・停止、ソ連の経済的負担を軽減するためのさまざまな他の試みを求める外交政策も打ち出した。(1) ソ連の崩壊は、1987 年、エストニア、リトアニア、ラトヴィアが自治権を要求し、ソ連からの独立を勝ち取ったバルト海沿岸地域で始まった。「パンドラの箱」が開かれたのである。

(1) 分離独立運動は、グルジア、ウクライナ、モルドヴァ、ベラルーシ、中央アジアの各共和国とで次々に起こり、弱体化した中央政府は、もはやこれらの動きをコントロールすることはできなかった。1990 年、大統領制が導入され、直接選挙が行われるようになった。(2) 1991 年 8 月、改革に反対する反ゴルバチョフ強硬派（保守派）がクーデターを起こし、ゴルバチョフを誘拐して彼の失脚を宣言した。しかし、モスクワでロシア共和国のボリス・エリツィン大統領を中心とした市民の大規模な抗議行動により、このクーデター計画は失敗に終わった。1991 年 12 月、ゴルバチョフは退陣し、1992 年 1 月、ソヴィエト連邦はついに崩壊した。1991 年、ソ連邦は 15 カ国に分裂する。西側諸国は、ソ連の崩壊を、全体主義に対する民主主義の勝利、社会主義に対する資本主義の勝利として喝采した。米国は、長年の敵の屈服、第二次世界大戦後から続いていた冷戦終結に歓喜した。

ソ連の崩壊とともに、独立国家共同体（CIS）という新しい組織が形成された。CIS は、独自の憲法や議会を持たない緩やかな国家連合で、ロシア、カザフスタン、タジキスタン、ウズベキスタン、キルギスタン、ベラルーシ、アルメニア、モルドヴァ、アゼルバイジャンの 9 カ国が加盟している。(3) CIS 最大の国家であるロシアは、さまざまな地域紛争に関与しており、そうした紛争は、長年にわたり組織内に緊張と敵対関係を生み出してきた。加盟国の多くは旧ソ連の独立国で、主権はあるが、経済的には相互依存関係にある。(3) それらの国はソ連の全体主義的な支配から解放されたものの、経済の立て直し、政治機構の再編、チェチェン共和国の分離独立をめぐる武力紛争や、グルジアとの民族紛争の調停など、困難な課題を突きつけられてきた。それらの苦難を乗り切るために、CIS は連邦の民主化、再編、再建を目指し、大胆な行動を起こしている。

Words & Phrases

□ Mikhail Gorbachev	ミハイル・ゴルバチョフ（1931～2022年。旧ソ連末期の政治家で、ソ連共産党書記長、初代ソ連大統領などを歴任。「グラスノスチ（情報公開）」と「ペレストロイカ（改革）」を掲げ、ソ連の自由化と民主化を推進した。1990年にノーベル平和賞受賞）
□ be fraught with predicaments	苦境に立たされる
□ be mired in ~	（苦境など）に巻き込まれている
□ a high-stakes arms race	のるかそるかの軍拡競争
□ secession from the Soviet Union	ソヴィエト連邦からの分離独立
□ the populace	民衆
□ chide the Government for ~	政府を～で非難する
□ economic resuscitation	経済復興
□ nuclear disarmament	核軍縮
□ a reduction or suspension of military aid	軍事援助の縮小・停止
□ the disintegration of the Soviet Union	ソヴィエト連邦の崩壊
□ the Baltic region	バルト海沿岸地域
□ autonomy	自治権
□ a Pandora's box	パンドラの箱（あらゆる災いの原因のたとえ。ギリシャ神話に登場する、災いや不幸を閉じ込めていた箱の名前から）
□ secession movements	分離独立運動
□ spring up	次々に起こる
□ hard-line Communist	強硬派共産主義者
□ organize a coup d'état	クーデターを組織する
□ kidnap Gorbachev	ゴルバチョフを拉致する
□ downfall	失脚
□ Boris Yeltsin	ボリス・エリツィン（1931～2007年。初代ロシア連邦大統領および初代ロシア連邦閣僚会議議長（首相））
□ totalitarianism	全体主義
□ the Commonwealth of Independent States (CIS)	独立国家共同体（ソ連邦崩壊時の15の構成国のうち、バルト三国 を除く12カ国によって結成された、ゆるやかな国家連合体。現在は9カ国が加盟）
□ antagonism	敵対、反目
□ sovereignty	主権
□ revamp their economies	経済を復興させる
□ the Chechen Republic	チェチェン共和国
□ Georgia	ジョージア、旧グルジア（コーカサス地方の独立国。1991年まではソヴィエト連邦の一部だった。日本では2015年より国名を「ジョージア」に変更）
□ democratization, reorganization, and reconstruction of the Commonwealth	独立国家共同体の民主化・再編・再建

(1) **正解** **1**

訳 筆者は「パンドラの箱が開いた」をどういう意味で使ったか。

1 分離主義運動は、衰退した政権による封じ込めのレベルをはるかに超えて、国内に波及していた。

2 バルト海沿岸地域は、ソ連にとって必要不可欠な地域であり、この地域がなければ、ほかの国々が一緒に機能することはありえなかった。

3 ゴルバチョフ後の政権は、反共運動の連鎖反応を引き起こし、ソ連全土および国外に広がった。

4 共産主義帝国の崩壊は、ゴルバチョフが隠ぺいしてきた数々の不測の事態を出現させた。

解説 設問のa Pandora's box was openedとは「収拾のつかない問題が次々に起こった」ということ。ここでは、第 2 パラグラフ 1 文目以降にある分離独立運動が広まりコントロールできなくなったことを指し、それを表した 1 が正解。2 はソ連にとってバルト海沿岸地域が必要不可欠な地域かどうかは本文に書かれておらず、3 はゴルバチョフ後の（エリツィン）政権が反共産運動を起こしたわけではないので不正解。4 も、ゴルバチョフがもみ消していた多くの問題への言及はないので不正解。a Pandora's box（あらゆる災いのもと）、have a ripple effect on ~（～に波及効果を及ぼす）、trigger a chain reaction（連鎖反応を生む）、cover up ~（～を隠ぺいする）は重要表現。

カリスマ講師の目 イディオムに注目！

設問や選択肢で使われているイディオムの意味をしっかりつかめば、誤答選択肢に惑わされることなくすばやく問題を解けるはず。

(2) 正解 4

訳 ソ連の解体と冷戦の終結の決定的な要因は何だったのか。

1 欧米が分離独立運動を支援・奨励したことが、ソ連崩壊のきっかけになった。

2 大統領制と直接選挙制の導入が、ソ連の全権と権威を著しく低下させた。

3 その独立運動は、独立国家共同体（CIS）という新しい連合体結成の種をまいた。

4 改革派政府に対する反乱は、大統領制の導入後、新しい指導者によって挫折させられた。

解説 ソ連崩壊の予兆はあったものの、決定的な要因 (determining factor) となったのは第 2 パラグラフの 2 ～ 5 文目に書かれている。反ゴルバチョフ強硬派（保守派）によるクーデターをエリツィン率いる市民の抗議活動が阻止し、ゴルバチョフ退陣、そして連邦崩壊へと導いたとあるため、4 が正解。insurrection against the reform-oriented government（改革路線の（ゴルバチョフ）政権に対する（保守派の）反乱）は、3 文目の conservatives opposed to the reforms, organized a coup d'état の言い換えで、a new leader は Boris Yeltsin を指す（言い換え型）。1 は西洋諸国の協力は全く述べられておらず不正解。2 の「大統領制や直接選挙制の導入」や 3 の「独立運動が CIS 発足の種をまいた」は直接の原因ではない。

カリスマ講師の目 **背景知識を身につける努力を！**

この問題は比較的簡単で、しっかり読めば誤答選択肢が的外れであることがわかるはずだ。歴史が関係する記事では背景知識も助けになるので、10 ページで紹介した『英語で説明する人文科学』などの参考書を読み、教養を養うようにしよう。

(3) 正解 **3**

訳 独立国家共同体（CIS）が直面している主要な問題は、次のうちどれか。

1 CIS の国際的影響力を回復する目的で、社会経済構造を立て直すための抜本的な対策を講じることは、困難な課題である。

2 全体主義的な政府による国際紛争を解決するために、統治システムを刷新し、活性化させることは夢物語である。

3 不安定な組織構造の中で、人種間・政治間の争いを解決するのは至難の業である。

4 CIS が経済的解放と相互依存と引き換えに、失った主権を取り戻すのは成功の見込みがない試みである。

解説 解答部分は第 3 パラグラフ 3 文目に「さまざまな地域紛争に関与しているロシア」、5 文目に「経済の立て直しや政治構造の再編成が非常に困難」とあるので、3 が正解。1 の to regain its international influence（国際的影響を取り戻すため）は関係ないので不正解。2 の「国際紛争を解決するために自国の政治制度の刷新する」も関係なく、4 の「経済の自由化や相互依存と引き換えに失った主権を取り戻す」も論外。a pipe dream（夢物語、かないそうもない夢）、a Herculean task（至難の業）、a lost cause（成功の見込みがない試み）は重要表現なので覚えておこう。

カリスマ講師の目 イディオムに注目！

選択肢にイディオムが使われていて読解が難しくても、大体どれも同じ意味だと勘が働けば問題ないはず。普段から、時事英語でよく用いられるイディオムを意識して身につけるようにしよう。

問題 別冊 p. 048

訳

ウッドロウ・ウィルソン

1917年、アメリカ議会はドイツ帝国に宣戦布告し、第一次世界大戦に参入した。安全な新世界は、愚かにも旧世界の屠殺(とさつ)場に参加し、11万7,000人以上のアメリカ人を死に追いやった。この戦争の主な成果は、不完全ではあったが、いくつかの合理的で温和な「旧体制」を一掃し、さまざまな全体主義的な細菌を放ってしまったことであった。いわゆる第一次世界大戦がやり残したことは、さらに8千万人もの命を消費したのち、第二次世界大戦でようやく解決された。

(1) 両陣営には差がなく、アメリカにとって唯一の分別ある決断は戦争に参加しないことであった。アメリカにとって、考えうる脅威はなかった。ニコライ2世とヴィルヘルム2世のどちらが全ヨーロッパを支配する君主であろうと、フランスが失った領土を取り戻そうと、今にも倒れそうなオーストリア＝ハンガリー帝国がバルカン半島で影響力を維持しようと、アメリカ国民にとっては大した問題ではなかったのだ。残念ながら、ウッドロウ・ウィルソン米大統領ほど、聖人ぶって自分の正しさを確信していた大統領はいなかっただろう。彼は、国際情勢に影響を与えるという誇大妄想的な欲望から、アメリカ国民を戦争に巻き込みたいのだとは言えなかった。その代わりに、彼は戦争の海洋に関する紛争でイギリスの味方をし、事態を展開させたのだった。

イギリスは、国際法や中立国の権利、何よりもアメリカの権利を侵害し、ドイツに飢餓封鎖を行った。ドイツは新しい発明品であるUボート潜水艦を用いた戦いで報復した。アメリカ人の命が失われ、ウィルソンは驚くべき主張をした。(2) アメリカ国民は、戦争地域を通る、軍需品を運ぶ予備巡洋艦として指定された武装商船に予約乗船する絶対的な権利を持つというのである。いら立ったウィリアム・ジェニングス・ブライアン国務長官が指摘したように、イギリス政府に「弾丸と赤ん坊」を混ぜることを許した最も有名なケースは、ルシタニア号である。ルシタニア号は1915年5月7日に魚雷攻撃を受け、搭載していた弾薬の二次爆発により沈没した。4月2日、ウィルソンは議会にドイツへの宣戦布告を要求した。彼の雄弁さは、計算された不正直さであった。ウィルソンの空想よりもアメリカの利益を重視する一握りの上院議員の強い抵抗があったが、アメリカの中核となる地域が示した参戦への抵抗はほとんど顧みられなかった。4月6日、下院は上院に続いて戦争に賛成し、アメリカはヨーロッパ最後の帝国主義的紛争に突入することとなった。

アメリカの参戦は大失敗だった。この結果からウィルソン以外のアメリカ人は誰も得をしなかった。何千人もの勇敢な兵士と海兵隊員が不必要な死を遂げた。(3) アメリカの関与がなければ、疲弊した敵対国の間に妥協的な和平が成立する可能性があった。しかし残念なことに、アメリカの援助と軍隊の投入により、イギリスとその同盟国が優位に立つことになった。だが、その後のウィルソンの輝かしい和平への試みは失敗に終わった。連合国の指導者たちは、敗戦国から略奪し、支配下にある人々をカジノのチップとして交換し、アメリカ大統領の理想主義的なビジョンを彼らの現実的な目的のために操った。敗戦国には合意の維持に何の利害関係もなかった。フランス軍司令官フェルディナン・フォッホは、先見の明をもってこの協定について次のように述べた。「これは平和ではない。20 年間の休戦だ」。第二次世界大戦は、当然のように起こった。ウィルソンは、ヨーロッパ、帝政ロシア、中東を破壊し、何千万人もの人々を殺りくするプロセスを不注意にも開始させてしまったのである。ウィルソンの名ばかりの理想主義が命取りになった。

Words & Phrases

□ the US Congress	**アメリカ合衆国議会**（アメリカの立法府であり、上院（元老院）the Senate と下院（代議院）the House of Representatives から成る）
□ declare war	**宣戦布告をする**
□ the Old World	**アメリカの新世界に対する旧世界**（特にアメリカから見たヨーロッパ）
□ slaughterhouse	**畜殺場**（戦場での殺りくを例えて）
□ consign ~ to death	**～を死に追いやる**
□ the chief outcome of the war	**戦争の主な結果**
□ sweep away ~	**～を一掃する**
□ reasonably benign	**そこそこ温和な**
□ ancien regimes	**旧体制**（フランス革命以前の体制を表す言葉から転じて、時代遅れの制度を指す）
□ loose totalitarian bacilli	**全体主義の菌を放つ**（その後、全体主義国家が隆盛する種をまいたことを例えて）
□ there is little to choose between ~	**～の間にはほとんど差がない**
□ the only sensible decision	**唯一の分別ある決断**
□ stay out	**関与しない、参加しない**
□ conceivable threat	**考えられる脅威**
□ Tsar Nicholas	**ニコライ 2 世**（ロシア最後の皇帝）
□ Kaiser Wilhelm	**ヴィルヘルム 2 世**（ドイツ帝国皇帝）
□ Europe's dominant monarch	**全ヨーロッパを支配する君主**
□ ramshackle Austro-Hungary	**今にも倒れそうなオーストリア=ハンガリー帝国**
□ the Balkans	**バルカン半島**
□ sanctimonious	**聖人ぶった**
□ his own righteousness	**自分自身の正しさ**
□ US President Woodrow Wilson	**アメリカ大統領ウッドロウ・ウィルソン**（第 28 代大統領。在任 1913 ～ 1921 年）
□ his megalomaniacal desire	**彼の誇大妄想的な欲望**
□ dictate international affairs	**国際情勢に影響を与える**
□ maritime disputes	**海洋に関する紛争**
□ play out	**（事態などが）展開する**
□ impose a starvation blockade	**飢餓をもたらすような（海上）封鎖を科す**
□ retaliate with ~	**～でもって報復する**
□ U-boat warfare	**U ボート潜水艦を用いた戦争**（U ボートはドイツの潜水艦）
□ book passage on ~	**～に乗船する予約をする**

□ (be) designated as ~	~として指定された
□ carry munitions	弾薬を輸送する
□ the *RMS Lusitania*	ルシタニア（客船の名前。RMS は Royal Mail Ship の略）
□ torpedo ~	~を魚雷で攻撃する
□ ammunition	弾薬
□ eloquence	雄弁さ
□ a handful of senators	一握りの上院議員
□ the reluctance of ~	~が持つ嫌気、抵抗感
□ America's heartland	アメリカの中核となる地域、または伝統的な考えが強く根付いている地域
□ count for little	ほとんど顧みられない
□ the House	アメリカ合衆国議会の下院
□ the Senate	アメリカ合衆国議会の上院
□ propel America into ~	アメリカを~に推し進める
□ Washington's entry	アメリカの参戦
□ unnecessarily	不必要に
□ a compromise peace	妥協のような和平
□ loom likely	ぼんやりとした可能性がある
□ the exhausted antagonists	疲れ果てた対峙国
□ Alas	ああ、悲しいかな
□ the infusion of US aid and troops	米国の援助と米軍の投入
□ a glorious peace	輝かしい和平
□ plunder the losing powers	敗戦国から略奪する
□ subject populations	支配下にある人々
□ manipulate the US president's idealistic vision	米国大統領の理想主義的なビジョンを操作する
□ suit their pragmatic ends	彼らの実利的な目的に合わせる
□ have no stake in ~	~に関して利害関係がない
□ maintain the settlement	合意を維持する
□ presciently	先見の明をもって
□ an armistice	休戦
□ inadvertently	うっかり、故意にではなく
□ set ~ in motion	~を動かし始める、開始する
□ Wilson's nominal idealism	ウィルソン大統領の名ばかりの理想主義
□ be deadly	致命的である、死をもたらす

(1) 正解 **3**

訳 この文章の筆者によると、アメリカがヨーロッパでの戦争に参戦しない方が合理的であったのはなぜか。

1 ドイツ帝国は強力な軍事力を持っていたので、負けるかもしれない戦争にアメリカを引きずり込むのは賢明ではなかった。

2 英仏はすでに戦争に勝っていたので、アメリカが彼らの勝利を保証するために介入する必要はなかった。

3 どちらの同盟が欧州で覇権を握ろうとも、アメリカの国益や安全保障に影響を与えることはなかった。

4 イギリスが国際法に違反していたので、アメリカが同国を支援することは正当化できなかった。

解説 第 2 パラグラフ 1 ～ 3 文目を参照。「両陣営には差がなく……アメリカ国民には大した問題ではなかった」「分別ある決断は戦争に参加しないことであった」とある。この内容を言い換えている 3 が正解。1 の「負けるかもしれない戦争」と 2 の「英仏はすでに戦争に勝っていた」について、どちらも戦争の結果に関する記述は米国介入の時点ではされていない（無言及パターン）。4 については、確かにイギリスが国際法に違反していたとあるが（第 3 パラグラフ 1 文目）、支援の正当性に関しては述べられていない（無言及パターン）。

カリスマ講師の目 一般型&行間型に注目！

第 2 パラグラフ 3 文目 whether 以下の具体的な内容が、正解選択肢では「どちらが覇権を握ろうとも」という形で一般化されている。また同文「アメリカ人にとっては大した問題ではない」ということは、国益や安全保障といった重要な問題には関わらないというように行間を読み取る必要がある。

(2) 正解 **1**

訳 ウイリアム・ジェニングス・ブライアン国務長官は、イギリス政府が「弾丸と赤ん坊」を混ぜていると言ったが、どういう意味か。

1 イギリスは、対独戦争で使用する弾薬を積んだ船にアメリカ国民を乗せることを許可していた。

2 イギリスは国際法を破りながら、多くのアメリカ国民の生命を彼らの管理下で守ろうとしていた。

3 イギリスは、自国の船への無料乗船といった経済的インセンティブによって、多くの若いアメリカ人兵士に戦場で戦うことを奨励していた。

4 イギリスは、ドイツによる飢餓封鎖に対抗するため、武器と戦略物資を自国の船に積み込んでいた。

解説 第3パラグラフの4～5文目を参照。軍需品を運ぶ船にアメリカ人が乗船できたという内容で、つまりbulletsは軍需品、babiesはアメリカ国民を指している。よって正解は1。2については「アメリカ国民の命を守ろうとした」、3については「無料乗船」「経済的インセンティブ」「奨励」などが全く言及されていない。4については明らかに「ドイツによる飢餓封鎖に対抗するため」の部分が間違いであり、本文ではドイツに対して飢餓封鎖を行っている（すり替えパターン）。

カリスマ講師の目 行間型に注目！

本文にある比喩表現には注意しよう。この問題の難易度は低めだが、比喩表現が何を表しているかについては行間を読み取る必要がある。

(3) 正解 **1**

訳 もしアメリカが参戦していなかったら、戦争の結果はどうなっていたと筆者は考えているか。

1 どちらの側にも完全な勝利はなく、結局ヨーロッパの疲弊した国々は和平を結んでいただろう。

2 ニコライ皇帝かヴィルヘルム皇帝がヨーロッパの君主となる一方、フランスは失われた領土を回復していただろう。

3 ドイツがUボート戦を開始せず、それゆえルシタニア号は撃沈されなかっただろう。

4 旧体制はヨーロッパから一掃され、全体主義的な国家に取って代わられていただろう。

解説 第4パラグラフの4文目を参照。「妥協的な和平が成立する可能性があった」とあり、それを言い換えている1が正解。2の内容に関することは第2パラグラフの3文目にあるが、最終的な結果予想については述べられていない。3の「Uボート作戦」「ルシタニア号」については第3パラグラフにあり、4については第1パラグラフの3文目に「全体主義的な細菌を放った」との記載があるが、選択肢に述べられている内容までは言及されていない。誤答選択肢はすべて話題としては出てくるものの、その内容までは本文で言及されていなかったり、すり替えられているパターンである。

カリスマ講師の目 **類語言い換え型に注目！**

第4パラグラフ4文目冒頭の Without America's involvement は設問の if 以下の部分に相当し、大きなヒントとなる。仮定が別の表現で表されているわけである。また同文の a compromised peace loomed likely が、正解選択肢では would have made peace と言い換えられていることにも注意。

解答・解説
演習問題 7
3 設問形式
08
トピック
歴史
標準 やや難 難
解答時間
12 分
問題 別冊 p. 052

訳

ニクソンの中国訪問から 50 年

50 年前、リチャード・ニクソン米大統領が歴史的な中国訪問を行った。その訪問は米中ソの三国間関係を一変させ、国際関係を再構築する大胆な行動であった。ニクソンは、地政学的な三角関係を米国にとって有利なものにリバランスするために、北京に接触したのである。ニクソンは、中国政府とソ連政府の関係が険悪であることを理解し、中国と共通の利害を見出すことが、世界最大の経済大国と世界最大の人口を抱える国を組ませ、米国に利益をもたらすと考えた。しかし、そのためには、米国は第二次世界大戦中の共産主義による「中国の喪失」に関してのプライドを抑えなければならなかった。(1) 中国への働きかけに対する国内での反発をそらすだけの政治的よろいを持ったアメリカ人はほとんどいなかった。堅固な反共産主義者として政治キャリアを積んできたリチャード・ニクソンはその一人であった。ニクソンの働きかけに、中国の指導者、毛沢東は応えた。ニクソンは彼の掲げた地政学的な目的に向かって進み、毛沢東は自国とかつての友好国との間に広がる敵意に対抗しようとした。米国との交流は西側諸国への開国につながり、それが中国の現在の姿である大国への変容に役立った。習近平は現在、世界第 2 位の経済大国を率いている。

だが、この訪問の 50 周年を記念する祝賀行事はほとんど行われていない。米国では、中国は国境線の引き直しなど長年の不満を解消するためにルールや規範を破ることに熱心な修正主義国家の烙印(らくいん)を押されている。中国では、米国は積極的に中国を封じ込め、その成長を阻害し、「チャイナドリーム」の実現を妨げようとしていると言われている。(2) ロシア軍がウクライナに侵攻した際、中国政府がウラジーミル・プーチン大統領を進んで支持したことほど、米中関係の凋落(ちょうらく)の程度を示すものはないだろう。中国は、自らがその誕生を手助けした国際秩序を尊重し、肯定するどころか、無法、そして虚構と愚行にふけることを奨励し、(2) ロシアの、力によるヨーロッパの国境を書き換えようとする企てを正当化している。

中国政府とロシア政府の連携が強化された。2 月に発表されたプーチンと習近平の共同宣言は、世界秩序に対する「新たなマニフェスト」と呼ばれている。50 年の間に、中国政府の方向付けは変わり、振り子は逆の方向に振れた。この転換は、中国の意思決定の背後にある単純な計算を明らかにしている。(3) 中国の指導者たちは、長い間、理念や民主主義について語ってきたが、現実はもっと単純で粗野なものである。彼らは力を信じているのだ。国連安保理でケニア代表が「帝国の夢を捨て、各国が対等であることによって特徴づけられ法によって支配される世界を支持する」と訴えたとき、(3) その選択は明らかであった。中国の反応は曖昧だった。その国連代表は、侵略の口実を作った張本人を糾弾するのではなく、すべての関係者に自制するよう呼びかけた。ニクソンは 50 年前の訪問の最後の別れの杯で、「私たちが共に立ち、私たちの間に橋をかけ、新しい世界を築き上げることができる共通の土台を見つけるように」と 2 カ国に強く求めた。半世紀を経た今、その仕事は未完成のままであり、それは今日(こんにち)われわれが直面している危機の一因となった失敗である。

Words & Phrases

□ US President Richard Nixon	アメリカ大統領リチャード・ニクソン（第 37 代大統領、在任 1969 ～ 1974 年）
□ a bold move	大胆な行動、行い
□ reshape international relations	国際関係を再構築する
□ transform the trilateral relationship	三国の関係を一変させる
□ re-balance a geopolitical triangle	地政学的な三角関係をリバランスする
□ be fraught	緊張状態にある、良好ではない
□ find common cause with ~	～と共通の目的、主張を見出す（ここでは敵味方が協力するという意味）
□ ally the world's largest economy with the world's largest population	世界最大の経済を持つ国（米国）と世界最大の人口を抱える国（中国）を組ませる
□ swallow its pride over ~	～に関して自尊心を抑える、ぐっと我慢する
□ "the loss of China"	「中国の喪失」（内戦の結果、1949 年に米国が支持する中国国民党が敗れ、中国共産党が中国本土を掌握したこと。米国の視点から、共産主義に対する中国の「喪失」と呼ばれる）
□ political armor	政治的なよろい
□ deflect the domestic repercussions from ~	～からくる国内での反発をそらせる
□ that outreach	その展開（ここでは、中国に手を差し伸べること、働きかけること）
□ a staunch anti-communist	堅固な反共産主義者
□ be reciprocated by ~	～から返礼を受ける
□ Mao Zedong	毛沢東（初代中国共産党主席）
□ advance his geopolitical aims	彼の掲げた地政学的な目標に向かって進める
□ seek to counter growing hostility	増大する敵意に対処しようとする
□ once-fraternal neighbor	かつての兄弟国
□ lead to an opening to the West	西側への開国へつながる
□ prove instrumental in ~	～において助けとなる
□ mark the 50th anniversary of ~	～の 50 周年を記念する
□ be deemed a revisionist state	修正主義国の烙印を押される
□ eager to tear up rules and norms	ルールや規範を破ることに熱心である
□ long-standing grievances	昔から続いている不満
□ redrawing of borders	国境線の引き直し
□ undermine its growth	その成長を傷つける、阻害する
□ thwart the realization of ~	～の実現を阻害する
□ troubling indication of ~	～の気になる兆候
□ Beijing's readiness to back President Vladimir Putin	中国政府が進んでウラジーミル・プーチン大統領を支持すること
□ the international order that it helped birth	それ（中国）がその誕生を手助けした国際秩序
□ encourage ~	～を奨励する

□ lawlessness	無法
□ indulgence in fiction and folly	空想（虚偽）と愚行にふけること
□ a Beijing-Moscow alignment	中国政府とロシア政府の連携
□ consolidate	固まる
□ the joint declaration issued by Putin and Xi Jinping	プーチンと習近平が発した共同声明
□ be heralded as "a new manifesto" for global order	世界秩序の「新たな宣言」と呼ばれる
□ Beijing's orientation	中国政府の方向付け
□ the pendulum has swung	振り子が（逆の方向へ）振れた
□ this drift makes plain the simple calculus	この変化は（中国の）簡単な計算を明らかにする
□ decision-making	政策決定
□ be cruder	より粗野である
□ make a plea to *do*	～するように嘆願する
□ marked by the equality of nations	各国が対等であることによって特徴づけられる
□ ruled by law	法によって支配される
□ waffle	曖昧な態度をとる、発言をする
□ call on all parties	すべての関係者に呼びかける
□ exercise restraint	自制する
□ condemn the person	その張本人を糾弾する
□ manufacture an excuse to invade	侵攻する口実を作り上げる
□ in a farewell toast	別れの杯で
□ common ground	共通点、合意できる事項
□ task remains undone	その仕事は未完である
□ contribute to the dangers	危機の一因となる

(1) 正解 **4**

訳 この文章の筆者によると、ニクソン大統領についての何が中国への働きかけを成功させたのか。

1 国際政治への深い洞察力により、中国を失ったことに関する中国政府への米国民の否定的な感情を解消することの重要性を認識していた。

2 その独特の反共主義アプローチによって、毛沢東の要求に部分的に屈することで、かなりの経済的利益を享受できると米国民に確信させた。

3 世界の政治力学を深く理解していたので、米国の政治家に中国は必ず米国の経済援助に報いてくれると確信させることができた。

4 共産主義に屈しないという彼の評判が、中国との関係を緊密にすることに対する国内の抵抗勢力を回避するのに役立った。

解説 第1パラグラフの6文目を参照。彼は「中国への働きかけに対する国内での反発をそらすだけの政治的よろいを持った数少ない人物の一人で、堅固な反共産主義者として政治キャリアを積んできた」と述べられている。それを言い換えている4が正解。1については、米国は「中国の喪失」のプライドを捨てなければならなかったと本文にはあるが、彼がその重要性を認識していたとまでは書いていない（言い過ぎパターン）。このBeijingは中国共産党政府のことだが、同時に「共産主義」のことも表している。2については「経済的利益」「要求に屈する」「確信させた」などの記述はない（無言及パターン）。3については、経済援助には触れていないので不正解（無言及パターン）。

カリスマ講師の目 行間型に注目！

「堅固な反共産主義者」→「共産主義には屈しない」、「中国への働きかけの反発をそらす政治的よろいを持っていた」→「国内の抵抗勢力を抑えることができた」と行間を読み取ろう。

(2) 正解 3

訳 この文章の筆者によると、次のどれが米中関係の悪化を顕著に示しているか。

1 中国政府は、ヨーロッパの国家境界線を変更するために軍事力を行使することを意図しており、米国の利益ではなく、自国の利益を優先する新しい国際秩序を誕生させることを目的としている。

2 中国は古い条約を破棄し、過去に民主的な近隣諸国から獲得した領土を取り戻そうとしている。

3 中国は、かつて敵対していた隣国を支援するために、国際境界の定義において法の支配の優位性をもはや支持していない。

4 中国政府は「チャイナドリーム」を実現し、世界一の経済大国になるために、米国の経済を弱体化させようとしている。

解説 第2パラグラフの4～5文目を参照。「ロシア軍がウクライナに侵攻した際、中国政府がプーチン大統領を進んで支持したことほど、米中関係の凋落（ちょうらく）の程度を示すものはない」とあり、それは「力によるヨーロッパの国境の書き換えを正当化している」という内容をまとめて言い換えていることになる。よって3が正解。1については近い内容が述べられているが、それが関係悪化を示すものだとまでは言われていない（言い過ぎパターン）。2の「古い条約」「領土を取り戻す」、4の「米国経済の弱体化」の記述はないのでどちらも不正解（無言及パターン）。

カリスマ講師の目 言い換え型に注目！

本文第2パラグラフの比較級を使った最上級の表し方に注目。また、本文のRussian forces（ロシア軍）が正解の選択肢3ではits once-hostile neighbor（かつて敵対していた隣国）、Russia's attempt to forcibly redraw the borders of Europe（ロシアの、力によるヨーロッパの国境を書き換えようとする企て）がno longer upholds the supremacy of the rule by law（法の支配を無視）と言い換えられている。

(3) 正解 **2**

訳 中国の国際紛争に対する姿勢について、国連安全保障理事会の議論から何が示唆されるか。

1 中国は、紛争に直接関与していない国に対して自制を求めることが多く、当事者間だけの積極的な対話を奨励している。

2 国際紛争に対処する際、中国は法的統治よりも武力行使を重視する。

3 意見の相違を解決するために交渉を用いる代わりに、中国は紛争においてより強力な当事者の方を明確に非難する。

4 国際法の順守をほのめかすだけで、中国は国際舞台ではっきりと外交問題について意見を表明することをためらう。

解説 第 3 パラグラフの 5 ～ 7 文目を参照。「中国の指導者たちは（より単純で粗野で）力を信じている」「その選択は明らか」とある。力、つまり武力行使を選択するということである。よって正解は 2。1 と 3 については、例えば「当事者間での積極的な対話の奨励」「より強力な方を非難する」を示すものは本文中にない（無言及パターン）。4 については、安全保障理事会で China's response was to waffle.（中国の反応は曖昧だった）とあるが、そのことが一般的に国際舞台で意見をはっきり表明しないとまでは意味しない（言い過ぎパターン）。

カリスマ講師の目 **サマリー型 & 言い換え型に注目！**

本文に「力（武力）を信じている」「その選択は明らか」とあり、また安全保障理事会での議論は領土をめぐる国際紛争（ロシアのウクライナ侵攻）に関してだったことから、すべてを言い換えまとめた選択肢 2 を選ぼう。

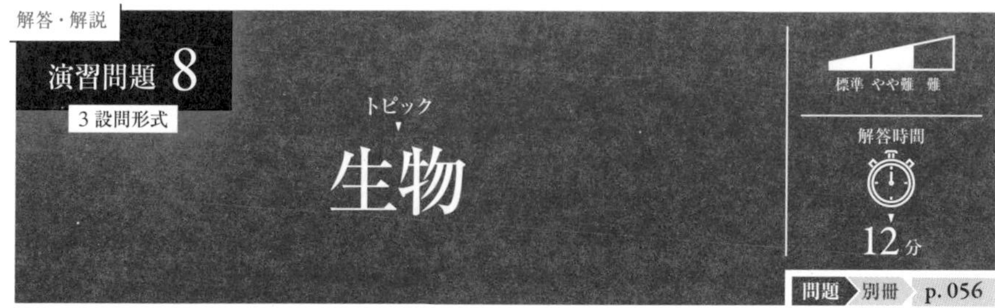

訳

ニホンオオカミの起源

ニホンオオカミは、かつて本州、四国、九州に生息していたハイイロオオカミの亜種で、その進化の歴史はほとんどわかっていなかった。このニホンオオカミは、神の使い、農地の守り神として崇められてきたが、19 世紀の日本の工業化に伴い、絶滅したと考えられている。最後のニホンオオカミとされる例は 1905 年に発見された。日本には 2 万年以上前の (1) 後期更新世に、体高 70 センチメートルほどの巨大なオオカミが生息していたことが、化石記録から判明している。一方、ニホンオオカミの最古の死骸は 9,000 年前にまでさかのぼることができる。このオオカミの祖先は、それ以前に (1) ユーラシア大陸から日本列島に移動してきた可能性が高い。しかし、この 2 種類のオオカミの進化的な関係は不明であり、長い間論争の的となっていた。これまで二大仮説が議論されてきた。1 つ目は、巨大な更新世オオカミがニホンオオカミの直接の祖先で、(1) やがて日本列島での生活に適応して小型化し、ニホンオオカミになった、というもの。2 つ目は、巨大な更新世オオカミとニホンオオカミは別種である、というものだ。

今回、山梨大学の瀬川高弘講師のほか、さまざまな機関からの研究者たちは、栃木県で発掘された 3 万 5,000 年前のメスの更新世オオカミと、5,000 年前のオスのニホンオオカミの頭蓋骨から古代の DNA を解析し、その遺伝子の起源を明らかにすることに成功した。その結果、前者はニホンオオカミと遺伝的な関連はなく、むしろそれ以前に分岐した系統であり、(2) 後者は更新世オオカミ系統と大陸オオカミ系統の混血であることが判明した。このことから、(2) 日本には 5 万 7,000 年前から 3 万 5,000 年前にかけて更新世のオオカミが、その後 3 万 7,000 年前から 1 万 4,000 年前にかけて別のオオカミ系統が次々と到来したことが推測される。その結果、この 2 種類のオオカミが交雑し、ニホンオオカミが誕生したことが明らかになった。「この結果は、古ゲノム解析に基づくニホンオオカミの複雑な遺伝的起源と進化の歴史を明らかにし、アジアにおけるオオカミの進化史に新たな視点を与えるものだ」と、同研究は述べている。

ニホンオオカミについては、その大きさや人間との関係など、まだ多くの未解決の問題が残されている。瀬川講師は、「世界で最も小さなオオカミの一つとされるニホンオオカミについて、より多くのオオカミ、特に更新世と縄文時代のオオカミの DNA をさらに分析することは、どのような遺伝的要因がこの現象に寄与しているかの解読の一助になる」と述べている。だが、今回の研究で示されたように、古い系統が完全に置き換わるのではなく、(3) 交配による新しい集団の形成は、ニホンオオカミ以外の種でも起こった可能性がある。それゆえ、この研究により、日本列島の哺乳類動物相の進化史の理解が進むことが期待される。

Words & Phrases

□ subspecies	亜種（動物分類学上の用語で、同一種に属する地理的品種を指し、地域的に大きさ、形、色彩などに一定の違いが見られる。地質学では、時代の異なる同一血統内の変型を亜種として扱う）
□ endemic to the island	その島に固有の
□ specimen	見本、実例、標本
□ march toward industrialization	工業化へ向かう
□ Pleistocene	更新世（地質時代の区分の一つ。新生代第四紀の大部分で、170 万年前から 1 万年前まで。氷期と間氷期を繰り返した氷河時代。人類の歴史では旧石器時代に当たる。「最新世」や「洪積世」ともいう）
□ remains of the Japanese wolf	ニホンオオカミの遺骸
□ *Canis lupus hodophilax*	ニホンオオカミの学名
□ an ancestral population	祖先の集団
□ the Japanese archipelago	日本列島
□ migrate from Eurasia to the Japanese archipelago	ユーラシア大陸から日本へ渡る
□ hypotheses	仮説
□ a skull excavated in Tochigi Prefecture	栃木県で発掘された頭蓋骨
□ an earlier-diverging lineage	それ以前に分岐した系統
□ a mixture of ~	～の混血
□ hybridize ~	～と交雑させる
□ paleogenomic analyses	古遺伝学的解析
□ decipher ~	～を解読する
□ interbreed ~	～と交配する
□ mammalian fauna	哺乳動物相（関連語で flora は「植物相」の意。「腸内フローラ」は腸内菌が品種ごとに並んで花畑のように見えることから、名づけられたとされる）

(1) 正解 **4**

訳 この文章によると、瀬川高弘氏のチームのDNA分析が行われる前に立てられていた仮説は次のうちどれか。

1 2万年前の日本には（巨大な）更新世オオカミが生息しており、ニホンオオカミと交雑して小型化した。

2 ニホンオオカミの最古の死骸は9,000年前に発見されており、その祖先は更新世オオカミとは異なっていることを示している。

3 古くから神獣として崇められてきたニホンオオカミは、かつて日本全土に生息していたハイイロオオカミとは別種である。

4 （巨大な）更新世オオカミは、ユーラシア大陸から日本へ移動する過程を経て新しい環境に適合した。

解説 第1パラグラフの4文目、6文目、8文目以降を参照。4文目に「後期更新世に、体高70センチメートルほどの巨大なオオカミが生息していた」、6文目に「ユーラシア大陸から日本列島に移動してきた可能性が高い」、8文目には「この更新世オオカミが日本列島での生活に適応して小型化し、ニホンオオカミになった」との記述がある。これらの内容を網羅している4が正解。1は前述のように「ニホンオオカミと交雑して小型化した」のではない（すり替えパターン）。2の「9,000年前に見つかったこと（←本文内容と不一致）」と「（ニホンオオカミの）祖先が更新世オオカミとは異なっているということを示している」は意味がつながらない（すり替えパターン）。3は「ハイイロオオカミとは別種」ではなく亜種との記述があるので、逆の内容になっている（すり替えパターン）。

カリスマ講師の目 サマリー・言い換え型に注目！

複数文にわたる内容を要約し、言い換えられた表現に注目。本問では、9文目のbecame smaller through adaptation to life on the archipelagoが選択肢ではfit in with the new environmentとパラフレーズされている。

(2) **正解 3**

訳 瀬川氏のチームは、オオカミの頭蓋骨から古代の DNA を解析して、どのようなことを発見したのか。

1 更新世オオカミは、別の種類の大陸オオカミに続いて 5 万 7,000 年前から 3 万 5,000 年前にかけて次々と日本でコロニーを形成していた。

2 ニホンオオカミは、更新世オオカミと同じ祖先を持つ進化上の先祖である。

3 ニホンオオカミは、更新世オオカミと 3 万 7,000 年前から 1 万 4,000 年前の間に日本に到達した別のオオカミとの雑種である。

4 更新世オオカミは、ニホンオオカミとの混血である大陸オオカミの初期分岐系統である。

解説 第 2 パラグラフ 2 ～ 4 文目を参照。2 文目の後半に、「後者（ニホンオオカミ）は更新世オオカミ系統と大陸オオカミ系統の混血であることが判明」という記述がある。大陸オオカミについては、3 文目の「日本には……更新世のオオカミが、その後 3 万 7,000 年前から 1 万 4,000 年前にかけて別のオオカミ系統が次々と到来した」より、この期間に日本に来たことがわかる。4 文目にも、「この 2 種類のオオカミが交雑し、ニホンオオカミが誕生した」と明記されているので 3 が正解。1 については 3 文目より、更新世オオカミと別のオオカミが日本に来た順番が逆になっている（すり替えパターン）。2 もニホンオオカミが祖先ではなく、逆の意味になっている（すり替えパターン）。4 については、更新世オオカミは「ニホンオオカミとの混血」ではない（すり替えパターン）。選択肢の in waves（次々と）、antecedent to ~（～に先立って）は重要表現。

カリスマ講師の目 サマリー型に注目！

(1) に続き、複数文にわたる内容を要約する問題。情報を整理し、正確に読み取ることが大切だ。

(3) 正解 **3**

訳 この研究によって、今後どのようなことが明らかになりそうか。

1 更新世のオオカミがニホンオオカミに置き換わったように、新しい系統が古い系統に置き換わる過程。

2 ニホンオオカミの頭蓋骨のこの DNA 解析により、オオカミの大きさや人間との関係に寄与した遺伝的要因が解明される可能性がある。

3 ニホンオオカミが交配によって徐々に数を増やしていった過程を調べることで、日本の恒温脊椎動物の進化を明らかにすることができるかもしれない。

4 ニホンオオカミの頭蓋骨のこの DNA 解析により、ニホンオオカミが世界最小となった理由が明らかになる可能性がある。

解説 第 3 パラグラフの 3 文目を参照。「交配による新しい集団の形成は、ニホンオオカミ以外の種でも起こった可能性があり、日本列島の哺乳類動物相の進化史の理解が進むことが期待される」の部分を端的に言い換えた 3 が正解。1 は同文「古い系統が完全に置き換わるのではなく」の内容に反する（すり替えパターン）。2 の「人間との関係に寄与した遺伝的要因が解明される可能性」は述べられていない（無言及パターン）。4 の「ニホンオオカミが世界最小となった理由が明らかになる」という記述もない（無言及パターン）。選択肢の elucidate ~（～を明らかにする）、warm-blooded（恒温の）、vertebrate（脊椎動物）は重要表現。

カリスマ講師の目 言い換え型に注目！

本文の内容が正解の選択肢 3 で言い換えられていることに注意しよう。前者が本文、後者は選択肢の表現だ。

the mammalian fauna ≒ warm-blooded vertebrates
interbreeding ≒ crossbreeding
understanding of the evolutionary history ≒ elucidate the evolution

それぞれ 1 級レベルの語彙でパラフレーズされている。言い換えを見抜けるように語彙を増やすことが重要。

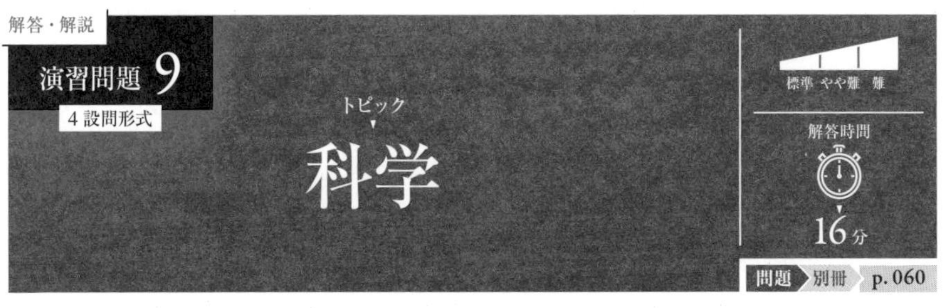

問題 別冊 p. 060

訳

AI の諸刃の剣

AI は、人類の知と繁栄を高め、人々の生活を豊かにするために開発された、最も重要なテクノロジーとなる可能性を秘めている。コンサルティング会社のアクセンチュアは 2016 年に、AI は「仕事の性質を変え、人間と機械の新しい関係を生み出すことで、2035 年までに年間経済成長率を 2 倍にすることができる」、そして「労働生産性を 40%高めることができる」と予測し、そのすべてが統合のペースを加速している。しかし、ほぼどんな AI の使い方でも、何らかの失敗を想起させる可能性はある。多くの研究者にとっての最大の関心事は、AI を生み出すプロセスである機械学習の破損である。

AI はさまざまな形で破損する可能性がある。まず、機械学習モデルを作るためのツール（命令）を危険にさらす方法だ。(1) プログラマーはしばしば、AI の「頭脳」を構築するためのコードや命令を得るために、自由にダウンロードして変更可能なソフトウェアであるオープンソースライブラリにアクセスする。毎日、何万件もダウンロードされるソースもある。悪質なコードが含まれていたり、漏えいが起きることもあり、それが世界中に広がってしまう。第二の危険は、マシンを訓練するために使用されるデータの破損だ。悪意のある者は、データのラベルを変更する「データポイズニング」を行い、AI が入力を誤読するように仕向けることができる。あるいは、解釈プロセスを混乱させるために「ノイズ」を作り出すこともある。こうした「回避攻撃」は、肉眼では見えないが、AI を使い物にならなくする写真の微修正である。ローンは、カエルの写真にほんの少し手を加えただけで、コンピュータが飛行機をカエルと誤判定してしまった事例を紹介している。

ほかに、AI のアルゴリズム、つまり「機械の論理」がプログラム通りに動かないという危険もある。(2) データセットはそれ自体不正ではないが、既存の偏見や先入観を取り込んでいる。擁護派は「中立的で客観的な意思決定」を提供していると主張するかもしれないが、キャシー・オニールが著書『数学的破壊兵器（邦題：あなたを支配し、社会を破壊する、AI・ビッグデータの罠）』ではっきりさせたように、それは明らかに違う。(4) 一つは、AI の機械学習の仕組みが透明でないこと、つまり、複雑すぎて人間が検証できないことが問題である。(2) これらは、「現代のデータ駆動型アプリケーションに特有の新種のバグ」だと、ある研究チームは主張している。例えば、「再犯予測」プログラムである COMPAS は、AI を使って刑事被告人が再び罪を犯す可能性を計算し、多くの州で刑事裁判での量刑判断に採用されている。このアルゴリズムにより、黒人被告人が別の罪を犯す可能性が実際よりもはるかに高いと評価されたことが、独自に検証されている。危険度が高いと評価された人物のうち、黒人の 45%が誤って分類されたのに対し、白人はわずか 23%だった。こうした「AI バイアス」は、企業の採用や融資審査など、ほかにもさまざまな場面で想定される。

コンピュータ学者は、機械学習のリバースエンジニアリングという新たな AI の危険性を発見し、それがさまざまな悩みを生んでいる。第一に、アルゴリズムは作成者の知的財産であることが多いため、それを暴くことは、事実上の窃盗である。第二に、AIがどのように推論しているのか、あるいはAIが何を求めているのか、そのパラメータを知ることができれば、システムを「打ち負かす」ことができる。最も単純なケースでは、アルゴリズムを知ることで、ある状況を「適合」させ、最も有利な結果を作り出すことができるようになる。システムを悪用することで、破滅的な結果ではないにしろ、悪い結果を生み出すことができる。例えば、弁護士は法的AIの意思決定モデルに最適な方法で事例や依頼人を提示することができる。裁判官はまだ意思決定を機械に委ねていないが、裁判所は一部の判決について意思決定予測システムにますます依存するようになってきている。

だが、(3) 破滅的な結果に対しては、第三の危険性が最も深刻だ。それは、何か新しく安全なものを作るために設計されたアルゴリズムを、全く逆の結果を達成するために再利用してしまうことである。米国の製薬会社のあるチームは、(3) 新薬を見つけるためのAIを開発した。その特徴の一つは、毒性にペナルティを与えるモデルだった。というのも、自分たちの薬で患者を死なせたくはないからだ。ある会議の主催者から、自分たちの技術が悪用される可能性を探るよう依頼された彼らは、アルゴリズムを微調整することで、生化学兵器になりうるものを設計できることを発見した。6時間のうちに、脅威となるパラメータに合致する4万個もの分子を生成したのである。その中には、特に致死性の高い神経ガスであるVXのようなよく知られたものがある一方で、既知のどの生化学兵器よりも毒性の高い新しい分子も開発された。『ネイチャー・マシン・インテリジェンス』によれば、研究チームは、「機械学習モデルの使い方を逆転させることで、無害な生成モデルを、医学の役に立つ道具から、致命的と思われる分子を生成するものに変えてしまった」と説明している。研究チームは、これは科学界に警鐘を鳴らすべきものだと警告している。「自主性のある人間以外のものが、致命的な化学兵器を作ることは完全に実現可能だ」と。機械学習モデルは簡単にリバースエンジニアリングできるため、ほかの分野でも同様の結果が予想されるはずだ。そこにジレンマが見えてくる。(4) 不透明なアルゴリズムは悪用され、不正を永続させる危険性があり、透明性のあるアルゴリズムは、新しく、さらに悪い結果を生み出すために悪用される危険性がある。

Words & Phrases

□ double annual economic growth rates	年間経済成長率を2倍にする
□ spawn ~	～を生み出す
□ boost labor productivity	労働生産性を高める
□ accelerate the pace of integration	統合のペースを加速させる
□ conjure up ~	～を思い起こさせる
□ corruption	破損
□ compromise ~	[動詞] ～を危険にさらす、(情報)を漏えいさせる、～に不正アクセス(侵入)する／[名詞] 情報漏えい、不正アクセス
□ open-source library	オープンソースライブラリ（プログラムのソース・コードが公開されていて、自由に利用したり変更したりできるもの）
□ malicious actor	悪意のある者
□ minuscule modification	微修正
□ render A B	AをBにする

□ misclassify ~	**~を誤判定する**
□ per se	**それ自体**（ラテン語で、英語の by itself や of itself の意。否定文で使われることが多い）
□ transparent	**透明な**（ここでは機械学習のプロセス全体や各工程内の内容が、誰にでもはっきりとわかるようになっている状態のこと）
□ recidivism	**再犯**
□ sentencing decisions	**量刑判断**
□ envisage ~	**~を想定する**
□ reverse engineering	**リバースエンジニアリング、逆行分析**（他社の開発した製品やソフトウエアを分解・解析することにより、そのアイデアなどを抜き出して、自社製品に利用すること。その際、知的財産権に抵触しないよう注意が必要）
□ a whole host of ~	**たくさんの~**
□ intellectual property	**知的財産、知的所有権**
□ game the system	**制度を悪用する**
□ abdicate decision-making to machines	**機械に意思決定を委ねる**
□ catastrophic outcomes	**壊滅的結果**
□ repurposing an algorithm	**アルゴリズムを転用すること**
□ penalize toxicity	**毒性にペナルティを与える**
□ tweak the algorithm	**アルゴリズムを微調整する**
□ biochemical weapon	**生化学兵器**（biological weapon「生物兵器」と chemical weapon「化学兵器」のこと）
□ molecule	**分子**
□ deadly nerve agent	**致死性の高い神経ガス**（nerve agent は「神経ガス」の意）
□ invert ~	**~を逆転させる**
□ innocuous	**無害の**
□ generative model	**生成モデル**（訓練データからそのデータの特徴を学習し、類似したデータを生成することができるモデル）
□ a wake-up call to ~	**~への警鐘**
□ feasible	**実現可能な**

(1) **正解** **3**

訳 この文章によると、AI を破損させる方法の一つは

1 悪意のある者が有害なデータを AI に誤読させたり、重大な「ノイズ」を発生させ、人間や AI には見えない攻撃から逃れる。

2 オープンソースライブラリは、日々大量に利用されているため、「害」や「ノイズ」、さらには目に見えないが AI にとって有害な「回避攻撃」まで含まれる可能性がある。

3 プログラマーがアクセスする無数のオープンソースライブラリから、悪意あるコードや情報漏えいが発見され、それが世界中に拡散してしまう。

4 プログラマーは日々、AI 頭脳を構築する過程で悪意あるコードに遭遇し、それらのデータ導入を危うくしている。

解説 第2パラグラフの3～5文目を参照。「オープンソースライブラリにアクセスする……何万件もダウンロードされる……間違ったコードが含まれていたり、漏えいがあったりすることもあり、それが世界に広がってしまう」をまとめている3が正解。1は「重大な『ノイズ』を発生させ、人間やAIには見えない攻撃から逃れる」が間違い。本文にある「ノイズ」の目的は、「解釈プロセスを混乱させるため」である（すり替えパターン）。2の「回避攻撃」は「AIにとって有害な」ものではない（すり替えパターン）。4も「データ導入を危うく」しているわけではない（すり替えパターン）。選択肢のspiteful（悪意のある）、elude ~（～から逃れる）、a myriad of ~（無数の～）は重要表現。

カリスマ講師の目 サマリー・言い換え型に注目！

正解の選択肢は複数にわたる本文の内容をまとめている。また本問では、4文目の tens of thousands of を選択肢では a myriad of などと言い換えていることにも注意。

(2) 正解 1

訳 ある研究チームは「新種のバグ」についてどのように考えているのか。

1 もともと偏った情報を含むデータセットを基にしたアプリケーション特有のもので、結果として、より多くの人に悪影響を拡大させる。

2 脆弱(ぜいじゃく)だったり破損したデータセットに意図的に偏見や先入観が仕込まれており、犯罪予測の誤算につながる。

3 『数学的破壊兵器』の著者であるキャシー・オニールがその著書で述べているように、これらのバグは、差別を回避できる中立的・客観的な意思決定から生じるものである。

4 それらは「再犯予測」プログラムのCOMPASに特定の人種を差別するように仕向け、2倍の差をつけた。

解説 第3パラグラフの2文目および5文目以降を参照。2文目の「データセットはそれ自体不正ではないが、既存の偏見や先入観を取り込んでいる」より、「新種のバグ」は意図的に偏見を促すものではないことがわかる。また5文目以降にはその悪影響の具体例が挙げられており、それらの内容を網羅している1が正解。2は既述の2文目の内容と正反対なので不正解。3は差別を回避できるわけではなく、「中立的で客観的な意思決定」を提供するとの主張は、キャシー・オニールではなく擁護派である（すり替えパターン）。4はまず、具体例のみの説明であり、さらに「人種を差別するように仕向け」の部分は正反対の内容。選択肢のpeculiar to ~（～に特有である）、two-fold（二重の、2倍の）は重要表現。

カリスマ講師の目 サマリー・言い換え型に注目！

(1)と同じく、正解の選択肢は複数にわたる本文の内容をまとめていることに注意。ここでは、2文目と5文目以降の内容がまとめられている。

(3) **正解 1**

訳 この文章に登場するコンピュータ学者によると、AIの破壊的な危険性とは

1 アルゴリズムを少し調整するだけで、新薬開発のためのAIは有毒物質の生産者にさえ変わりうる。

2 アルゴリズムの知識があれば、システムを悪用し、また自分の最善の状況を適用して、最も有利な結果を作ることができる。

3 アルゴリズムを有益に再利用することで、よく知られているVXのような有毒な生化学兵器を作ることはできない。

4 リバースエンジニアリングによる機械学習を逆手にとって、致死性の分子を驚異的なスピードで作り出し、致死性兵器の生産につなげる。

解説 第5パラグラフの1文目と3文目を参照。1文目のcatastrophic outcomes, there is nothing more serious than the third dangerが設問の「破壊的な危険性」に対応している。その内容は、3文目に「アルゴリズムを微調整することで、生化学兵器になりうるものを設計できる」とあるので1が正解。2は第4パラグラフの4～5文目の内容に一致するが、「破壊的な危険性」には相当しない（すり替えパターン）。3は本文には、VXのような有毒な生化学兵器を設計できるとあるので正反対（すり替えパターン）。4の「致死性の分子を驚異的なスピードで作り出し」は本文には書かれておらず、言い過ぎである（無言及パターン）。選択肢のvenomous（有毒な）、extraordinary（法外な）、lethal（致死性の）は重要表現。

カリスマ講師の目 サマリー・言い換え型に注目！

設問も本文中の表現を言い換えていることに着目しよう。問われている内容を正確に読み取ることが重要。本問では、本文の内容と一致はするが、設問と合わない選択肢があるので惑わされないように注意したい。

(4) 

正解 **4**

訳 アルゴリズムの透明性について筆者はどのように述べているか。

1 リバースエンジニアリングは、ほぼすべてのアルゴリズムを理解するのに使えるが、複雑すぎて使えないことがある。

2 透明性のあるアルゴリズムは、正反対の結果を得るために、新しく安全なものを作るように設計される可能性が高く、人命さえ脅かす可能性がある。

3 アルゴリズムの透明性がなければ、危険な化学兵器が製造される可能性がますます高くなる。

4 不透明なアルゴリズムは、その複雑さゆえに、ユーザーがメカニズムの理解を検証できず、その結果、知らず知らずのうちに差別を助長することにつながる。

解説 第3パラグラフの4文目と第5パラグラフの最終文を参照。第3パラグラフ4文目より「AIの機械学習の仕組みが透明でないこと、つまり、複雑すぎて人間が検証できない」ことがわかり、さらに第5パラグラフの最終文には「不透明なアルゴリズムは悪用され、不正を永続させる危険性があり……」とあるので、不透明なアルゴリズムは差別などの不正を長続き・助長させると解釈できる。これらの内容を網羅している4が正解。1の「リバースエンジニアリングは複雑すぎ」ではないので不正解（すり替えパターン）。2は「正反対の結果を得るために、新しく安全なものを作る」ではない（無言及パターン）。3の化学兵器などが製造されるのは透明性がある場合なので、逆の意味である（すり替えパターン）。

カリスマ講師の目　サマリー型に注目！

複数パラグラフにわたる内容を要約しなければならないところに注意。本問では、最終文で一般化された内容の具体例を、前パラグラフにある「AIの機械学習の仕組みが透明でないこと、つまり、複雑すぎて人間が検証できない」と合わせて要約することが必要。

訳

予測すること

心理学者フィリップ・テトロックの「平均的な専門家は、ダーツを投げるチンパンジーとだいたい同じほどの正確さだ」という警告は、世界が来月の米大統領選の結果を待つ中、より真剣に受け取められている。4 年前の 2016 年の投票におけるドナルド・トランプの勝利は、統計学主導の政治評論家の心臓を貫く杭（くい）として広く捉えられ、彼の再選が間近であるという信念をあおっている。事実上すべての決断はある程度予測であることを考えると（「夕食にどこに行こうか」は将来の経験についての憶測である）、私たちという種がいかにそれを苦手としているかは驚くべきことである。古代の文明は、正気をなくした中毒者の洞察力を信用し、内臓や排泄物、星に運命を求めることもいとわなかった。私たちの技術はかなり進歩したが、未来は相変わらずわからないままだ。

未来について正確な仮定ができないことは、個人的な重要事項の決定から政策的な決定に移るときに、より大きな意味を持つことになる。テトロックと J・ピーター・スコブリックは、「あらゆる政策は予測」であり、手段と目的の間の因果関係と仮定したものだと指摘する。あらゆる政策の選択は、「今 X をすれば、Y の結果が得られる」ということを主張している。これを間違えると、致命的である。国際関係において原因と結果を正しく理解することは特に難しいが、(1) 急速に世界が変容し、政策立案者が分析に用いるメンタルマップがすぐに古くなるにつれ、その難易度は飛躍的に高まっている。

これは興味深いことではあるが、テトロックが以前発表した予測に関する研究は、われわれが未来を予測することができないことを説明し、その改善策を提示している点ではるかに興味深い。テトロックの研究によると、さまざまな事柄に精通し、複雑さを受け入れ、心を開いて好奇心を持つ人は、深く掘り下げて一つのことに精通する人より常に良い成果を挙げるという。最高の予測家は不確実性を受け入れ、継続的に自分たちの分析を評価し、更新し、修正する。(2) 彼らは結論や信念に固執することなく、常に手掛かりや類似点を探し、それらは明らかでないかもしれないが、論理と推論に反映させるのだ。希望はある。人々は教育でより良い予測家になることができる。(2) 重要なスキルは数学の基礎的知識である。成功には、統計学と確率論を理解し、それらを適切に活用する能力が必要だ。同じように価値があるのは、大衆の知恵である。(2) オープンマインドな思考をする人は、チームを利用して、自分では理解できない分野への洞察を得たり、(2) 自分の偏見や推論、結論に対する対抗手段として利用したりする。成功の鍵は、「集団思考」の回避にある。結論は出さなければならないが、問題のあらゆる側面を見て、反対意見を取り入れることによって、「確信」を緩和することが重要である。(2) 限界や欠点、特に偏見に対する自己認識も欠かせない。

(3) もちろん、先見の明があるからといって、洞察力が生かされるとは限らない。組織には、最も正確な予測でさえも、その利用を妨害する方法が、大胆なものから平凡なものまで数多く存在する。これは 2,000 年以上前からある現象である。私たちはこれからも、未来に対して困惑し、いら立ちを感じ続けることだろう。さらに、ある者は予期していたのに指導者たちが無視したような出来事に、私たちは何度も不意を突かれることになるだろう。

Words & Phrases

□ make predictions	予測する
□ dart-throwing chimpanzee	ダーツを投げるチンパンジー（専門家の予測が当たる可能性は、何も考えずにダーツを投げているチンパンジーが的を射る可能性に等しい、つまり「非常に低い」の意）
□ await the results of ~	～の結果を待つ
□ a stake through the heart	心臓を打ち抜く杭（吸血鬼にとどめを刺す方法と言われており、「とどめの一撃」の意）
□ statistics-led political punditry	統計に基づく政治評論、分析
□ fuel a belief	信仰や確信をたきつける
□ imminent	差し迫っている
□ to some degree	ある程度までに
□ make assumptions about a future experience	まだ起きていない未来の経験についていろいろ憶測する
□ credit the crazed and addled with insight	発狂している者や精神が混乱している者の見識、先見に信頼を置く
□ entrails	内臓
□ excrement	排泄物
□ as unknowable as ever	以前と変わらず知ることができない
□ assume greater significance	より大きな意味合いを持つようになる
□ posit a causal relationship	因果関係だと仮定する
□ means and ends	手段と目的
□ lead to Y outcome	Yという結果をもたらす
□ be getting exponentially harder	指数関数的に難しくなる
□ transform	変容する
□ the mental map	メンタルマップ（個人の行動のもとになる経験や知識で、「認知地図」ともいう）
□ policymakers	政策を立案する人々
□ analyses	分析（単数形は analysis）
□ quickly become outdated	すぐに時代遅れになる
□ intriguing as this may be	これは興味深いことではあるが
□ forecasting	予測
□ inability to predict the future	未来を予測する能力がないこと
□ offer suggestions on ~	～に関して提言する
□ accept complexity	複雑性を受け入れる
□ open-minded	新しい考えを取り入れる心の広さがある
□ invariably	常に
□ outperform ~	～よりも良い成果を出す
□ assess, update, and revise their analyses	自らが下した分析を常に評価し、更新し、そして見直す
□ be wedded to ~	～にこだわる

□ analogy	類似
□ logic and reasoning	論理と推論
□ numeracy	数学の基礎的知識
□ statistics and probabilities	統計学と確率論
□ the wisdom of the crowd	大衆の知恵（大勢の人の集合知が少数の専門家の知恵に勝るとする考え）
□ open-minded thinkers	新しい考えに心を広げ思考する人々
□ provide insight into areas	分野への知見を提供する
□ as counterweights to ~	～への対抗手段（～に釣り合うもの）として
□ biases, reasoning, and conclusions	偏見、推論、そして結論
□ the avoidance of ~	～の回避
□ moderate certainties by *do*ing	～することで確実性を緩和する（確実と思われる物事にも条件をつけるという意味）
□ incorporate opposing views	反対意見も取り入れる
□ foresight	先見性
□ insights	洞察、見識
□ banal	凡庸な
□ obstruct the use of ~	～の使用を妨害する
□ a phenomenon	ある現象
□ stretch back ~ years	～年もさかのぼる
□ be flummoxed and frustrated by ~	～に困惑し、いら出ちを感じる
□ be blindsided by events	予想外の出来事に不意打ちを食らう
□ anticipate ~	～を予想する

(1) 正解 1

訳 この文章によると、私たちの未来予測能力に関する次の記述のうち、正しいものはどれか。

1 世界の変化のスピードが加速しているため、政府の政策の結果としての行動の結果を予測することがますます困難になっている。

2 未来を予測することは良い政策立案のための必須条件であり、それが健全な政策を立案できる議員が今多くなっている理由である。

3 2016 年の選挙の予測に見られるように、今やほとんどのメディアの識者は、統計や分析に基づいて驚くほど正確な予測をすることができる。

4 古代文明の手法に比べれば、私たちははるかに高度な技術を持っているが、未来予測の精度はかつてより少し落ちている。

解説 第 2 パラグラフの 5 文目を参照。「急速に世界が変容し、政策立案者が分析に用いるメンタルマップがすぐに古くなるにつれ、その難易度は飛躍的に高まっている」を言い換えている 1 が正解。2 については、未来を正確に予測することは政策に重要だとあるが、良い政策立案をできる議員が増えているとは述べていない（言い過ぎパターン）。3 については、第 1 パラグラフの 2 文目からわかるように、識者たちは「心臓を貫く杭（くい）」でとどめをさされたので予測を外したということである（本文の内容と矛盾する、すり替えパターン）。4 については第 1 パラグラフの最後の文にあるように、同じままである（程度のすり替えパターン）。

カリスマ講師の目 類語言い換え型に注目！

本文の関連場所と正解の選択肢 1 の類語や言い換えに注意しよう。前者が本文、後者は選択肢の表現だ。

getting exponentially harder ≒ increasingly difficult

the world transforms rapidly, quickly become updated
≒ the accelerating pace of change in the world

また、第 2 パラグラフ 5 文目の and に続く it は to determine the cause and effect を指し、選択肢では predict the outcome of actions taken と言い換えられている。

(2) **正解** **2**

訳 この文章の筆者によると、より正確に未来を予測するために必要なことは次のうちどれか。

1 その問題に関連すると思われるほかのテーマに注目しつつ、当該テーマについて深い理解を持つこと。

2 数字に精通し、過去から持っている考えに自動的に固執することがないよう、自分の偏見を自覚すること。

3 集団思考を避けるため、あまり多くの人の意見を聞かず、その偏見、推論、結論に影響されないようにすること。

4 異なる意見に惑わされることなく、他人のアドバイスや提案を求めるか、または矛盾する考えを取り入れることによって結論を緩和すること。

解説 第3パラグラフ4文目以降に答えのヒントとなる記述が散りばめられている。これらの内容をまとめた2が正解。1については第3パラグラフの2文目の内容を裏返しで考えると、一つのテーマについて深い知識を持つ人は異なる多くのトピックについて知っている人に成果で負けるということなので不正解（すり替えパターン）。3については「あまり多くの人の意見を聞いて影響されないようにする」の部分が、第3パラグラフ9～10文目に矛盾（すり替えパターン）。4については、重要な2点であるnumeracyとthe wisdom of crowdのうち、1点にしか言及していないことと、またその内容もアドバイスや提案を求めるか「または」結論を緩和することとあり、「AまたはB」にすり替えられている（すり替えパターン）。第3パラグラフの9～10文目「大衆の知恵」「チームを利用して」、12文目にある「問題のあらゆる側面を見て…『確信』を緩和させることが重要である」から「アドバイスや提案を求めて結論を緩和させること」になるべきである。

カリスマ講師の目 **サマリー型＆言い換え型に注目！**

正解の選択肢は、本文では複数文で述べられている内容を一文でまとめていることに注意。ここでは具体的に、第3パラグラフの4文目、7文目、10文目、13文目が要約され、言い換えられている。

(3) 正解 1

訳 予測をすることについて、次の記述のうち、筆者の意見に最も近いものはどれか。

1 正しい予測を行ったとしても、集団はその予測を活用して正しい行動を取ることができないかもしれない。

2 総選挙のような重要な出来事の結果を正しく予測できないことが続くと、人々はあらゆる予測技術に対する信頼を失うことになる。

3 正確な予測技術を磨くことは可能であるが、多くの場合、人々は一つのトピックだけの専門家になることが推奨されるため、それを実現できる人はごくわずかであろう。

4 高度なデータ分析を行っても、未来を予測する基本的な能力は 2,000 年前から大きく変わっていないので、われわれは間違った決断を下し続けることになるだろう。

解説 第 4 パラグラフの 1 ～ 2 文目を参照。「洞察力が生かされるとは限らず、組織には、最も正確な予測でさえも、その利用を妨害する方法が数多く存在する」を言い換えている 1 が正解。2 については人々が予測について信頼を失うかどうかについて言及されていない（無言及パターン）。3 については「一つのトピックだけの専門家になることが推奨される」との記述は本文にはない（無言及パターン）。4 については 2,000 年前から変わっていないことは、組織がさまざまな方法で正しい予測を活用しないことであり、未来を予測する基本的な能力ではない（すり替えパターン）。

カリスマ講師の目 類語言い換え型に注目！

(1) と同様、本文の関連場所と正解の選択肢 1 の類語や言い換えに注意しよう。前者が本文、後者は選択肢の表現だ。

the most accurate predictions ≒ correct forecasts

have ways to obstruct the use of ~ ≒ fail to make use of ~

訳

ギリシャ彫刻

現在制作されている芸術作品の中で、どれほどのものが時の試練に耐え、2,000 年以上先の未来でも称賛されているだろうか。(1) 私はほとんどゼロだと思う。なぜなら、現代の芸術家は美を追求するよりも、斬新さや皮肉、「現代での適用可能性」と衝撃度を重視しているからだ。国立西洋美術館の展覧会が明らかにしているように、古代ギリシャ人はそうではなかった。「大理石の円盤投げ像」や「パロス大理石のアフロディーテ像」といった本展覧会の主な名作は、いずれも初期の古代ギリシャ像をローマ時代に複製したものだが、小さな不完全さを超えて神々しい完成度があふれるように感じられる作品である。

「円盤投げ」のオリジナルは紀元前 5 世紀のアテネの彫刻家ミュロンによるもので、大胆でありながらもバランスのとれた構図で古代に名をはせた人物である。複製であるためか、あるいはミュロンが全体の調和を重視したためか、ところどころ筋肉が緩みすぎているように見えるのが難点とする批評家もいる。また、顔の表情が淡白で無表情だとも言われている。しかし、最大の欠点は、ミュロンやその複製者たちのせいにはできない。むしろ 1790 年にティヴォリのハドリアヌス皇帝の別荘跡から発掘されたその像を修復した修復師たちのせいである。頭を胴体に戻すとき、向きを間違えてしまったのだ。しかし、この作品の前では、そんなことは大したことではない。(2) なぜなら、この像は、ミュロンの最初のインスピレーションから始まり、ローマ時代の模倣師たちを経て、のちに間違えながらも善意の修復師へと受け継がれた、美に対する真摯な追求の結果であるからだ。自分の排泄物を作品にしたり、死んだ動物をホルマリン漬けにしたりするような「真剣な芸術家」がいる現代では、真の圧倒的な美しさを持つ作品に対して、そのような小さな欠陥にそれほどけちをつけるべきではない。

それにしても、なぜ現代は、美が芸術にとって不可欠なものでなくなってしまうぐらい、美に対する興味を失ってしまったのだろうか？ 本展は、現代ではもはや無理であろう洗練さと無垢を併せ持つ古代ギリシャの「美」の概念の中に、この大きな謎を解く手掛かりを与えている。「パロス大理石のアフロディーテ像」のような作品を見ると、今日の人々の中には、その性的な含みのある要素を感じずにはいられない者もいるだろう。おそらく現代社会が提供する膨大な量のポルノ画像に汚染された目でしか見られない人々もいるだろう。(3) しかし、古代ギリシャの人々はそのようには見ていなかった。この像は、同じアテネの彫刻家であったプラクシテレスによる有名な「クニドスのアフロディーテ」の複製であり、描かれている女神を崇拝するための偶像としての役割を果たしていた。つまり、これは聖像であった。このような一見いかがわしく見える彫刻がなぜ神聖なものと結びついたのかを理解するには、キリスト教がもたらした何世紀もの身体の抑圧を解き、多神教時代のギリシャの偉大な哲学者たちの作品を研究する必要がある。古代ギリシャ文化では、人間の姿は美や神聖なるものを含むすべてのものの尺度であった。神々は非常に人間的な存在として描かれていた。裸の人間の身体を美しい彫刻として表現することで、古代ギリシャ人は、性的に刺激的な像を創造しただけでなく、超越的な精神的概念を表現したのである。

このような肉体と神性の共生は、哲学者プラトンの思想にもさかのぼることができる。**(4)** プラトンは、情熱的な愛と官能的な欲望が神的に融合した「エロス」が、最終的に私たちに美の思索をもたらし、物理的世界の根底にある精神の完全性に近づかせると考えた。そして、肉体的な美しさを称賛するとき、この世を超えて天を起源とするそうした特徴の中に輝いている永遠の光を、私たちは垣間見ることができると考えたのだ。このようなより高度な称賛の段階が、それをより卑しい性的な欲望と区別するためにプラトニックラブという言葉を生み出したのである。プラトンにとって、より高度なプラトン的知識への入り口としてのエロスは、異性愛でも同性愛でもありえた。そして、なぜ「ギリシャの愛」がのちに男性同性愛の婉曲表現となったかを示すものが、確かにこの展覧会にはたくさんある。しかし、プラトンはエロスを自然界を流れる生命力のある「エロティック」な宇宙のエネルギーとして捉え、その点においてエロスは男性と女性の側面を持つ、より純粋な異性愛的なものであった。このより標準的な考え方は、「サテュロスから逃れようとするニンフの大理石群像」というまた別の素晴らしい彫刻に見事に表現されている。これは、森の野性的な男性と女性の自然神との間の友好的な争いを表している。ここでも性欲を題材にして、どの角度から見ても美しい造形を生み出す旋律的な構図が創造されている。

Words & Phrases

□ stand the test of time	時の試練に耐える
□ novelty	新奇性
□ irony	皮肉
□ contemporary relevance	同時代（現代）との関連性（適用可能性）
□ shock value	衝撃度（人にショックを与えることに有用であること）
□ not so with the ancient Greeks	古代ギリシャ人はそうではなかった
□ the National Museum of Western Art	国立西洋美術館
□ masterpieces of the show	展覧会の傑作（複数）
□ Marble statue of a discus thrower	大理石の円盤投げ像
□ Parian marble statue of Aphrodite	パロス大理石のアフロディーテ像（ギリシャのパロス島は白大理石の産地として知られる）
□ be infused with a sense of divine perfection	神々しい完成度があふれるように感じられる
□ transcend their minor imperfections	少しばかりの不完全さを超越する
□ Athenian sculptor Myron	アテネの彫刻家ミュロン
□ in antiquity	古代において
□ emphasize overall harmony	全体的な調和を重視する
□ find fault with the musculature	筋肉構造に欠点を見出す
□ be rather too relaxed in places	ところどころ緩みすぎている
□ bland and emotionless	気が抜けて感情に欠ける
□ be blamed on ~	～のせいにされる
□ be excavated from the site of ~	～の現場から発掘される
□ Emperor Hadrian's villa at Tivoli	ティヴォリにあるハドリアヌス皇帝の別荘

□ place the head back on the torso	頭部を胴体に戻す
□ position it facing in the wrong direction	それを間違った方向に向かって設置する
□ in the presence of this work	この作品を目の前にすると
□ such cavils seem irrelevant	そのようなあらは些細なことに思える
□ be passed down through A to B	A を通して B に伝えられる
□ their own bodily wastes	自分の身体からの排泄物
□ in tanks of formaldehyde	ホルムアルデヒドの貯蔵タンクに（ホルムアルデヒドの水溶液がホルマリン）
□ be less nitpicking about such minor imperfections	そのような些細な欠点に関してつまらないあら探しをしない
□ in works of truly overwhelming beauty	真に圧倒的な美を持つ品に
□ fall out of love with beauty	美を愛さなくなる（美に関心を持たなくなる）
□ to the point that SV	SV するまでに
□ be no longer considered vital to art	芸術にとって大事なこととはもはや思われない
□ offer some clues to this great riddle	この大きな謎を解く手掛かりをいくつか提示する
□ the ancient Greek notion of beauty	古代ギリシャの美的感覚
□ a combination of sophistication and innocence	洗練さと無垢の組み合わせ
□ sexually suggestive elements	性的な含みのある要素
□ eyes tainted by ~	～によって汚された目
□ the vast amounts of pornographic imagery	膨大な量のポルノ映像
□ Aphrodite of Cnidus	クニドスのアフロディーテ
□ Praxiteles	プラクシテレス（アッティカの彫刻家）
□ a cult image for the worship of the goddess depicted	描かれている女神を崇拝するための偶像
□ a holy image	神聖な像
□ an apparently saucy sculpture	一見いかがわしく見える彫刻
□ be associated with ~	～と関連づけられる
□ unlearn ~	～を忘れる
□ bodily repression that came with Christianity	キリスト教がもたらした肉体の抑圧
□ pagan times	（キリスト教以前の）多神教の時代
□ the measure of all things	すべての尺度
□ titillating image	刺激的な像
□ express transcendental spiritual ideas	超越した精神的な概念を表現する
□ symbiosis between the physical and the divine	肉体と神聖の共生
□ Plato	プラトン（古代ギリシャの哲学者）
□ Eros	エロス（プラトンが説いた愛）
□ a godly combination of passionate love and sensual desire	情熱的な愛と官能的な欲望の神聖な融合

□ lead us to contemplate beauty	私たちに美を熟考するよう仕向ける
□ underlie the physical universe	物理的な世界の根底にある
□ glimpse the light of eternity	永遠の光を垣間見る
□ a heavenly source	天にある源
□ more advanced stage of appreciation	より進んだ称賛の段階
□ give rise to ~	～を生じさせる
□ Platonic love	プラトニックラブ
□ distinguish it from more base sexual desire	それを卑しい性的な欲望と区別する
□ as a gateway to ~	～への入り口として
□ either heterosexual or homosexual	異性愛または同性愛の
□ become a euphemism for male homosexuality	男性同性愛の婉曲的な表現となる
□ view Eros as ~	エロスを～と見なす
□ cosmic force	宇宙的エネルギー
□ in which respect	その点において
□ more standard view	より標準的な見方
□ be brilliantly captured in ~	～に鮮やかに捉えられる
□ fine sculpture	優れた彫刻
□ Marble group of a nymph escaping from a satyr	サテュロスから逃れようとするニンフの大理石群像
□ friendly tussle between a wild man of the woods and a nature goddess	森の野性的な男性と女性の自然神との間の友好的な争い
□ create a melodious composition	旋律的な構図を創造する
□ throw up ~	～を生み出す

(1) 正解 **2**

訳 次の記述のうち、現代の芸術家について筆者が考えるものに最も近いものはどれか。

1 彼らは美しさ以外の要素に注目する傾向があるので、美しさだけを強調する作品よりも長く評価される可能性が高い。

2 彼らは美を追求するよりも、自分の作品が現代社会に与える影響により関心を持つ。

3 古代の芸術家のように、将来も愛され続ける作品にするため、彼らの作品の中に神の完全性と人間を対比させる努力をもっとするべきである。

4 肉体美を重要視する古代ギリシャの芸術家の影響を受け、彼らはほかの芸術家の作品を見る際、頻繁に小さな欠点を探している。

解説 第1パラグラフの2文目を参照。「美を追求するよりも novelty（斬新さ）、irony（皮肉）、contemporary relevance（現代での適用可能性）、shock value（衝撃度）をより重視している」をまとめた2が正解となる。1については2文目で述べている「時の試練には耐えない」という内容と矛盾する、すり替えパターン。3については対比させる努力をすべきかどうかについての記述はなし（無言及パターン）、4については古代ギリシャの芸術家の影響を受けたかどうかについては記述がないうえに（無言及パターン）、あら探しをしているのは批評家である（第2パラグラフ2～3文目）ので不正解（すり替えパターン）。

カリスマ講師の目 一般化型&類語言い換え型に注目！

正解の選択肢は複数のアイデアをまとめている。ここでは novelty, contemporary relevance, shock value という表現をまとめて、「現代社会に与える影響」と一般化している部分に注目。また本文の more concerned with novelty,... は正解の選択肢で less interested in beauty than the impact と言い換えられている。

(2) 正解 **4**

訳 古代ギリシャの芸術作品であるミュロンの「円盤投げ」の欠点をそれほど批判すべきでないとする、筆者の最も有力な理由は何か。

1 作品の淡々とした表情にもかかわらず、それが時の試練に耐えているのは、時空を超えた偉大な芸術作品であることの証左である。

2 ミュロンは作品全体の調和を重視したかったので、表情における個々の欠点は作品全体の価値には関係ない。

3 その作品の大きな欠陥については、頭を胴体の上に置き間違えた、ローマ時代にひどい修復をした人々が非難されるべきである。

4 欠点があろうとなかろうと、この彫像は、現代のアーティストにはほとんど見られない、美を表現しようとするその芸術家（ミュロン）の志を表している。

解説 第2パラグラフの7文目を参照。because 以下に「この像はミュロンから始まった美に対する真摯な追及の結果」とある。8文目には現代の「真剣な芸術家」が排泄物や動物の死骸を取り扱うことに対して、ミュロンの作品は真の圧倒的な美しさを持つとも言及している。これら2文より、4が正解である。1については確かに時の試練に耐えている作品ではあるが、それだけが批判すべきでない理由ではない（言い過ぎパターン）。2については第2パラグラフの2文目に possibly because Myron wished to emphasize overall harmony とはあるが、それはあくまでもところどころ筋肉が緩んでいると批評家に批判される理由として提示されているだけである（論点すり替えパターン）。3については第2パラグラフの5～6文目に発掘した人々のミスが述べられているが、修復されたのはローマ時代ではないうえ、7文目の最初に But...such cavils seem irrelevant と打ち消されているので矛盾する（すり替えパターン）。

カリスマ講師の目 **サマリー型＆行間型に注目！**

正解の解答は、複数の文の内容をまとめたものになっていることに注意。ここでは2文（7～8文目）がまとめられている。また8文目にある現代の芸術家が扱っている題材が「美」を追求したものとかけ離れていることを読み取る必要がある。

(3) 正解 **3**

訳 この文章によると、古代ギリシャ人が当時の芸術作品をどのように見ていたか、そして現代の人々がそれらをどのように見るかについて、次の記述のうち正しいのはどれか。

1 古代ギリシャ人は、当時の芸術作品を、当時はそれほど普及していなかった現代のようなポルノグラフィーに対して現代人が感じるよりもより性的に興奮させるものとして見ていたのだろう。

2 芸術作品の多くは古代ギリシャ人にとって彼らの神の聖なるイメージであり、そのためその作品が作られた都市への巡礼を促したが、現代の人々にはそのような宗教的な意味合いはない。

3 古代ギリシャの美術品を鑑賞する際、古代ギリシャ人は人体に美と神性の結合を見たが、現代の観客は肉欲的なものと精神性を区別するだろう。

4 キリスト教では、身体は神聖なものであると考えられているため、キリスト教徒が多い現代の観客は、古代ギリシャ人よりも彫像の筋肉系の欠点に気がつくだろう。

解説 第3パラグラフの3～11文目を参照。特に5文目に「古代ギリシャ人はそのようには見ていなかった (This was not how the ancient Greeks saw it.)」にあるように、古代ギリシャ人と現代人のアフロディーテ像の見方が異なることが示されている。後者はその像を性的なものと見る傾向があることがその前に述べられている。一方で9～10文目にあるように、古代ギリシャでは神は人間的に描かれていて、人間の裸を像にすることで刺激的であるとともに精神性も表していたことがうかがえる。さらにこの内容を強調するかのように、第4パラグラフの最初に「このような肉体と神性の共生 (this symbiosis between the physical and the divine)」との記述もある。よって3が正解。1についてはアフロディーテ像を性的含みのある作品として見るのは現代人であるので間違い (すり替えパターン)。2については、芸術作品が現代人にとって宗教的な意味合いはないとまでは述べられていない (言い過ぎパターン)。また巡礼についての言及もない。4については前半部分が8文目にある「キリスト教がもたらした身体の抑圧 (bodily repression that came with Christianity)」という部分から、キリスト教では身体は神聖なものとは見なされないことがわかり、矛盾する (すり替えパターン)。

カリスマ講師の目 **裏返し型に注目！**

正解選択肢は本文の内容の裏返しになっている。選択肢3の後半部分 (現代人は肉欲的なものと精神性を区別する) 可能性については、第3パラグラフ8文目の「このような一見いかがわしく見える彫刻がなぜ神聖なものと結びついたのかを理解するには……」で始まる文が理解のヒントとなる。裏を返せば、現代人は性的なものと神聖なものを結びつけていないと読み取れる。

(4) 正解 3

訳 この文章によると、プラトンが唱えた見解は次のうちどれか。

1 同性愛も異性愛も知への入り口として機能しうるが、男性同性愛が悟りへの道として好まれるべきである。

2 性欲は、ニンフとサテュロスの彫刻に見られるように、抑えきれない欲と理性との間の絶え間ない闘いである。

3 愛と官能的な欲望は、美を理解するために重要であり、それはまた、すべての創造物の精神的な正しさを理解するために必要である。

4 肉体的な美しさへの称賛は、真の美しさを理解し、精神的な完成に達するために欠かせない性的欲求の基礎を形成するので必要である。

解説 第4パラグラフの2～3文目を参照。「プラトンにとって情熱的な愛と官能的な欲望の融合であるエロスが美を思索させ、物理的世界の根底にある精神の完全性に近づかせ、……永遠の光を垣間見させる」とあるので3が正解。1の前半部分については、第4パラグラフの5文目前半に言及されているが、プラトンが男性同性愛がより好ましいと考えていたかどうかについては言及されていない（無言及パターン）。2については本文の friendly tussle（友好的な争い）が relentless battle（絶え間ない闘い）に置き換わっているすり替えパターン。4については、真の美しさへの理解と精神的な完成に達するために性的欲求が必要とは述べられていない（無言及パターン）。

カリスマ講師の目 言い換え型に注目！

正解選択肢では語句が言い換えられている。選択肢3の appreciate the spiritual righteousness of all creations は少々難易度は高めだが、本文第4パラグラフの2文目後半にある approach the spiritual perfection underlying the physical universe の言い換えである。「物理的世界にあるもの（≒つまりすべての創造物）の根底にある精神の完全性（≒神の法に基づく正しさ）に近づく（≒を理解する）」ということである。

Column

長文読解攻略のための質問箱

Q

1 級レベルの語彙がなかなか覚えられず、語彙力不足を感じています。長文問題をスムーズに解くにはどれくらいの語彙力が必要でしょうか。

A

一般語彙力というと 10,000 語水準という数字が目安になりますが、1 級の長文読解では、むしろ近代史、人類学、政治、経済、法制度、科学、心理学などをはじめとする**教養（cultural literacy）**と**分野別語彙（academic vocabulary）**がものを言います。また、テクノロジーやビジネスに関しては、割と最近のことが出題される傾向にあるので、そういった分野の素養をテクニカルタームの知識とともに身につけておく必要があります。

かといって、一般語彙が少なすぎても内容が理解できず、特に選択肢の語彙がわからなくて意味を取り違えると、大変なことになりかねません。一般語彙は、6,000 ～ 7,000 語水準だと 1 級の大問 1 の正答率が 6 割、9,000 語水準だと 7 割以上、10,000 語水準だと 8 割以上の正答率となります。長文対策としては、最低「8,000 語水準の語彙力（準 1 級が 6,000 ～ 7,000 語レベル）」をマスターするようにしましょう。

Chapter 3

模擬試験……模試3セットに挑戦！

訳

メキシカンテトラ

メキシカンテトラは、洞窟の地中深くで暮らす小型の魚である。メキシカンテトラには、川や小川に生息する「ノーマル型」と、洞窟に生息する「ブラインド型」の２種類がいる。ダーウィンは『種の起源』の中で、盲目の洞窟魚についてこう書いている。「動物が無数の世代を経て最も深い場所に到達する頃には、廃用によって目は完全に失われ、自然淘汰によって(1)触角や口蓋(こうがい)の長さが長くなるなど、ほかの変化もしばしば影響を受けるだろう……」と。ダーウィンは、このように視覚を失った動物は、**ほかの機能でその損失を補う**だろうと推測した。そして、これが盲目の洞窟魚に起こったことである。この魚は、水の中の小さな振動や水圧の変化を感知し、その情報をもとに移動することができる。

盲目魚は、(2)飽くなき食欲を誘発する遺伝子を持っていることも判明した。進化の観点から見ると、この魚は洞窟の中で生活しており、(2)食料不足の時期に耐えなければならないことが多い。餌が豊富にあるときは、**たらふく食べて、食べ物を蓄える**ことができるということだ。藻類や、死んで腐った動植物など、見境なく何でも食べる。食料が豊富にある人間社会では、同じように旺盛な食欲があれば血糖値が高くなり、糖尿病を発症することもある。ところが、魚は血糖値が高くても糖尿病にならない。このメカニズムが解明されれば、糖尿病の新しい治療法につながるかもしれない。

このたび、英国ロンドン大学の発生生物学研究者である山本義之教授らは、メキシカンテトラの驚くべき特徴をもう一つ発見した。表層付近に生息するこの魚は、人間とは異なり、けがをしても心臓を再生することができるのだ。「表層魚」は傷ついた心臓を再生できるが、洞窟魚は再生できないことが判明している。別の地域の洞窟魚には再生能力を保持している種もいることから、洞窟間の生態的・地質的な違いが、再生能力の進化的喪失に影響している可能性がある。山本教授らは、表層の魚と洞窟の魚を交配し、その中間型がどうなるかを調べた。その結果、雑種魚は異なる再生レベルを示し、(3)心臓組織を再生する能力は遺伝することがわかった。「もし洞窟魚と(3)人間の間で遺伝的メカニズムが同じであれば、心臓に傷を負った患者を助けるために、**もう一度スイッチを入れることが**できるかもしれない」と山本教授は言う。

Words & Phrases

□ *The Origin of Species*	『種の起源』 （チャールズ・ダーウィンにより 1859 年 11 月 24 日に出版された進化論についての著作）
□ a myriad of generations	**何世代にもわたって**（myriad は「無数」の意）
□ the deepest recesses	**最深部** （recess は「奥まった場所」の意）
□ disuse	**廃用、不使用**
□ obliterate ~	**～を跡形もなく消す**
□ natural selection	**自然淘汰**
□ antennae	**触角** （単数形は antenna）
□ palpi	**口肢（口の部分）** （単数形は palpus）
□ fluctuation	**変動**
□ induce an insatiable appetite	**飽くなき食欲を誘発する**
□ food scarcity	**食料不足**
□ indiscriminately	**見境なく**
□ algae	**藻** （単数形は alga）
□ rotten	**腐った**
□ abundant food supply	**豊富な食糧供給**
□ blood sugar level	**血糖値**
□ diabetes	**糖尿病**
□ voracious appetite	**旺盛な食欲**
□ cross-breed ~	**（動植物）を交配させる** （過去形・過去分詞形は cross-bred）

(1) 正解 **4**

訳 **1** 視覚器官を完全に取り除くことができる
2 住み分けをする
3 動き回るのにプレッシャーを感じる
4 ほかの機能で欠損を補う

解説 この部分は第1パラグラフ3文目の『種の起源』で述べたダーウィンの ...natural selection often affecting other changes, such as increased length of antennae or palpi... の要約なので、身体のほかの部分で不足分を補うとする4が正解。1はこの部分の内容に反するので不正解。2は言及がなく、3は水圧を感じるのであってプレッシャーを感じるのではないので不正解。

カリスマ講師の目 サマリー型に注目！
空所に入るのは本文のどの箇所の要約になっているのかを見極めることが重要。「何となく読み」から脱却し、正確に読み取る練習をしよう。

(2) 正解 **3**

訳 **1** 極度の飢餓感を軽減する
2 旺盛な食欲を抑える
3 たらふく食べて、食べ物を蓄える
4 食料難を乗り切るために工夫する

解説 第2パラグラフ1文目の the blind fish also carry a gene that induces an insatiable appetite から、洞窟魚には飽くなき食欲があり、2文目の since the fish live in caves, they often have to endure the time of food scarcity で食料事情が悪い中、餌があるときに貪欲に食べると判断できるので3が正解。1は飢餓感を軽減するという生ぬるいものではなく、2は食欲抑制と逆の意味なので不正解。4はメキシカンテトラが何か工夫をしているのではなく、単に「食いだめ」をするだけなので不正解。選択肢の forgo ~ (～を差し控える)、gorge (がつがつ食べる)、contrive to *do* (～しようと企てる) は重要表現。

カリスマ講師の目 サマリー型に注目！
複数の記述の内容をまとめて判断すべし。

(3) 正解 **4**

訳 **1** 洞窟魚の遺伝子を使う
2 自分の遺伝子を残す
3 臓器や組織を別の形に変える
4 再びスイッチを入れる

解説 第3パラグラフ6文目の the ability to regenerate heart tissue is heritable から、雑種魚にも心臓の組織を再生できる能力は遺伝することがわかる。続く7文目の「人間の遺伝子メカニズムが同じなら」という記述から判断し、「心臓を再生する」という意味の4が正解。1は第3パラグラフ3～4文目の内容から、ほとんどの洞窟魚は傷ついた心臓を再生しないことがわかるので不正解。2、3には言及がないため不正解。選択肢の bequeath ~（～を後世に伝える）は重要表現。

カリスマ講師の目 言い換え・サマリー型に注目！

複数の記述の内容をまとめて判断すべし。また、regenerate を switch ~ back のようにパラフレーズ（言い換え）した表現にも注目しよう。

訳

進化する嫉妬心

「比較は非常に愚かな態度である」と、Osho（和尚）として一般に知られているインドの神秘主義者チャンドラ・モハン・ジャイン氏は言った。「なぜなら、人はそれぞれユニークで比類がないからだ。この理解が自分の中に定着すれば、嫉妬はなくなる」。(4) それは真実かもしれないが、実際には、このことを理解する人はごくわずかで、嫉妬は、性格や社会的関係の形成者として、**ずっと残っている**。心理カウンセラーの大島信頼氏によれば、嫉妬は鳥を含む動物にもある。幼い鳥は、無力な幼い兄弟を巣から放り出して死に至らしめる。親の関心を共有することはない。それを自分たちのものにしてしまい、私たちの多くがそうであるように、道徳的デリカシーによって抑えることはない。おそらく、親は寛容なのだろう。そうでなければ、進化がその習慣を絶ってしまうだろう。

愛は厳しい情熱である。その独占欲は時に問題を引き起こすことがある。私たちは願っているほど、鳥の赤ちゃんと違いがない。愛を共有することは、愛を脅かすことである。そう感じるのは、孤独に対する本能的な恐れだと、大島氏は言う。成功の追求が愛の追求に主に取って代わった今日（こんにち）、嫉妬もそれに合わせて進化してきた。嫉妬は老若男女に共通するものだが、違いもある。男性の嫉妬は、テストステロンに支配され、収入、生産性、贅沢（ぜいたく）など、競争での成功の象徴に喚起される傾向がある。女性は人間関係を重視する。「彼女は私より人気があって、パーティーによく誘われ、上司ともうまくいっている。なぜ彼女は会社のあのパーティーに誘われ、私は誘われなかったのか」。女性はかつてのように男性に依存しなくなったが、**古くからある衝動はなかなか消えない**。(5) この衝動は、女性の古くからある「仲間探し」に根ざしていると大島氏は言う。

私たちは高みを目指すしかない。もっと豊かな人、もっと力のある人、もっとつながりのある人、もっと愛されている人は必ずいる。「人はそれぞれユニークで比類がない」とOshoは言い、だから「いったん理解が定着すれば」(6) 貧しさは富と同じように財産なのだと説く。例えば、(6) 茶道はその理解を深めることができると、茶道家のイシダユリコ氏は言う。嫉妬は最も世知辛い「思い」であり、むしろ「感情」である。茶室にはふさわしくない。1世紀前、作家で美術評論家の岡倉覚三は『茶の本』の中で、次のように武士に勧めた。「刀は軒下の棚に置く、茶室は最も平和な家であるから。そして、低くかがんで、高さ3フィートにも満たない小さな扉から部屋の中にすべり込む。これは、身分に関係なく、式に参加するすべての人に**義務付けられた**ものである。(6) この強制的な習慣は、謙遜を促すためのものであったようだ」

Words & Phrases

□ fling A out of the nest to *one*'s death	**Aを巣から放り出して殺してしまう**
□ stamp out ~	**~を根絶する**
□ testosterone-driven	**テストステロンに左右された** （「テストステロン」とは代表的な男性ホルモンの一つで、筋肉質な体型やがっしりした骨格など、いわゆる「男性らしさ」を構成するために重要な性ホルモン）
□ the worldliest of "thoughts"	**最も世知辛い「思い」** （worldlyは「世俗の」の意）
□ beneath the eaves	**軒下に**
□ preeminently	**ずば抜けて**
□ encourage humility	**謙虚さを促す**

(4) 正解 **3**

訳 **1** 進化的に見ると有害な
2 人格を悪化させることがよくある
3 ずっと残っているようだ
4 年上の動物にのみ見られる

解説 第1パラグラフ2文目に「この理解が自分の中に定着すれば、嫉妬はなくなる」とあるが、3文目では「このことを理解する人はごくわずか」だと書かれている。よって、嫉妬はずっと存在すると解釈できるので3が正解。1、2、4は本文に言及されていないので不正解。

カリスマ講師の目 **1級レベル表現を使った選択肢型に注目！**

本文の内容が理解できても選択肢にある seems to be here to stay のような1級レベルの表現を知らないと解答できない。一見簡単なようで実は難しい表現もマスターしよう。

(5) 正解 **1**

訳 **1** 古くからの衝動はなかなか消えない
2 進化によって配偶者探しの方法が変わった
3 彼女たちは今、男性と同じものを求めている
4 相手から自立している

解説 第2パラグラフ9文目の「女性はかつてのように男性に依存しなくなった」のあとに but があるので、空所部分はその逆の意味であることがわかる。まず4は、逆の意味ではないので不正解。10文目の This one...is rooted in the ancient female "search for a mate." に注目。この this one が空所部分に相応する。それは古くからある女性の「仲間探し」という衝動に根ざしていると書かれているので、その内容に合う1が正解。3は男性と同じものを求めているわけではないので不正解。2も本文中に言及がないので不正解。

カリスマ講師の目 **言い換え・サマリー型に注目！**

複数の記述の内容はまとめて判断すべし。ここでは正解の選択肢が、本文だと複数文で述べられている。さらに ancient → age-old のようにパラフレーズされた表現にも注意。

(6) 正解 **4**

訳 **1** 負担が大きかった
2 密接に関係していた
3 頼りにしていた
4 義務付けられた

解説 第 3 パラグラフ 3 文目に「いったん理解が定着すれば、貧しさは富と同じように財産」と書かれており、4 文目には「茶道はその理解を深めることができる」とある。つまり茶道では人の身分に高低差がないという解釈だ。さらに、空所直後に The mandatory custom（強制的な習慣）という記述があるので、4 が正解。1、3 については言及がなく、2 はゲストとの関係性がないのでそれぞれ不正解。

カリスマ講師の目 **1 級レベル表現を使った選択肢型に注目！**

(4) と同じように、incumbent on ～（～に義務付けられた）のような 1 級レベルの表現をマスターすることが大切。

解答・解説

模試 1

大問 3　3 設問形式

トピック

科学

標準　やや難　難

解答時間 12 分

問題　別冊　p. 080

訳

バイオミメティクスの応用

古代ギリシャ、発明家のダイダロスは、自然からインスピレーションを受けていた。神話によると彼は、息子と一緒にミノス王の迷宮に幽閉されていた。彼は、(7) 空高く飛ぶ鳥の姿を見てインスピレーションを受け、羽毛をろうで固めて人工の翼を作り、迷宮から自由へと飛び立ったのである。また、1950 年代には、スイス人技師ジョルジュ・ドゥ・メストラルが、(7) 飼い犬の毛にひっつきむしが付着していることに気づき、マジックテープを発明している。このような話は、急速に発展している、ある分野の初期の例である。つまり、バイオミメティクスのことであり、それは自然淘汰から進化した工学やデザインの解決策を研究する学問だ。人間の創意工夫には目を見張るものがあり、その発見や発明の中には息をのむほど素晴らしいものもあるが、自然界にある解決策の模倣は、たいていの場合、お粗末なものにとどまっている。それも当然のことで、自然淘汰は、生きていくための方法を磨くのに人間よりも何百万年もの長い時間をかけてきたからだ。

しかし、進化によって自然界で最適化されたものを実験室で再現する科学者が増えてきている。例えば、ペンシルヴェニア州立大学の科学者たちは、「飛行機の翼をモーフィングする」計画を発表した。これは、(8) 飛行速度や飛行時間に応じて形を変える翼のことである。ペンシルヴェニア州立大学航空宇宙工学科の教授でプロジェクトリーダーのジョージ・レシュートル氏は、カリフォルニア州パームスプリングスで開催された「構造、構造力学および材料会議」で、高速で効率的に飛行するには、小さな後退翼が必要だと述べた。一方、ゆっくり飛ぶには、細長い翼が必要だ。そこで彼のチームは、異なる飛行速度に対応するために、翼の面積と断面形状の両方を変えることができるモーフィング翼を設計した。また、工学的な「混喩（こんゆ）」として、(8) 翼は魚のうろこに似た、分割された外板で覆われている。翼の下部の構造が激変するため、それに伴って外板も変化する必要があるのだ。レシュートル氏は、この分割された外板のアイデアに大きな可能性を感じている。外板は重なり合う板で構成されており、空港の荷物引き取りターンテーブルのコンベヤーに似ている。

数年前、研究者は (9) ヤモリが重力に逆らって天井に張り付く方法を発見し、クモも基本的に同じ方法でそれを行っている。クモの足は小さな毛で覆われており、その毛の一本一本がさらに多くの毛で覆われている。この小さな毛は「集合毛」と呼ばれ、クモがくっつくのはこの集合毛があるからだ。ドイツとスイスの科学者たちは、原子間力顕微鏡という技術を使って、小さな毛とクモがくっつく表面との間の電気的な力を測定した。(9) 単独では弱いものの、何千本もの小さな毛の力が組み合わさることで、クモは信じられないほどの粘着力を発揮する。ドイツの技術動物学・バイオニクス研究所のアンドリュー・マーティンは、「60 万本の毛先がすべて下地と接触したとき、クモは自重の 170 倍の接着力を発揮することがわかった」と語っている。この引力は、ファンデルワールス力として知られ、周囲の環境による影響を受けない、距離に依存した (9) 分子間の相互作用だ。この特徴を利用すれば、ぬれた面や油のついた面に張り付く素材を開発することができるだろう。ドイツの研究グループの責任者であるアントニア・ケセルは、次のようにと述べている。「宇宙飛行士が宇宙船の壁にくっつくのを助ける宇宙服を使うことも想像できる。まるでクモのように。この基礎研究が、新しい革新的技術への道を開くことを今から期待している」

Words & Phrases

□ **biomimetics/biomimetic**	**バイオミメティクス**（生物の構造や機能、生産プロセスを観察、分析し、そこから着想を得て新しい技術の開発や物づくりに生かす科学技術。biomimetic は形容詞形）
□ **Daedalus**	**ダイダロス**（ギリシャ神話の名工。ここでは、自ら造ったクレタ島の迷宮に閉じ込められたときのことが語られている）
□ **languish in**	**～に幽閉される**
□ **labyrinth**	**迷宮**
□ **mundane**	**現世の、ありふれた**
□ **Velcro**	**マジックテープの一種**（「面ファスナー」ともいう）
□ **hook**	**かぎ状の突起**
□ **burr**	**植物のいが、とげ**（クリやゴボウ (burdock) などの種や果実の外皮、またはいがや、とげを持つ植物。いわゆる「ひっつきむし」と呼ばれる植物の種子）
□ **clung to his dog's fur**	**彼の犬の毛にくっついた**（clung は cling の過去分詞形）
□ **a rapidly emerging field**	**急速に台頭している分野**
□ **ingenuity**	**創意工夫、発明する能力**
□ **breathtaking**	**息をのむような、目を見張るような**
□ **hone ways to live**	**生きていくための方法を磨く**
□ **optimized in nature**	**自然の中で最適化された**
□ **morph ~**	**～の形を変える**
□ **swept wing**	**後退翼**（中心付近に比べて翼端が後ろにずれている翼のこと。抗力を小さくするため、高速で飛ぶ飛行機につけられる）
□ **cross-section shape**	**横断面形**
□ **accommodate ~**	**～に適応させる**
□ **a mixed metaphor**	**混喩**（同一表現内で互いに不調和な複数の隠喩を用いること）
□ **segmented outer skin**	**分割された外板**
□ **the scales of a fish**	**魚のうろこ**
□ **underlying structure**	**下部の構造**
□ **radical change**	**急激な変化**
□ **overlaying skin**	**表面を覆う外板**
□ **overlapping plates**	**重なり合う板**
□ **baggage carousel**	**（空港内の）荷物引き取りターンテーブル**
□ **gecko**	**ヤモリ**
□ **defy gravity**	**重力に逆らう**
□ **setule**	**集合毛**（setule(s) は代替スペルで、正式には単数形 setula、複数形 setulae とつづる）
□ **exert ~**	**（力・能力など）を使う**
□ **an adhesive force**	**粘着力**

□ a distance-dependent interaction	距離に依存した相互作用
□ molecule	分子
□ greasy surfaces	油のついた面

(7) 正解 **3**

訳 第1パラグラフによると、バイオミメティクスについて何が言えるか。

1 人間は長い間、鳥の翼のような動物の機能を利用することで、人間の驚くべき工夫のための自然淘汰の方法論を考案しようとしてきた。

2 人間の創意工夫は注目に値するので、1950年代のマジックテープなど、自然の解決策と同じくらい驚異的な工夫を発明してきた。

3 人間は古来より、自然界の生物学的プロセスを模倣することで、苦境を乗り切ろうとしたり、機知を発揮してきた。

4 人間の優れた創意工夫にもかかわらず、時間がかかるため、自然な解決策で生活環境を改善することはできない。

解説 第1パラグラフの2～4文目を参照。「空高く飛ぶ鳥の姿を見てインスピレーションを受け、羽毛をろうで固めて人工の翼を作り、迷宮から自由へと飛び立った」のは苦境を脱するため。「飼い犬の毛にひっつきむしが付着していることに気づき、マジックテープを発明」したのは才覚の発揮である。これらを言い換えた3が正解。1の「自然淘汰の方法論を考案しようとしてきた」は述べられていない（無言及パターン）。2の「自然の解決策と同じくらい驚異的な工夫」は、本文中の「自然界にある解決策の模倣はたいていの場合、お粗末なものにとどまっている」の内容と逆の意味になっている（すり替えパターン）。4の「時間がかかるため、自然な解決策で生活環境を改善することはできない」は本文の内容に反する（無言及パターン）。選択肢の noteworthy（注目に値する）、stupendous（驚異的な）、contrivance（工夫）、weather ~（～を乗り切る）、predicament（苦境）、emulate ~（～を模倣してしのごうとする）、ameliorate ~（～を改善する）は重要表現。

カリスマ講師の目 **サマリー・言い換え型に注目！**

本文で具体的に述べられている事柄を一般化・概念化して言い換え、さらに内容が要約されていることに注意しよう。

(8) 正解 **1**

訳 ジョージ・レシュートル氏のチームが学会で発表したのは

1 彼らは飛行時間や飛行速度の幅を広げるために、魚のうろこに似た、分割された外層で覆われたモーフィング翼を設計した。

2 高速で効率よく飛ぶためには、小さな後退翼を翼面積や断面形状に変化させる必要があるが、ゆっくり飛ぶためには、細長い翼を変化させることが必要である。

3 彼らはさまざまな飛行速度や飛行時間を調整するために、魚とほぼ同じ大きさで進化的に最適化された「モーフィング飛行機の翼」を設計した。

4 モーフィング航空機の翼の構造は、速度の急激な変化に強い、空港の荷物引き取りターンテーブルのコンベヤーにうまく応用できる可能性がある。

解説 第2パラグラフの2文目のダッシュ以降を参照。科学者たちが「飛行速度や飛行時間に応じて形を変える翼」の設計を発表し、さらに6文目に「翼は魚のうろこに似た、分割された外板で覆われている」との説明があるので1が正解。2の小さな後退翼や細長い翼は、「面積や断面形状に変化させる必要がある」のではないので主語が不適切（すり替えパターン）。3は「魚とほぼ同じ大きさで進化的に最適化された」とあるが、scaleは「大きさ」ではなく「魚のうろこ」のことなので不正解（多義語に注意パターン）。4は「空港の荷物用引き取りターンテーブルのコンベヤーに応用できる可能性がある」と発表されたわけではなく、速度の変化に強いというのも無関係（すり替えパターン）。選択肢のpromisingly（前途有望で、順調に）は重要表現。

カリスマ講師の目 **サマリー型に注目！**

本文中の解答部分がパラグラフ内の何カ所かに分かれている場合、それらを要約して読み取る必要がある。本問では、「形を変える翼」と、それを具体的に説明している部分「翼は魚のうろこに似た……で覆われている」の両方を確認しなければならない。

(9) 正解 **4**

訳 ファンデルワールス力について正しいのはどれか。

1 クモやヤモリを利用したファンデルワールス力は、最先端技術の発展への道を開くことが期待される。

2 クモの毛の分子はすべて天井にくっつくほどの粘着力があることを、研究者たちは原子間力顕微鏡の技術で発見した。

3 周囲の環境に影響されないため、ぬれたものや油のついたものを、クモの重さの170 倍の粘着力に発展させることができる。

4 力そのものは微々たるものだが、無数の微細な毛が分子間の相互作用で大きな力を発生させ、ヤモリは天井にしがみつくことができる。

解説 第3パラグラフの1文目の「ヤモリが重力に逆らって天井に張り付く方法を発見し、クモも基本的に同じ方法でそれを行っている」より、ヤモリとクモには同じメカニズムがあるとわかる。5文目には「単独では弱いものの、何千本もの小さな毛の力が組み合わさることで、クモは信じられないほどの粘着力を発揮する」とあり、さらに7文目に「分子間の相互作用」との記述がある。これらの内容をカバーしている4が正解。1は「クモやヤモリを利用したファンデルワールス力」とあるが、ファンデルワールス力はクモなどのメカニズムをまねたものであって、実際に利用したものではないので不正解（すり替えパターン）。2の「クモの毛の分子はすべて天井にくっつくほどの粘着力がある」は、本文の内容に反する（無言及パターン）。3は「ぬれたものや油のついたものに粘着力を持たせる」わけではなく、ぬれたり油のついた面に張り付くための接着力なので、主語が入れ替わっている（すり替えパターン）。

カリスマ講師の目 サマリー型に注目！

(8) と同じく、本文中の解答部分がパラグラフ内に何カ所かに分かれているので、それらを要約して読み取る必要がある。本問の場合、3カ所にわたる情報を要約する必要があることに注意。

訳

A・Q・カーン

パキスタンの核兵器プログラムの「父」とも呼ばれるアブドゥル・カディール・カーンが、2021年10月10日に85歳で亡くなった。彼は、パキスタンを巨大な隣国から守り、国際舞台で堂々と自由に振る舞えるようにするための戦いで貴重な貢献をした象徴であり、その盛んな努力によって、彼は母国では国民的英雄となった。しかし、多くの人々にとって、カーン氏は核兵器の拡散を可能にした紛れもない犯罪者である。**(10)** インドの新たな核戦力が、パキスタンとの競争で圧倒的な優位に立つことを恐れたカーンは、自国の政府にも同じ影響力（核戦力）を確保しようと努めた。彼はのちに、インドが分離主義者を支援して国を二分し、東パキスタンがバングラデシュになったことを思い出し、「*注1971年に起こったことを二度と繰り返してはならないと思った」と語っている。彼は、パキスタンが自国の核爆弾を作るためにウランを濃縮できるように、オランダの雇用主から核遠心分離機の設計図を盗んだ。数年後、彼は1974年の（インドの核）実験のあと、「パキスタンの安全が脅かされていると感じた」と説明した。

1975年、カーン氏はパキスタンに戻り、同国初の核施設「A・Q・カーン研究所」を開設した。その所長兼主任研究員として、パキスタンの核兵器開発計画を指揮したとされ、その努力はインドが核実験を行った直後の **(11)** 1998年に最初の核実験に結実した。パキスタンのイムラン・カーン現首相は「祖国を核兵器国にした貢献により、国民から愛された」とつぶやく。カーン首相はさらに、「核兵器を持つ攻撃的な隣国」に対する安全保障を提供したことで、この科学者は「国家の象徴」となった、と続けた。**(11)** もしカーン氏が、自国が核のしきい値を超えたことだけに責任があるとしたら、彼の国際的な評価は大きく変わっただろう。しかし、その代わりに彼は、北朝鮮、イラン、リビアに技術を提供する核密輸・拡散ネットワークを構築し、世界で最も危険な政府のいくつかが、核武装の夢を追い求めることを可能にした。西側諸国は、カーン氏がイランの核能力の向上と北朝鮮の核開発計画の推進に貢献し、濃縮技術を北朝鮮の弾道ミサイルと交換したと考えている。

このため、パキスタン政府を支援する米国は、ペルヴェーズ・ムシャラフ大統領（当時）にカーン氏の解任を迫り、2001年にそうなったが、同氏はその後も政府の科学顧問の役割を担っていた。3年後、**(12)** カーン氏はパキスタンの国営テレビで、国際的な核拡散プログラムを運営していたことを告白したが、自分一人でやったと主張した。彼はムシャラフ大統領から恩赦（おんしゃ）を受けたが、自宅軟禁となり、以後はずっとこの場所で過ごした。しかし、この話の一部には異論もある。パキスタンの科学者の中には、カーン氏はより大きな計画の単なる歯車であり、彼が卓越していたのは技術的なスキルよりもむしろその広報能力の方だと主張する人もいる。カーン氏自身は、2004年の告白の一部を撤回し、核密輸への関与を否定し、彼の行動はすべて政府の公式認可を得たものだと語った。彼は個人的な動機で行動する悪人ではなかったという。A・Q・カーン氏の遺産は常に二元的なものであろう。つまり、パキスタン人にとっては国民的英雄、ほかの多くの人々にとっては国際的な密輸業者なのだ。どちらの説が有力であろうと、彼の人生は、個人が歴史を書く力を持つことを思い起こさせるものである。

＊注：「1971年に起こったこと」とは1971年12月にインドとパキスタンの間で行われた第三次印パ戦争を指す。東パキスタン独立運動（バングラデシュ独立戦争）に介入したインドと、パキスタン両軍が衝突したが、国力に勝るインドが勝利し、東パキスタンはバングラデシュとして独立した。

Words & Phrases

□ Abdul Qadeer Khan	アブドゥル・カディール・カーン（1936～2021年。パキスタンの「核開発の父」と呼ばれる。イラン・リビア・北朝鮮などに核兵器の製造技術を密売し、核拡散を進めた）
□ make invaluable contributions	貴重な貢献をする
□ its neighboring titan	隣の大国
□ an insurmountable advantage	圧倒的な優位
□ separatist	分離主義者
□ nuclear centrifuge	核遠心分離機
□ enrich uranium	ウランを濃縮する
□ be jeopardized	脅かされた
□ be reputed to ~	一般に～と言われる
□ culminate in ~	結果的に～になる
□ tweet	つぶやく、ツイートする
□ a national icon	国家の象徴
□ beyond the nuclear threshold	核のしきい値を超えて（「しきい値」とは、物理学などで、現象や反応を起こすために加える最低限の量のこと）
□ a nuclear smuggling and proliferation network	核密輸と核拡散のネットワーク
□ be instrumental in ~	～に貢献した
□ enrichment technology	濃縮技術
□ the North's ballistic missiles	北朝鮮の弾道ミサイル
□ Islamabad	イスラマバード（パキスタンの首都で、ここでは「パキスタン政府」を指す）
□ then President Pervez Musharraf	当時のペルヴェーズ・ムシャラフ大統領（在任2001～2008年）
□ pardon ~	～を恩赦する
□ be put under house arrest	自宅軟禁される
□ contest ~	～に異議を唱える、反対する
□ a mere cog in a larger program	大きな計画における単なる歯車にすぎないこと
□ recant ~	～を撤回する
□ have official government sanction	政府の公認を得る
□ rogue actor	悪人
□ binary	二元的な
□ prevail	有力になる
□ a reminder of ~	～を思い出させるもの

(10) 

正解 **4**

訳 A・Q・カーンが核兵器開発に取り組んだきっかけは何か。

1 彼は、ヨーロッパの組織から核遠心分離機の設計図を流用して核兵器を作り、隣国に報復をするつもりだった。

2 彼は祖国に多大な貢献をし、インドの核戦力に勝ることで、国際舞台の中心に立つことを志していた。

3 彼は核兵器製造のための濃縮ウランを作り、分離主義者を動かして大きな隣国を小国家に分割させようと必死だった。

4 彼は母国からの分離独立の再発を回避し、隣国との競争において、自国政府がより大きな政治的影響力を持つ手助けをしたいと望んだ。

解説 第1パラグラフの4文目に「カーンはインドの核がパキスタンとの競争で圧倒的な優位に立つことを恐れて、自国にも同じ核戦力の確保を目指した」とあり、具体的には、5～6文目で「インドが（パキスタン国内の）独立分離主義者を支援して国を二分し、東パキスタンがバングラデシュになった1971年を二度と繰り返さない」ことを願って、自国の核開発へ乗り出した経緯が書かれている。よって「母国の分離独立が再び起こらないこと」と「隣国（インド）との競争で母国が優位に立つこと」を望んだとする4が正解（サマリー型）。1はto take revenge on a neighboring country（隣国に報復をするため）とは書かれていないため不正解。2の「国際舞台の中心に立つことを志していた」や3の「大きな隣国を小国家に分割させようと必死だった」も言及されていない。選択肢のBalkanizeとは「（領土）を小国家に分裂させる」こと。

サマリー型はパラグラフリーディングが大切！

1級では正解は複数のセンテンスにわたって述べられていることが多い。パラグラフリーディングをして大意をつかんでおくと、サマリー型の正解を探しやすい。

(11) **正解** **2**

訳 次の意見のうち、この文章の筆者は、次のどれに最も同意するだろうか。

1 カーンはパキスタンの核開発計画に「重要な貢献をした」と首相は述べたが、その貢献度は一般に考えられているよりも低いという証拠がある。

2 カーンが自国の利益のみを考えて核兵器開発に専念していたならば、パキスタンでの生活はより楽なものになった可能性が高い。

3 もしカーンが濃縮技術を北朝鮮の弾道ミサイルと交換しなければ、国際的にもっと称賛されただろう。

4 インドが核実験を行わなければ、世界で最も危険な国家が核保有国になる野望を達成するのを、カーンが支援することはなかっただろう。

解説 第2パラグラフ2～3文目と5文目を参照。2～3文目では、カーンの自国での初の核実験成功の功績を称えて国の象徴と首相に言われ、5文目では Were Khan responsible only for his country's progress beyond the nuclear threshold, his international reputation would be much different.（もしカーン氏が、自国の核のしきい値を超えたことだけに責任があるとしたら、彼の国際的な評価は大きく変わっただろう）と、その後に実際は核密輸に手を染めていく経緯が描かれる。これらを総合し、正解は仮定法で書かれた2の「カーンが自国の利益のみを考えて核兵器開発に専念していたならば、パキスタンでの生活はより楽なものになった可能性が高い」。実際には、核の密輸や拡散に手を貸していたので、国内でも楽な生活を送ったわけではない、となる（裏返し型）。第3パラグラフ3文目の、自宅軟禁で過ごした晩年の記述も手掛かりとなる。1は proof がないので不正解。3は、第2パラグラフ最終文に「カーンが北朝鮮の核開発計画推進に貢献し、濃縮技術を北の弾道ミサイルと交換したと欧米諸国は考えている」とあるが、これはあくまでも欧米の意見であり、筆者の意見を問う本問の答えにはならない（意見の発信者すり替えパターン）。また、国内では首相から高い評価を受けているが、internationally acclaimed（国際的に評価された）とは言いがたいため不正解（語彙のすり替えパターン）。4は本文には言及がなく不正解。

カリスマ講師の目 仮定法による裏返し型に要注意！

仮定法の設問や本文は、１級ではよく出題される難問だ。文の裏にある真意をつかむことが重要。誤答選択肢の「時制すりかえ」や「発信者すりかえ」など、さまざまなすり替えパターンに惑わされないようにトレーニングをしよう。

(12) 正解 **1**

訳 カーンの生涯に関する次の記述のうち、正しいものはどれか。

1 カーンが単独で核拡散プログラムを実行できたのか、彼の科学的能力が誇張されているのではないかという疑問がある。

2 カーンはパキスタンを犠牲にして自分の利益を追求した悪党だと、一般に解釈されている。

3 カーンがその比類なき原子力技術力と広報力を駆使することで、自国に大きく貢献したかどうかは議論のあるところである。

4 カーンはある側面ではならず者国家の象徴として、また別の側面では、国際的な密輸業者として見なされるだろう。

解説 第3パラグラフ2文目と4～5文目を参照。これらを要約すると、「カーンは国際的な核拡散計画を自分一人で実行していたことを告白したが、これには異論もあり、彼はより大きな計画の単なる歯車にすぎず、技術的スキルよりもむしろ広報能力が卓越していたと述べる科学者もいる」となる。そうした内容をまとめた、1の「カーンが単独で核拡散プログラムを実行できたのか、彼の科学的能力が誇張されているのではないかという疑問がある」が正解（サマリー型）。3はsome Pakistani scientistsの主張であってa contentious issue（議論を起こす問題）かどうかは言及されておらず、「技術力より広報力」とあるので不正解。2と4は、最後から2文目にnational hero for Pakistanis and international smuggler for many others（パキスタン人にとっては国家的英雄であり、その他の多くにとっては国際的な密輸業者）とあるので、2の「パキスタンを犠牲にし、自らの利益を追求したならず者」と、4の「ならず者国家の象徴」はどちらも合わない。

カリスマ講師の目　**サマリー型に注目！**

サマリー型は長文読解問題の頻出パターンである。速読により流れに乗って読み進め、しっかり要旨を取るようにしよう。

訳

「ゲーム理論」

ゲーム理論が注目されるようになったのは、1944 年に数学者のジョン・フォン・ノイマンと経済学者のオスカー・モルゲンシュテルンが発表した『ゲームの理論と経済行動』という画期的な書物からである。この理論は、個人や企業、政府などを、ゲームのプレーヤーとして捉え、社会的、経済的、経営的な諸問題にどのように対処することができるかを、数学的な原理を用いて分析するものである。(13) ゲーム理論が扱うのは「ゼロサムゲーム」と呼ばれる状況、つまり、一方のプレーヤーが得をすれば、相手はその分、損をするという状況で、(13) かつては主に経済学の分野に限定されていた。しかし、21 世紀の現在では、ゲーム理論は行動関係に広く適用され、人間や動物、コンピュータの論理的意思決定の科学という意味で使われている。 この理論では、現実の複雑な問題をチェスやボードゲームに見立てて、プレーヤーの戦略を分析する。

(13) ゲーム理論は、哲学や倫理学といった人文科学や、政治学、社会学、経営学などの社会科学や、人間の行動や生物の進化を解明する生物学などの自然科学の基礎理論として飛躍的な発展を遂げてきた。経済学では、ゲーム理論に立脚して初めてその構造が明らかになった分野も多い。実際に、各種規制の発効や都市計画における公共事業の入札理論、物流やサプライチェーンの分析に応用されている。(13) ノイマンのゲーム理論の最大の特徴は、複数の意思決定者が互いに影響を及ぼし合う関係にある場合の意思決定を理解するのに有効なことである。この方法は、企業が価格を決めるときから、国が核兵器の使用方針を決めるときまで、あらゆるものの構造をモデル化するのに有効である。

ゲーム理論は、次のような囚人のジレンマに端的に表れている。同じ事件の容疑者である 2 人の犯罪者「A」と「B」が別々の容疑で逮捕され、別々の部屋に隔離された。検察官は、2 人が一緒に犯したより重大な強盗事件で有罪にする証拠がないため、一人あるいは両方に圧力をかけて自白させようとする。(14) まず、検察官は A に対し、自分の罪を告白して B に不利な証言をするよう求める。A がそれに応じ、B が黙秘すれば、A は釈放、B は懲役 5 年の刑を受けることになる。また、A が協力せず、B が自白し、A に不利な証言をすることに同意した場合、B は釈放され、A は 5 年の刑を受けることになると A に警告する。その後、B に対しても全く同じ提案がされる。A と B は、お互いに忠誠を誓って黙秘すれば、逮捕された当初の罪名でそれぞれ 1 年の刑期で済むことも知っている。また、検察官は、もし 2 人がお互いを裏切って自白することを選べば、それぞれ 3 年の刑に処されることを説明する。

沈黙と自白、2 人が選ぶべき戦略はどちらがよいか？ (15) ゲーム理論の専門家によれば、相手が自白しようが黙秘しようが、合理的な選択は自白することだそうだ。2 人とも黙秘を選択した場合、それぞれ 1 年、合わせて 2 年の刑期が与えられることになる。だが、相手が自白した場合、黙秘した方は懲役 5 年となるため、強い阻害要因がある。つまり、(15) 協力した方が有利な結果を得られるにもかかわらず、ゲームのインセンティブによって互いに裏切る方向に進み、2 人合わせて 6 年の刑期が与えられるという根本的なジレンマがあるのだ。

　このような状況下でのプレーヤーの選択から、「フォン・ノイマン＝モルゲンシュテルン効用」という概念が生まれた。経済学で「効用」とは、あるものから受ける利益の総和を意味し、フォン・ノイマンとモルゲンシュテルンは、さまざまなプレーヤーの効用を数字で表したが、それは、プレーヤーに用意されたさまざまな選択肢の相対的魅力を示すものであるからだ。フォン・ノイマンとモルゲンシュテルンは、最も効用の高い選択肢がプレーヤーの好む選択肢になると推論した。しかし、**(16)** 各プレーヤーの利得は、自分の戦略だけでなく、ほかのプレーヤーの戦略にも影響される。これがゲームの本質である。ゲーム理論に基づくと、選挙、株主の行動、患者がリスクの高い医療行為を受けるかどうかなど、実に多様な現象を数理モデルで表現することができ、人々がそのような状況でどのように行動するかを理論的に予測することが可能になるのである。

Words & Phrases

□ *Theory of Games and Economic Behavior*	『ゲームの理論と経済行動』
□ a groundbreaking book	画期的な著書
□ John von Neumann	**ジョン・フォン・ノイマン**（ハンガリー生まれの米数学者）
□ Oscar Morgenstern	**オスカー・モルゲンシュテルン**（ドイツ生まれの米経済学者）
□ mathematical principles	数学的原理
□ zero-sum games	**ゼロサムゲーム**（参加者の得点と失点の総和（sum）がゼロになるゲーム）
□ elucidate human behavior	人間の行動を解明する
□ bidding for public works projects	公共事業の入札
□ logistics	**ロジスティクス**（物資の効率的な総合管理を行うシステム）
□ supply chain analysis	サプライチェーン分析
□ exemplified by ~	～により例証された
□ prisoner's dilemma	囚人のジレンマ
□ prosecutor	検察官
□ convict A for B	A（人）をBで有罪にする
□ testify against ~	～に不利な証言をする
□ remain silent	**黙秘する**（反意語はconfessで「（過ち）を告白する」）
□ disincentive	阻害要因（となるもの）
□ von Neumann-Morgenstern utility	**フォン・ノイマン＝モルゲンシュテルン効用**（実現された結果から、どれだけの満足度が得られるかを表す。期待効用理論の提唱者であるフォン・ノイマンとモルゲンシュテルンにちなんで名づけられた）
□ shareholder behavior	株主の行動
□ undergo risky medical procedures	リスクの高い医療行為を受ける

(13) 正解 **4**

訳 20世紀半ば以降、ゲーム理論の応用はどのように変化したか。

1 生物や非生物の幅広い観察から得られた知見により、多大な影響を受けてきた。

2 ゼロサムゲームを取り入れたことで、従来よりもはるかに有用になってきた。

3 娯楽を目的としたゲームだけでなく、実社会に応用できるゲームも含まれるようになってきた。

4 より多くの要因が結果に影響を与える状況に対応できるように、ゲーム理論の応用域が広がってきた。

解説 第1パラグラフ3文目、第2パラグラフ1文目をまとめると、「ゲーム理論は、かつては経済分野限定だったが、のちに哲学、政治学、社会学、生物学など多分野で広く応用されるようになった」となる。また、第2パラグラフ後半で、ゲーム理論最大の特徴は「複数の意思決定者が互いに影響を及ぼし合う関係にある場合の意思決定（例えば、企業の価格や国の核兵器使用の決定）を理解するのに有効であること」とあり、これらを概念化した4が正解となる。when multiple decision-makers are in a relationship where their actions have an influence on one another（複数の意思決定者が互いに影響を及ぼし合うとき）が、situations in which a far greater number of factors influence the outcome（より多くの要因が結果に影響を与える状況）と巧みに言い換えられている。1は言及なし、2のゼロサムゲームは当初からゲーム理論が扱っていたものなので不適。3の「娯楽を目的としたゲーム」の記述は本文にない。

カリスマ講師の目 複数パラグラフにわたって展開を概観し、ポイントをつかむようにしよう！

紛らわしい誤答があっても、ゲーム理論が自然科学（natural sciences）、社会科学（social sciences）などの多岐にわたる分野へ応用され、複数の意思決定者が影響を及ぼし合う場合の意思決定の理解に有効、というポイントがつかめれば容易に解ける問題だ。

(14) 正解 **3**

訳 囚人のジレンマが示すものは次のうちどれか。

1 一人が「自白」、もう一人が「黙秘」を選択した場合、前者の方が懲役刑が長くなる。

2 両者が自分の利益だけを追求して「自白」を選んだ場合、「自白しない」場合よりも懲役刑が短くなる。

3 それぞれが自分にとって最も魅力的な選択肢を選んだ場合、協力した場合よりも悪い結果になる。

4 2人がお互いの利益のために協力した場合、「自白しない」という選択肢をとることになり、懲役刑が重くなる。

解説 第3パラグラフ2文目以降から、囚人のジレンマとは、「各人が利己的に自分に一番得な選択肢を選んだ結果、協力したときよりも悪い結果を招いてしまうこと」なので、それを表した3が正解。1は実際には、後半の従属節が「より長いではなく、より短い懲役を受ける」ので不正解。2も後半部が「より短いではなく、より長い懲役を受ける」ので不正解。4も、後半部が「より重いではなく、より軽い」ので不正解。

カリスマ講師の目 **大局（ポイント）をつかみつつ、同時に細部もチェックし、誤答を消去せよ！**

ゲーム理論の素養がある場合は、細かく読まなくてもあっという間に解ける問題。素養がない場合は、「観察（全体像をつかむ）」する姿勢で、ポイントつかみながら、「見る（細かくチェックする）」といいだろう。注意深く誤答を消去する必要もある。

(15) **正解 4**

訳 ゲーム理論の専門家が考えているのは

1 最初は沈黙と自白しか選択肢がないように見えるが、実はもっと効果的な戦略がある。
2 犯罪者同士は裏切る可能性が高いが、犯罪者以外をテストした場合は、結果が大きく異なるだろう。
3 囚人同士が相手の計画を知っている場合、裏切られる可能性が高くなる。
4 犯罪者を駆り立てる罰則は、論理的にゲームを進めると、負の結果を生む効果がある。

解説 第4パラグラフの2文目と最終文を参照。2文目の「ゲーム理論の専門家によれば、合理的な選択は自白すること」と、最終文の「協力した方が有利な結果を得られるにもかかわらず、ゲームのインセンティブによって互いに裏切る方向に進み、2人合わせて6年の刑期が与えられるという根本的なジレンマがある」という部分から、正解は4。本文の the game's incentives drive them toward betraying each other は、選択肢では the penalties that motivate them（犯罪者を駆り立てる罰則）に、give rise to six years of combined prison time for the two criminals は、have the effect of producing negative outcomes（負の結果を生む）と言い換えている。1と2はパッセージに言及がなく、3は betrayal ではなく confession（第4パラグラフ2文目）が正しい。

カリスマ講師の目 **解答部分を即座に探せる「スキャン力」と「パラフレーズ（類語言い換え）力」でミクロ問題に備えよ！**

全体のサマリー的な「マクロの問題」に対して、本問のような詳細を問う「ミクロ問題」は、いくら言い換えられていても、アンサーパートをすばやく見抜き、解答を導き出すことが大切。この種の問題では、特に語彙・パラフレーズ力があるかどうかが問われる。

(16) 正解 **3**

訳 「フォン・ノイマン＝モルゲンシュテルンの効用」と呼ばれる概念を説明するものはどれか。

1 プレーヤーが受ける利益には有効だが、彼らが直面する可能性のあるリスクの評価にはほとんど価値がない。

2 選挙や政治運動のような社会的事象を数理モデルで示すことができ、選挙予測に貢献する。

3 各プレーヤーがゲームからどれだけの利益を得られるかは、プレーヤーだけでなく、対戦相手の行動計画によっても変わってくる。

4 ゲームの効用の基本的な性質は、一人のプレーヤーの戦略によって突然変化することがある。

解説 von Neumann-Morgenstern utility（フォン＝ノイマン・モルゲンシュテルン効用）については最終パラグラフ4文目のHowever以降に、ゲームの本質として、「各プレーヤーの利得は、自分の戦略だけでなく、ほかのプレーヤーの戦略にも影響される」と述べられており、それを言い換えた3が正解。1は「リスク評価に価値がない」の記述はなく、2は本文で政治キャンペーンについては述べられていないうえ、「選挙の結果予測を可能する」に対して「貢献する」は弱い。4は「一人のプレーヤーの戦略によって突然変化する」のではなく、「ほかのプレーヤーの戦略にも影響される」が正しい。

カリスマ講師の目 **Howeverなど逆接の接続詞のあとには、ポイントがくる可能性大！**

逆接の接続詞 However や Yet などに注目して、パッセージを読み進めよう。これらの接続詞のあとにアンサーパートがくることが多いので、要注意だ。

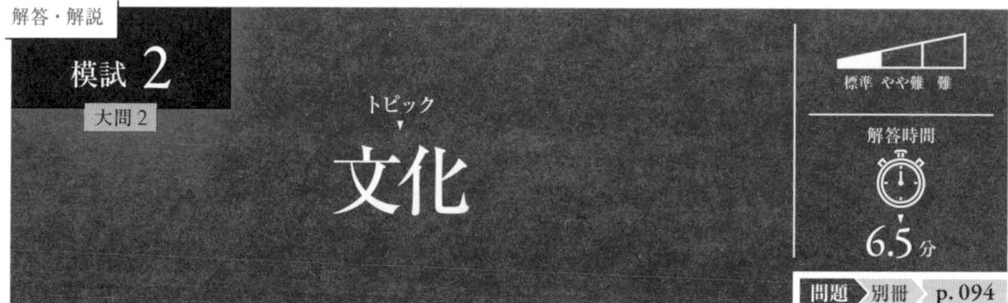

訳

絶滅の危機に瀕する言語

絶滅危惧言語とは、その言語を話す人がいなくなったために消滅の危機に瀕している言語のことである。コミュニティから言語が失われると、その言語に関連した文化的伝統も失われることが多い。例えば、歌、地元の癒やしの習慣、生態学的・地質学的知識、容易に翻訳できない言語的行動などがそうだ。さらに、コミュニティの社会構造は、話し方や言語的行動を通して反映されることが多い。そのようなパターンは、方言においてさらに顕著になる。その結果、個人やコミュニティのアイデンティティが影響を受け、価値観や伝統が新しいものに取って代わられ、社会の結束が弱まる可能性がある。言語の喪失は、政治的な影響ももたらす。というのも、国によっては、(1) 少数民族に異なる政治的地位と特権を与えており、多くの場合、言語という観点から少数民族を定義しているからだ。つまり、言語を失ったコミュニティは、**特別な集団的権利を持つ**コミュニティとしての政治的正統性をも失う可能性がある。

絶滅の危機に瀕している言語を再生させ、(2) 少数民族の、多くは先住民が話す言語の教育と識字を促進することによって、言語の喪失を防ぐ、あるいは遅らせるためのプロジェクトが数多く進行している。その多くは (2) 言語コミュニティと言語学者による共同プロジェクトである。世界の国では多くの場合、**先住民の言語コミュニティ**の言語を保護し、安定させることを目的とした、具体的な法律が制定されている。さらに、世界の絶滅危惧言語のほとんどが復活の見込みがないことを認識し、多くの言語学者が、あまり知られていない世界中の数千の言語を記録するために活動している。

言語の消滅が加速していることは、一般に言語学者や絶滅危惧言語の話者にとっての問題であると考えられている。しかし、音声学者であるピーター・ラデフォージド氏のように、(3) 言語の消滅は人間の文化的発展の自然な一部であり、コミュニティがそれぞれの理由でその言語を話さなくなるために言語が消滅すると主張する言語学者もいる。ラデフォージド氏は、言語学者は単に言語を記録し、科学的に記述することによって、(3) 言語消失のプロセスを妨げようとすべきではないと主張した。同様の見解は、言語学者のサリココ・ムフウェネ氏も長々と述べている。彼は、言語の死とクレオール化による新しい言語の出現のサイクル、すなわち言語の混合と新しい言語の創造は、**継続的に進行する過程**であると見ている。

Words & Phrases

□ social cohesion	社会的結束
□ political consequences	政治的影響
□ privilege to ethnic minorities	少数民族への特権
□ in terms of ~	～の観点から
□ political legitimacy	政治的な正統性
□ phonetician	音声学者
□ hinder ~	～を妨げる
□ creolization	クレオール化（混合言語化）すること （「クレオール」とは植民地で生まれたヨーロッパ人や、現地との接触を通じて生まれた新しい言語や文化などを指す言葉。現在ではより広い意味合いで使われる）

(1) **正解** **1**

訳 **1** 特別な集団的権利を有する
2 同じ民族性を持つ
3 その方言を話す人たちの
4 彼らの話し方や言語行動を反映する

解説 第1パラグラフで空所を含む最終文はThis means that... とあるので、Thisの内容はその前の8文目に書かれていることがわかる。よって、8文目のa different political status and privileges（異なる政治的地位と特権）があるという内容と一致する1が正解。2、3は最終文にある「政治的正統性をも失う可能性」とつながらないので不正解。選択肢4は、4文目の「コミュニティの社会構造は、話し方や言語的行動を通して反映される」を指しているが、8文目の文脈に合わないので不正解。

カリスマ講師の目 指示代名詞の指す内容に注目！

thisやthatなど指示代名詞が指す部分を見極め、正確に読み取ることが重要。

(2) **正解** **4**

訳 **1** 絶滅してしまった
2 世界の誰にも知られていない
3 憤慨した住人が話す
4 先住民の言語コミュニティの

解説 トピックセンテンスである第2パラグラフ1文目に、「少数民族、多くは先住民の言語を保護するプロジェクトは言語コミュニティと言語学者によるもの」だと書かれているので、その内容に合う4が正解。本文のnativeが選択肢ではindigenous（先住の）に言い換えられている。3はひっかけで、indignantは「憤慨した」という意味のため文脈と合わず不正解。1は絶滅した言語は保護できないので不正解。2も同様に、誰にも知られていない言語の保護や安定は不可能なので不正解。

カリスマ講師の目 言い換え、1級レベルの単語に注目！

本文の表現の言い換えには注意。また、よく似たつづりの1級レベルの単語は正確に覚えよう。

(3) 正解 1

訳 1 継続的に進行するプロセス
2 世界的に避けられない状況
3 伝統を捨てることの表れ
4 法律を制定する義務

解説 第3パラグラフ2文目に language disappearance is a natural part of human cultural development（言語の消滅は人間の文化的発展の自然な現象）であると書かれており、また3文目の the process of language loss より、言語の消滅にはプロセスがあることがわかる。このことは「言語の消滅と新しい言語の出現にも当てはまる」と5文目以下に言及があるので、1が正解。2は世界中で必ず起きることではないので、言い過ぎのため不正解。3、4は言及がないため不正解。選択肢の legislative（法律の）、imperative（命令、義務）は重要表現。

カリスマ講師の目 サマリー型に注目！

パラグラフ内の話の流れをつかみ、要約することが重要。パラグラフ内のいくつかの箇所にわたって言及されていることをまとめよう。

訳

フリードマンの「マネタリズム」

マネタリズム（通貨管理経済政策）とは、物価や名目所得を変動させる最大の要因はマネーサプライであるとし、貨幣の重要性に新たな局面を与える考え方である。この理論は1980年代にレーガン、サッチャー両政権が経済政策の柱に据えたことで注目された。これは、(4) ケインズが批判していた古典的な貨幣数量説を、特にインフレを分析するために有効な理論に発展させたものである。つまり、この理論はケインズが批判していた理論を再び取り入れることで、ケインズ学派に**真っ向から対立して形成された**のだ。このマネタリズムの主唱者として、第二次シカゴ学派の指導者として君臨したのが、ミルトン・フリードマンである。1960年代から1970年代にかけて、(4) フリードマンはケインズ主義が有効なインフレ分析・対策を行っていないことを痛烈に批判し、マネタリズムの有効性を強く主張した。

(5) フリードマンは、インフレは貨幣現象であり、世界恐慌もそうであると主張した。また、1963年の著書『米国貨幣史』の中で、大恐慌の原因は、**通貨供給量を増やすべき**不況時に、金融引き締めを行った連邦準備理事会の政策にあると主張した。フリードマンは、経済成長にはより多くの資金が必要であるため、経済が回復せず、一時的な後退で済んだはずの株式市場の暴落が、10年に及ぶ金融危機へと変化したと考えたのだ。新しく展開された貨幣数量説は、「人間の行動は長期期待所得（恒常所得）によって決定される」という恒常所得仮説に基づいて精緻に構築された。

興味深いことに、マネタリズムは**はやり廃り**があるようだ。マネタリズムの基本的な考え方は、市場メカニズムはもともと健全で円滑であり、政府の介入なしに完全雇用は自然に達成されるという、レッセフェール（自由放任主義）に近いものである。(6) この考え方は、1970年代以降に顕著になったアメリカ社会の新自由主義化と重なる。こうしてマネタリズムは、1980年代の経済に大きな影響を与え、新自由主義への移行を導いた。しかし、その後の金融イノベーションの進展を背景に、インフレやデフレが必ずしも通貨の過不足に起因するものではなくなったため、この理論はすぐに効力を失った。しかし、厳密な意味でのマネタリズムはすでに経済理論の主流から外れているものの、マネタリスト（通貨主義者）の視点は今日（こんにち）でも影響力を持ち続けている。実際、現在の日本のように、公共事業などの景気刺激策を抑制し、中央銀行による金融・通貨政策を重視して経済を活性化させるためには、マネタリストの考え方が有効なアプローチの一つであると言えよう。

Words & Phrases

□ Monetarism	**マネタリズム、通貨管理経済政策** （通貨調整により経済が安定成長するという理論）
□ nominal income	**名目所得**
□ a pillar of their economic policies	**経済政策の柱**
□ the quantity theory of money	**貨幣数量説** （物価水準は流通貨幣量に比例して決まると主張する説）
□ Keynes	**ケインズ** （John Maynard Keynes ＝ジョン・メイナード・ケインズ、1883 ～ 1946 年。英国の経済学者。マクロ経済学を確立し、20 世紀の経済学に大きな影響をもたらした）
□ Keynesianism	**ケインズ学派** （一国の金融と課税政策は直接的に需要・インフレ・雇用に影響を与えるとする理論。失業をなくすため積極的な金融・財政政策を主張する）
□ Milton Friedman	**ミルトン・フリードマン** （アメリカの経済学者。「マネタリズム」を提唱）
□ proponent	**主唱者**
□ the Second Chicago School	**第二次シカゴ学派**
□ the Great Depression	**世界大恐慌**
□ the Federal Reserve Board's monetary policy of tightening the money supply	**連邦準備理事会の「金融引き締め政策」** （金利を上げることで物価を抑制し、景気の過熱を抑える政策）
□ the quantity theory of money	**貨幣数量説**
□ permanent income hypothesis	**恒常所得仮説** （家計の消費は、給料や賃金など恒常的な入手が予想される恒常所得によって決められるとするフリードマンの消費理論）
□ laissez-faire	**レッセフェール** （自由放任主義。政府が個人や企業の経済活動に干渉せず、市場の働きに任せるべきであるとする考え方）
□ an excess or deficiency of currency	**通貨の過不足**

(4) 正解 **1**

訳 **1** ～に真っ向から対立して形成された
2 ～の矢面に立たされようとしていた
3 ～に次第に統合された
4 実際に～を中心に展開していた

解説 第1パラグラフの3文目では、「マネタリズムはケインズが批判していた古典的な貨幣数量説を、インフレ分析に有効な理論に発展させたもの」と説明。空所のある4文目がIn other words（言い換えると）で始まるので、3文目の内容を別の表現に変えていることがわかる。また5～6文目では、マネタリズムの主唱者フリードマンが「有効なインフレ分析・対策を行っていないとケインズ主義を痛烈に批判し、マネタリズムの有効性を主張した」とある。これらを根拠に1の「（ケインズ主義）に真っ向から対立して形成された」が正解。2のbear the brunt of「（ケインズ主義）の矢面に立たされる」は文意に合わず、3の「（ケインズ主義）に統合された」や4の「（ケインズ主義）を中心に展開していた」だと文意と逆になる。

カリスマ講師の目 **接続表現に注目して、空所の言い換え部分を探すべし！**

In other words（言い換えると）やThat is（すなわち）などの接続表現が出てきたら、その前後を照らし合わせて、どこが言い換えられているかを探そう。

(5) 正解 **2**

訳 **1** それ（貨幣供給）を減らしただろうに
2 それ（貨幣供給）を本来なら増やすべきだったのに
3 差し迫った必要性から
4 社会学的な要請のため

解説 第2パラグラフ1～2文目を要約すると、「インフレも世界恐慌も貨幣現象であり、大恐慌の原因は（　　　）不況時に連邦準備理事会が行った引き締め政策にある」となる。空所の直後の文には、「フリードマンは、経済成長にはより多くの資金が必要であるため、経済が回復せず、一時的な後退で済んだはずの株式市場の暴落が、10年に及ぶ金融危機へと変化したと考えた」とある。これらから、不況時には金融緩和をして景気を上げる必要があるのに、連邦準備理事会は「金融引き締め」をして景気をさらに下げてしまったことに大恐慌の原因はある、という文脈のため2が正解。1の「通貨供給量を減らす」は文意の逆。3と4は文意に合わない。

カリスマ講師の目 **背景知識で因果関係を見抜く！**

「金融引き締め」をすると景気が下がるという背景知識があれば、不況時には通貨供給を増やし（＝金融緩和政策）て景気を上げる必要があるのに、逆に「金融引き締め政策」を行ったため大恐慌が起こった、という因果関係がわかる。

(6) 正解 **3**

訳 **1** 現在ではほとんど無視されている
2 政治家が対処するのが難しい
3 はやり廃りがある
4 解決するよりも多くの問題を引き起こす

解説 第3パラグラフ全体のキーアイデアを問う問題。本パラグラフの展開は、政府の介入なしに自然と完全雇用が達成できるとするマネタリズムは、1970〜80年代のアメリカ経済へ影響を及ぼし、新自由主義への移行を促した（2〜4文目）→その後の金融イノベーションでインフレやデフレが通貨量に必ずしも起因せず起こるようになり、効力を失い、主流からははずれた（5文目）→今日の通貨政策による経済活性化を目指す日本のように、まだその視点は影響力を持ち続ける（6〜7文目）。これらを統合すると、3の「（マネタリズムは）はやり廃りがある（ようだ）」が正解。1は最後の記述に反し、2や4には言及がない。

カリスマ講師の目 サマリー型は速読で大意をつかめ！
パラグラフ全体を俯瞰（ふかん）して流れを問う問題は、速読が鍵。背景知識がないと難しいが、細かい点に気を取られてゆっくり読んでいると、大意がつかみにくい。全体の論理の展開を追い、概念化するトレーニングをしよう。

訳

テロリズムの解剖学

9月11日に発生した米同時多発テロとその犠牲者の悲惨さは、世界中に衝撃を与えた。この悲劇を受け、米国政府はアフガニスタンのタリバン政権に対し、テロの首謀者であるオサマ・ビンラディンの引き渡しを要求した。しかし、彼らがこれをかたくなに拒否したため、米国はアフガニスタンのタリバン政権に攻勢をかけた。冷戦終結後、世界唯一の軍事大国であった米国は、テロ集団や非伝統的軍事力による攻撃に弱いという新たな状況に置かれ、指導者は急速に変化する世界への適応を迫られることになった。

かつては、国家権力と正面から対決する手段を持たない政治・思想集団は、自分たちの政治的要求を政府に飲ませることを目的に、非道な暴力行為によって対象国に打撃を与えるテロ行為を行っていた。だが、テロを他国の軍事的優位を無力化する手段として捉え、それを率先して支援する国家も出てきており、テロと戦争行為の線引きは難しくなってきている。(7) 9.11のテロはイスラム原理主義組織アルカイダによるものだったが、当時のジョージ・W・ブッシュ米大統領は、テロ組織という非国家主体による行動に対して「新たな戦争」と呼んだ。戦争は国家が行うものとされてきただけに、この言及は大きな波紋を呼んだ。ブッシュ政権は、ほかのテロ組織の出現を防ぐことを目的に、砲撃事件直後に「テロとの戦い」を宣言し、テロリストをかくまった疑いのある国への経済・軍事制裁、世界的な監視と情報共有の強化を行った。

2004年11月、国連事務総長報告は、テロリズムを「民衆を威嚇する目的で、民間人に死または重大な損害を与えることを意図した」あらゆる行為だと説明した。(8) しかし、相手から「テロリスト」のレッテルを貼られた者は、自分たちがそうであると名乗ることはほとんどなく、「自由の戦士」や「革命家」など、ほかの言葉を使うことが多い。実際、「テロ」という言葉は、政治的、感情的に影響されるため、正確な定義ができないでいる。テロ研究の第一人者であるマーティン・ルドナー教授は、「テロ行為」とは政治的あるいは思想的な目的のために民間人を攻撃することと定義している。「ある男にとってのテロリストは別の男にとっては自由の戦士」と言っているのだ。こうして、ノーベル平和賞受賞者のメナヘム・ベギンやネルソン・マンデラのように、かつて欧米政府から「テロリスト」と呼ばれていた人々が、今では多くから「政治家」と呼ばれるようになったのである。

同時多発テロ以降、テロに対する国民の恐怖と懸念が高まり、テロ対策は米国政府の最重要課題となっている。テロ行為に対する一般的な嫌悪感とは裏腹に、北アイルランドで有名な政治家になった元テロ容疑者ゲリー・アダムスのような事例では、テロ行為が市民から肯定され評価されている。ここで、テロの正当性をめぐる議論が起こる。(9) 支持者は、抑圧的な政府から市民を守るために暴力に訴えることが必要な場合があると主張する。人の命に意味を与える「自由」や「解放」という大義は、一人の人間の命よりも重要なのだ、と彼らは主張する。また、テロは、世界の人々の間で無視されていた大義に対する意識を高めることができる。一方で、反対派は、テロは暴力と苦しみの無限の悪循環を生み出すだけだと主張する。さらに、人の命は、テロによって追求される大義よりもはるかに価値があると力説する。

Words & Phrases

□ civilian casualties	民間人犠牲者
□ send shockwaves	衝撃を与える
□ harrowing tragedy	痛ましい悲劇
□ extradite the mastermind	首謀者の身柄を引き渡す
□ adamant refusal	断固たる拒絶
□ mount an offensive against ~	～への攻勢を開始する
□ defy state power head-on	国家権力に真っ向から立ち向かう
□ inflict blows against ~	～に対して打撃を与える
□ nefarious acts of violence	非道な暴力行為
□ neutralize ~	～を無力化する
□ blur the line between A and B	AとBの区別をあいまいにする
□ perpetrate ~	～を引き起こす
□ the Islamic fundamentalist organization al-Qaeda	イスラム原理主義組織アルカイダ
□ cause a major stir	大きな波紋を呼ぶ
□ deem ~ as a state-sponsored activity	～を国家による活動と見なす
□ thwart the emergence of ~	～の発生を阻止する
□ harbor terrorists	テロリストをかくまう
□ intimidate a population	民衆を威嚇する
□ be politically and emotionally charged	政治的、感情的に影響される
□ preclude ~	～を不可能にする
□ Menachem Begin and Nelson Mandela	メナヘム・ベギンやネルソン・マンデラ（ベギンはイスラエルの政治家で、首相在任中の1978年にエジプトと和平合意を行った功績によりノーベル平和賞を受賞。マンデラは南アフリカの政治家で、アパルトヘイト撤廃に尽力。1993年に同賞を受賞した）
□ a general aversion to ~	～に対する一般的な嫌悪感
□ resort to violence	暴力に訴える
□ raise awareness of a neglected cause	無視されていた大義に対する意識を高める
□ an endless vicious cycle of violence and suffering	暴力と苦しみの無限の悪循環

(7) 正解 **1**

訳 ジョージ・W・ブッシュが、9月11日のテロ事件後の状況を「新しい戦争」と呼んだのはなぜか。

1 (9.11 のテロ行為は) 政府が攻撃を命じたものではなかったため、この (テロに対する) 戦いは歴史上のどのようなものとも異なるものであることを示したかった。

2 国際社会で国家による活動と見なされてきたテロに対する彼の攻撃と、テロリストの攻撃の類似性を示したかった。

3 国際テロを他文明への攻撃手段と見なし、支援することで、テロリストの処刑を率先して指揮したかった。

4 国際テロ新時代に高まる緊張を戦略的に緩和することで、米国内のテロに対する国民の反感を和らげる必要があった。

解説 第2パラグラフ3文目の「9.11のテロは非国家であるイスラム原理主義組織アルカイダによるもの」と、4文目の「戦争は国家が行うものとされてきただけに、この言及は大きな波紋を呼んだ」より、「この戦い (対テロ戦争) は国家が行ってきたこれまでの戦争とは違う」ということを imply している1が正解 (imply 型)。2の「テロ攻撃とブッシュ大統領の対テロ戦争の類似性を述べる」、3の「他文明への攻撃手段として、国際テロを支持してテロリストの処刑を指揮する」、4の「高まる緊張を和らげるために民衆の怒りを鎮める必要があった」はいずれも述べられておらず、不正解。

カリスマ講師の目 行間読みに注意!

テロが激化していく時代に、テロ対策が一筋縄ではいかない国家規模の問題であるという状況について問われている。第2パラグラフの行間を読んで解く必要がある。

(8) 正解 **2**

訳 マーティン・ラドナーの「ある男にとってのテロリストは、別の男にとっては自由の戦士である」の発言の意味は何か。

1 「自由」という言葉と同様、「テロ」という言葉も定義することはほぼ不可能であり、時代とともにその意味も変化している。

2 テロリズムは価値判断を超えた、非常に捉えどころのない相対的な言葉であり、しばしば強い感情や政治的論争を引き起こす可能性がある。

3 政治犯を解放するためにテロ行為を行うことが許容されることがあるかどうかについては、専門家の間でもほとんど合意が得られていない。

4 テロ行為の激しさや深刻さの基準は人によって異なり、それについて共通認識を持つ国はほとんどない。

解説 第 3 パラグラフの 2 ～ 3 文目を参照。「テロリズムというのは被害者と加害者によって捉え方が変わり、政治や感情が絡んで明確な定義が難しい」とあるので、それを言い換えた 2 が正解。1 の「テロの意味は時代に応じて変化する」とは書かれておらず、不正解。3 の「政治犯解放のためにテロ行為を行う」とは書かれておらず、4 の「テロの激しさに関する基準が人によって違う」というのもピントが外れている。

カリスマ講師の目 **コメントの引用の意図を問う問題は「行間読みパターン」！**

本問のような引用されたコメントの意図を問う問題は、文脈理解と行間読みが必須だ。記述の本質をつかんで正確な答えを予測し、一見紛らわしい誤答に惑わされないように注意しよう。

(9) 正解 1

訳 テロリズムの議論で最も対立している点は何か。

1 自分が信じ、全力を傾けている信念は、時として単なる物理的存在の損失よりも重みを持つかどうか。

2 テロは、一見許しがたい行為の正当性について、一般市民の意識を高めることができるかどうか。

3 テロ対策は、国家の安全保障に非常に重要であるゆえ、時に人命の価値を覆い隠してしまうことはないのかどうか。

4 テロは、独裁政府への弾圧という、長年の悪循環を断ち切ることができるかどうか。

解説 第4パラグラフの4行目から最後にかけての内容に関する質問。「あまりも弾圧がひどい場合などは、たとえテロを起こしてでも自由を求める戦いの方が人命よりも重要」という考え方と、「殺りくの繰り返しになるのでしてはいけない」という考え方の論争なので、それを表した1が正解。2の「テロの正当性について一般市民の認識を高めるかどうか」はピントがずれており、3の「テロ対策が国家の安全保障に非常に重要かどうか」は述べられていない。4の「テロが独裁政府への弾圧の長年の悪循環を断ち切れるか」も述べられていないので不正解。

カリスマ講師の目 **Pro と Con の論点を見つけよ！**

論争の争点を見つける問題では、pro と con の論点を見つけ、最も重要ポイントは何かを考えるようにしよう。また、本問のように紛らわしい選択肢が並んでいる中では、誤答選択肢のすり替えトリックにはまらないよう、核となる情報を見極めるようにしたい。

解答・解説
模試 2
大問 3　3 設問形式
トピック
生物
標準　やや難　難
解答時間
12 分
問題 別冊 p. 102

訳

ミツバチの脳と知能

私たちの脳には 850 億個の神経細胞があるが、ミツバチの小さな脳には約 100 万個の神経細胞しかない。しかし、ミツバチは巣の中のほかのハチに花の場所を伝えることができる。採餌(さいじ)バチは蜜や花粉のありかを見つけると、「尻振りダンス」と呼ばれる独特の 8 の字ダンスを踊って、巣のほかのハチに知らせることができる。このダンスは言語ほど複雑ではないが、一種のコミュニケーションである。

最近、福岡大学の藍浩之教授は、ハチがダンスの情報を処理するための神経細胞を調査し、この驚くべき行動の理解に (10) 新たな突破口を開いた。ダンス中、ミツバチは腹部を振動させながら 8 の字を描くように動く。(10) この振動はパルスを発しており、それを触角にあるジョンストン器官と呼ばれる器官が拾っている。ジョンストン器官とは、私たちの耳に相当するものだ。ミツバチは振動に非常に敏感なので、尻振りダンスの音をまねることで、実際のダンスが示した場所に移動することができ、それは暗い巣の中で役立つのだ。藍教授のチームは、尻振りダンスが発する振動を録音し、その音をシミュレーションして、実験室でミツバチの触角にその振動を与えた。これにより、尻振りダンスに反応して発火するニューロンを追跡し、ハチの脳内経路を追いかけることができたのである。

(11) 研究チームは、3 種類の「介在ニューロン」を発見した。これは、脳の異なる部位間のコミュニケーションを可能にする接続ニューロンである。藍教授は、研究チームとともに、脳の音を処理する部分で介在ニューロンの経路を追跡した。その結果、尻振りダンスに含まれる距離に関する情報を符号化するためには、介在ニューロンのオン・オフの仕方が重要であることを発見した。このメカニズムは、神経科学的には「脱抑制（ディスインヒビション）」と呼ばれ、ほかの昆虫でも使われているものと類似している。例えば、蛾(が)が触角で拾った匂いの元からの距離を判断したりするのも、このメカニズムによるものである。藍教授のチームは、これらの異なる種には、共通の神経基盤があることを示唆している。

コミュニケーションは、複雑な社会を形成するための鍵である。ミツバチがあのような並外れた行動をとることができるのも、そのためである。コミュニケーションには知能が必要だ。では、脳が極小のミツバチは知能があるということになるか？ アメリカ心理学会の知能タスクフォースは、(12)「環境に効率的に適応し、経験から学ぶ」能力としてそれを定義している。ミツバチはこれができるのだ。例えば、ダンスには 6 つの種類があるが、ミツバチはそれを学習し、適切に行動を変えることができる。花の上で死んだハチに出会うと、ハチは巣に戻って行うダンスのパターンを変え、そのことは彼らが危険と利益の分析ができることを示唆している。ハチの言語も人間の言語も知能の結果であり、藍氏の研究は私たちに知能とは何かということを再考させるものだ。この研究が確実に示しているのは、(12) 脳の大きさと知能は無関係ということである。

Words & Phrases

□ neuron	神経細胞
□ a foraging bee	採餌バチ
□ nectar and pollen	蜜と花粉
□ peculiar	独特の
□ waggle dance	**尻振りダンス**（ミツバチが仲間に餌の場所などを教えるためのダンス。waggle は「速くて小刻みに動く」の意）
□ extraordinary	並外れた
□ abdomen	腹部
□ emit pulses	パルス（電気信号）を出す
□ signalize ~	～を信号で伝える
□ equivalent to ~	～に相当する
□ mimicking the noise of ~	～の音をまねること
□ in response to ~	～に反応して
□ interneuron	介在ニューロン
□ disinhibition	**脱抑制**（薬物やアルコールなどの外的刺激によって抑制が効かなくなった状態をいう）
□ neuroscience	神経科学
□ minuscule	極小の
□ a consequence of intelligence	知能の結果
□ be irrelevant to ~	～に無関係である

(10) 

正解 1

訳 藍浩之氏はミツバチの行動に関する何の画期的な発見をしたか。

1 尻振りダンスで発生する振動はパルスを発信し、それを巣の中のほかのハチが「聞く」ことで、栄養源に導く。

2 ハチが行う尻振りダンスは、人間の言語ほど複雑ではないが、コミュニケーションツールである。

3 ハチはジョンストン器官という触角で音の振動成分をトレースして信号化し、ほかのハチと情報を共有できる。

4 ハチは 8 の字ダンスをすることで、蜜や花粉の供給源の場所を巣の中でほかのハチに知らせる。

解説 第 2 パラグラフ 1 ～ 3 文目を参照。1 文目に「新たな突破口を開いた」、3 文目には「この振動はパルスを発しており、それを触角にあるジョンストン器官と呼ばれる器官が拾っている。ジョンストン器官とは、私たちの耳に相当するものだ」とあり、ハチがこの振動を「聞いて」いることがわかる。ほかのハチに知らせるのは第 1 パラグラフ 2 ～ 3 文目より、the location of flowers、a source of nectar and pollen だとわかるので nourishment（栄養源）と言い換えた 1 が正解。2 と 4 は第 1 パラグラフに言及されているが、これは藍氏の画期的な発見ではないので不正解。3 については、触角は「音の振動成分をトレース」しないので不正解（すり替えパターン）。選択肢の hark ~（～を聞く）は文語表現。

カリスマ講師の目 言い換え型に注目！

パラフレーズされていることに注意。本問では、まず設問で breakthrough を groundbreaking discovery と言い換え。本文と正解の選択肢の表現を対比させると emit ≒ send out、nectar and pollen ≒ nourishment となる。equivalent to our ears ≒ “hark” them は比喩的な言い換えだ。

(11) **正解 4**

訳 この文章で紹介されている実験の結果、藍氏の研究チームはどのようなことを発見したか。

1 脳の音の処理に関わる部分の「介在ニューロン」が、距離に関する情報を尻振りダンスで符号化していることが示された。

2 「脱抑制」と呼ばれる「介在ニューロン」は、外からの情報を脳内で解読させるためにオン・オフ活動が必要である。

3 ハチ特有の脳科学的な「脱抑制」は、餌場との距離の判断に大きく寄与している。

4 「介在ニューロン」と呼ばれる接続ニューロンが、脳内の異なる部位間の結節点となり、ハチが音を処理できる。

解説 第3パラグラフの1文目を参照。「介在ニューロンを発見した。これは、脳の異なる部位間のコミュニケーションを可能にする接続ニューロンである」という記述に相当する4が正解。1の「介在ニューロンが、距離に関する情報を尻振りダンスで符号化」は本文にはない（無言及パターン）。2は「オン・オフ活動が必要」とあるが、オン・オフの「仕方が重要」という本文の記述に反する（すり替えパターン）。3は本文では「脱抑制」がほかの昆虫でも使われているものと類似している、との記述があるのでハチ特有ではない（すり替えパターン）。選択肢の encode ~（～を符号化する）、decrypt ~（～を解読する）、nexus（つながり、結合部分）は重要表現。

カリスマ講師の目 言い換え型に注目！

パラフレーズされていることに注意。本問では2文目の connecting neurons を選択肢で serve as a nexus（結合部分となる）と説明している。

(12) 正解 **3**

訳 この文章の筆者は、知能についてどのようなことをほのめかしているか。

1 ミツバチの「言葉」が人間と同様に複雑でないことを考えると、脳の大きさは知能に関連しているように思われる。

2 藍氏らの研究は、ミツバチが複雑な社会を形成できることを示しているが、知能の定義について再考する必要がある。

3 知能とは即興的な態度をとる能力であるという定義からすると、ミツバチは限りなく小さな脳であるにもかかわらず、臨機応変に対応できる。

4 微小な脳にもかかわらず、ハチが独創的に見えるのは、そのコミュニケーション行動が知的向上のために細かく調整されているからである。

解説 第 4 パラグラフの 4 ～ 5 文目と最終文を参照。4 文目では知能を「環境に効率的に適応し、経験から学ぶ」能力という定義を紹介し、ミツバチはこれができるとしている。また最終文では「脳の大きさと知能は無関係」だと書かれている。この文章の冒頭ではミツバチの脳は極小だと述べているので、これらを合わせた内容の 3 が正解。1 は本文と全く正反対の内容なので不正解。2 は「ミツバチが複雑な社会を形成できることを示している」ことと「知能の定義について再考する」ことは本文では逆接にはなっていない（すり替えパターン）。4 は本文に「コミュニケーション行動が知的向上のために細かく調整されている」との記述はない（無言及パターン）。選択肢の commensurate（等しい）、improvisational（即興的な）、resourceful（能力のある）、infinitesimal（微小な）、ingenious（独創的な）は重要表現。

カリスマ講師の目 言い換え型に注目！

ここでもパラフレーズに注意しよう。本問では 4 文目の adapt efficiently to the environment を選択肢で adopt an improvisational attitude、文章冒頭の tiny を infinitesimal と言い換えている。

解答・解説
模試 2
大問 3 4 設問形式
トピック
経済
標準 やや難 難
解答時間
16分

問題 別冊 p. 106

米中貿易戦争

金曜日の午後、営業時間終了直前に発表される「公式」な発表には疑いを持つのが鉄則である。このタイミングは、そのニュースが決して良いものではなく、間もなく始まる週末の間に詳細が葬り去られるよう望まれていると示唆している。その観点から考えると、長らく待ち望まれていた米中二国間貿易協定の金曜日の発表というタイミングは、「素晴らしい」「歴史的」という米政府関係者の主張とは全く対照的である。より正確な評価は、この協定が、彼らの貿易戦争によって自ら招いた苦悩や不透明さを終わらせるなら価値があるということだが、**(13)** 客観的な専門家は、この協定による利益は戦いのコストに見合わなかったと指摘している。ドナルド・トランプ米大統領は出馬表明以来、中国の通商政策を公に非難し、2018 年 3 月、中国の不公正行為の証拠だと主張する貿易赤字を解消し、米国の知的財産の盗用を食い止めるため、中国の対米輸出品への関税賦課を開始した。それ以来 21 カ月の間に、彼は中国からの輸入品の 3 分の 2 に当たる 3,700 億ドルに関税を課したが、その金額は彼が誤って中国企業が支払っていると主張するものだ。実際には米国企業が支払い、しばしば消費者に転嫁されている。彼は日曜日にはさらに 1,600 億ドルを追加すると脅した。**(14)** 中国は独自の制裁措置で報復し、600 億ドル相当の米国製品への関税を 25%に引き上げ、トランプが脅しを実行した場合、3,300 の米国製品にさらに関税をかけると脅した。その結果、米国の対中農産物輸出は急減（53%）し、貿易収支への影響はほぼ皆無となった。

関係がさらに悪化するとの見通しから、両政府は先週、貿易戦争の平和協定ではなく、実質的に休戦となる「第 1 段階」の合意に至った。この協定では、米国金融企業に対する中国市場の開放、技術移転条件の制約、為替操作の停止、異議があった場合にいずれかの国が制裁を再実施できる紛争解決プロセスとともに、中国が米国製品を追加購入することが約束されている。正確な金額は不明だが、米国は 2 年間で 2,000 億ドルと発表している。最も重要なのは、双方が日曜日に発効する予定だった関税を停止することに同意し、米国は 1,200 億ドル相当の製品に対する関税を 15% から 7.5% に引き下げることに同意したことである。

米政権はこの合意を歓迎したが、ほかはあまり気乗りしていなかった。中国は「ウィン・ウィンの合意」と呼んだが、金曜日の夜遅くに記者会見でこのニュースについて話したとき、政府高官は控えめだった。米国の最大の関税、2,500 億ドルの製造品に対する 25%の関税は、そのまま適用される。中国は農産物の具体的な購入額を約束することをわざと避けているが、トランプ氏はこの数字が年間 500 億ドルに達する可能性があると述べており、多くの専門家はこの数字は米国の農家の生産能力を超えていると考えている。**(15)** 最大の欠点は、この協定が中国の貿易・産業政策の核心にある制度的な問題に対処していないことである。トランプ氏の経済アドバイザーや貿易交渉担当者は、中国は自国企業に補助金を出し、知的財産の盗用に積極的に参加しないまでも、それを助長していると主張している。米国の貿易交渉責任者であるロバート・ライトハイザー氏は、この欠点を認め、またこの合意が貿易不均衡を是正しないことも認め、この協定は米中間の「不公平な」関係を修復するための長い努力の第一歩にすぎない、と付け加えている。誰もそれがすぐに終結するとは思っておらず、また中国はトランプ氏が再選されず、次の米政権でより良い運に恵まれることを願いながら、先延ばしにしている可能性が高い。

日本は、ほかの主要貿易国同様、貿易戦争の休戦を喜んでいる。世界経済はこの戦いによって減速し、損失は 2 つの戦闘相手をはるかに超えて広がっている。日本は、サプライチェーンに中国を組み込んでいる企業が輸出関税によって大きな打撃を受けたため、巻き添え被害を被ってきた。中国から北米に出荷している日本企業は、輸出の急減と株価の大幅な下落を経験してきた。今回の妥協が、これまでもたらされた損害を正当化するものであるとは考えにくい。観察力の鋭い人々は、中国が主張する「譲歩」の多くは、いずれにせよ可能性が高かったと指摘している。経済的な損害に加えて、二大参加国が公然といじめと単独主義に走ったため、世界の貿易体制は損なわれてきた。**(16)** 今後さらなる危険性があるだけでなく――トランプ氏は関税の脅しを断固として譲らない――他国がそれをまねるという見通しもある。今回の合意は、ごく狭い意味での勝利にすぎない。

Words & Phrases

□ a rule of thumb	経験則、経験からわかること
□ anything but ~	～とはほど遠い、決して～ではない
□ be buried	葬り去られる
□ in that light	その観点から
□ (be) a stark contrast to ~	～と全く対照的である
□ the self-inflicted pain and uncertainty	自ら招いた苦悩や不透明さ
□ not worth the costs of ~	～の割に合わない
□ candidacy	立候補
□ theft of US intellectual property	米国の知的財産の盗用
□ be passed on to consumers	消費者に転嫁される
□ retaliate with sanctions of its own	独自の制裁方法で報復する
□ deterioration of relations	関係の悪化
□ commit A to B	A に B を約束させる
□ currency manipulation	為替操作
□ a dispute resolution process	紛争解決プロセス
□ reimpose sanctions	再び制裁を科す
□ (be) set to go into effect	発効される予定である
□ remain in place	依然として有効である
□ studiously avoid ~	～をわざと避ける
□ rectify the trade imbalance	貿易不均衡を是正する
□ extend well beyond ~	～をはるかに超えて広がる
□ suffer collateral damage	巻き添え被害を被る
□ China's purported "concessions"	中国側が「譲歩」と主張しているもの
□ the global trade regime	世界の貿易体制
□ openly resort to bullying and unilateralism	公然といじめと単独主義に走る
□ steadfastly refuse to *do*	断固として～することを拒否する

(13) 正解 **1**

訳 米中二国間貿易協定に対する専門家の評価に最も近いものはどれか。

1 この協定で達成できることは何でも、これまでの貿易紛争で生じた損失を取り戻すには十分ではない。

2 この協定は、米中関係史上最悪の貿易摩擦を解決するための重要な一歩として、大きな拍手で歓迎されるべきである。

3 この協定が米国に真の利益をもたらすかどうかは、中国による米国知的財産の盗用を止める実質的な方法を見つけられるかどうかにかかっている部分がある。

4 この協定によって、米国の長年の対中貿易赤字を減らすことができれば、トランプ大統領にとっておそらく歴史的な勝利となるだろう。

解説 第1パラグラフの4文目を参照。「客観的な専門家は、この協定による利益は戦いのコストに見合わなかったと指摘している」とある。それを言い換えている選択肢1が正解。2については「大きな拍手で歓迎されるべき」、4については条件つきであっても「歴史的な勝利」の部分が、本文前半（主に第1パラグラフの4文目まで）で述べられている、この「休戦」のニュースに対しあまり期待していない論調に矛盾するすり替えパターンで不正解。3についても、知的財産の盗用については言及されているものの、それがこの協定の成功条件であるかは述べられていない（すり替えパターン）。

カリスマ講師の目 類語言い換え型に注目！

本文と正解の選択肢1の言い換えに気づけば答えにたどり着ける、比較的簡単な問題である。前者が本文、後者は選択肢の表現だ。

gains from the agreement
≒ whatever can be achieved by the agreement

not worth the cost of the fight
≒ not be enough to recoup the losses that have been incurred by the trade dispute

(14) 正解 **2**

訳 この文章によると、米中間の貿易戦争でとられた行動に関して、次のうちどれが正しいか。

1 米国は中国からの輸入品に重い関税を課し、中国企業に米国との貿易で得た利益の一部を返済させた。

2 米国の関税引き上げに対し、中国は米国製品の関税を 4 分の 1 に引き上げ、両国間の貿易不均衡の改善にはつながらなかった。

3 米国が 1,600 億ドルの中国製品に関税を課すと脅したことに対する中国の報復は、米国の対中農産物輸出の減少につながらなかった。

4 米国は中国に対して、2,000 億ドル相当の米国製品の追加購入をしなければ、米国に輸入する中国製品への関税引き上げという制裁を再び発動すると述べた。

解説 第 1 パラグラフの 9 ～ 10 文目を参照。「中国は……報復し……米国製品への関税を 25% に引き上げ……」と「その結果……貿易収支への影響はほぼ皆無となった」をまとめて言い換えている 2 が正解。1 については第 1 パラグラフ 7 文目に「実際には米国企業が支払い、しばしば消費者に転嫁されている」とあり、すり替えパターンの不正解。3 については、第 1 パラグラフの 10 文目に「米国の対中農産物輸出は急減した」とあるので、本文と矛盾するすり替えパターン。4 については、後半の「制裁を再び発動する」ことについては述べられていないので無言及パターンの不正解。

カリスマ講師の目　サマリー型に注目！

正解選択肢が本文 2 文の内容をまとめていることに注目。これも比較的簡単な問題である。またこの問題のように選択肢に数字が出てくる場合はそれがキーワードとなり、本文の関係箇所を探しやすいということも覚えておくといいだろう。

(15) 正解 **1**

訳 この文章によると、米中二国間貿易協定が実際は「ウィン・ウィンの合意」ではないだろうとされる一つの理由は何か。

1 この協定は、基本的な問題に関して明確な規定がないため、米国の知的財産を中国企業から効果的に保護することができない。

2 中国政府は、次の米国大統領選挙が終わるまで、協定への署名を意図的に延期すると予想される。

3 中国がこの協定で、アメリカの農家が生産できる以上の農産物を購入するという非現実的な約束をしているため、その有効性が疑わしい。

4 この協定は、中国がその貿易・産業政策のどれも変えることを要求しないので、すでに不利な貿易不均衡を悪化させるだけだろう。

解説 第3パラグラフの5～7文目を参照。この部分ではこの合意の「最大の欠点」について述べており、「核心にある制度的な問題に触れていない」「中国政府は知的財産の盗用を助長している」「この協定は貿易不均衡を是正しない」とある。これらをまとめた選択肢1が正解。2については、第3パラグラフの8文目に中国政府がdelayする可能性についてあり、内容として近いものの、「大統領選挙が終わるまで署名を意図的に延期する」→「大統領選挙が終わったら署名する」という裏返しになる。署名するとまでは述べられていないので言い過ぎパターン。3については、第3パラグラフの4文目に近い内容が述べられているが、そもそも中国は約束さえしていないので不正解（すり替えパターン）。4については「悪化させるだけ」とまでは述べていないので言い過ぎパターンの不正解。

カリスマ講師の目 行間型&類語言い換え型に注目！

正解のヒントとなる本文の内容から、「中国が企業による知的財産の盗用を助長しているという核心的な問題に触れていない」→「知的財産を効果的に保護することができない」という内容を読み取ろう。また、本文第3パラグラフ5文目の does not address the systematic issues that are at the heart of... が正解の選択肢では some fundamental issues と言い換えられている。

(16) 正解 **3**

訳 この文章によると、米中貿易戦争が世界的規模で与える影響にはどのようなものがあるか。

1 貿易戦争により、米国や中国の対外輸出が激減し、やがて世界経済のさらなる減速につながるだろう。

2 中国政府が行った譲歩は、おそらく多くのグローバル企業が米国と中国をサプライチェーンに組み込むことを思いとどまらせるだろう。

3 ほかの国も米国や中国に追随し、関税引き上げという強引な手法で自ら直面する貿易問題に対処する可能性がある。

4 米国や中国市場に製品やサービスを輸出している世界中の多くの企業も、自社製品が関税引き上げの対象となることで、深刻な影響を受けるだろう。

解説 第 4 パラグラフの 8 文目を参照。「今後さらなる危険性があるだけでなく……他国がそれをまねるという見通しもある」と述べられている。文脈から、ここで増えるのは関税の脅しである。それを言い換えている 3 が正解。1 については、「米国や中国の対外輸出」がどうなるかについては述べられていない。2 については確かにサプライチェーンについての記述は第 4 パラグラフにあるものの、これまでの影響にについて述べているだけで、今後の見通しについては述べられていない。4 についても、世界中の企業の製品が米中市場に輸出する際の関税引き上げの対象となるとは述べられていない。すべて無言及パターンの不正解である。

カリスマ講師の目 **類語言い換え型に注目！**

本文と正解の選択肢 3 の言い換えとして、imitate ≒ follow、bullying and unilateralism ≒ forcible technique などが挙げられる。誤答選択肢については無言及パターンだと説明したが、どれもありえそうな内容であるし、本文に出てくる単語や表現をうまく組み合わせているので、自ら「すり替え」解釈してしまわないよう細心の注意が必要である。

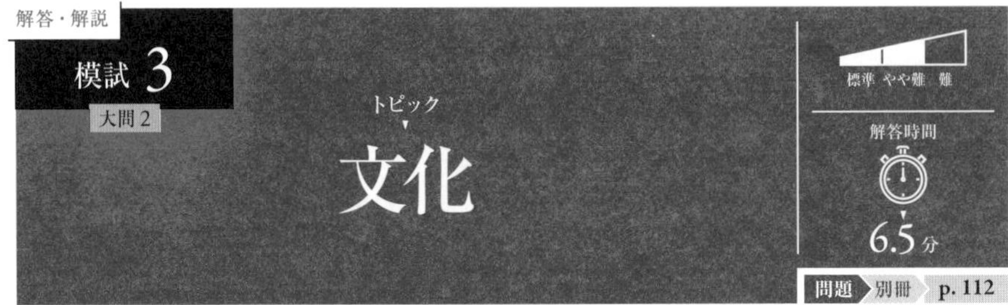

訳

機械論的世界観

機械論とは、フランスの哲学者ルネ・デカルトによって創始された世界観のことである。この理論によれば、自然界はすべて機械的法則に従って働き、物質界のすべてはその部品の配列と運動によって説明できる。これは、すべての物理現象は機械的な法則で理解できるとするニュートン力学の基礎となるものであった。歴史的に見ると、機械論的世界観の勝利は、進化生物学の基礎とされる1859年のチャールズ・ダーウィンの『種の起源』に負うところが大きい。(1) ダーウィンの生物進化論は、あらゆる点でニュートンの物理学上の科学的発見に匹敵するため、結局、ニュートン力学を補うものとなってしまった。そして、ダーウィンの発見が持つ意味を十分に理解しないまま、その理論の表面的な部分が、直ちに**機械論的世界観のさらなる正当化**に適用されたのである。

機械論的世界観の勝利のように見えたが、**行き過ぎたこともあった**。例えば、(2) イギリスの哲学者・社会学者であるハーバート・スペンサーは、ダーウィンの進化論を「人間社会における適者生存」の経験的証拠と見なした。この概念は、社会進化論という、上流階級が社会のほかの構成員に対して優位に立ち、いわゆる原始社会を搾取または征服することを求める、今では信用されていない理論に変化していった。だが、強者が弱者を犠牲にして利益を得ることを正当化するこの理論は、ありがたいことに、多かれ少なかれ平等な現代社会ではほとんど支持されなくなった。

機械論的世界観の特徴は、進歩という概念にある。進歩とは、秩序のない自然界が、人間が利用できるように、より秩序ある物質環境を作り出す過程であると考えるのである。つまり、進歩とは、自然界を操作して、原初の状態よりもさらに大きな価値を生み出すことである。この点で、科学とは、自然のあり方を学び、自然界を一貫した原理や法則に基づかせるための手法である。しかし、『エントロピー』の著者である経済社会評論家ジェレミー・リフキンは、機械論的世界観を含む近代に生まれたさまざまな世界観は、いずれも**生命力や妥当性を失いつつある**、と述べている。(3) これらの世界観は、経済成長を優先し、ほかのすべてのものを犠牲にしてきた進歩志向の基盤であり、環境に対して取り返しのつかない損害を与える結果になった。したがって、これらの世界観は、現在、ますます不適切に見え始めている。

Words & Phrases

□ René Descartes	ルネ・デカルト（フランスの哲学者、数学者）
□ Newtonian mechanics	ニュートン力学
□ *The Origin of Species*	『種の起源』（進化論について記されたダーウィンの古典的著作）
□ evolutionary biology	進化生物学
□ be comparable to ~	～に匹敵する
□ a supplement to ~	～を補うもの
□ empirical evidence	経験的証拠
□ the survival of the fittest	適者生存
□ social evolutionism	社会進化論
□ a now-discredited theory	現代では支持されない理論
□ egalitarian modern society	平等な現代社会
□ primordial state	原初の状態
□ irreparable damage to the environment	環境への取り返しのつかないダメージ
□ gain currency	広く認められる

(1) 正解 4

訳 1 世界観の有効性を掘り下げる
2 支配的な機械論的見解を疎外する
3 機械論への触媒となる
4 機械論的世界観の正当性をさらに高める

解説 第1パラグラフの5文目を参照。「ダーウィンの生物進化論は、ニュートンの宇宙機械体系を補うもの」とある。この2つの理論の関係が、6文目でも繰り返されていることに注目しよう。選択肢4を空所に当てはめると、「(ダーウィンの理論の表面的な部分が) 機械的世界観のさらなる正当化に適用された」とつながるので、これが正解。1は「世界観」がピンポイントではなく、2は「〜を疎外する (marginalize)」が誤り。3は「触媒 (a catalyst)」が文意に合わない。

カリスマ講師の目 言い換えパターンに注意！

ここでは本文5文目の becoming a supplement to Newton's mechanics（ニュートン力学を補うこと）が、選択肢では applied to further legitimize the mechanical worldview（機械論的世界観のさらなる正当化に適用）と言い換えられている。

(2) 正解 4

訳 1 重要な科学的真理を無視した
2 デカルトの理論とは無関係である
3 重要な例外がいくつかあった
4 行き過ぎたこともあった

解説 第2パラグラフ全体のキーアイデアを問う問題。ダーウィンの進化論に負うところが大きい機械論的世界観は、「人間社会における適者生存」つまり、上流階級が原始社会を搾取し、強者が弱者を犠牲にして利益を得ることの正当化に使われたが、現代はほとんど支持されない、とある。それらを概念化した、4の「(機械論的世界観は) 行き過ぎたこともあった」が正解。1の ignored だと文意が逆となり、2の「デカルトの説とは無関係」は誤り。3の「重要な例外がある」は文意に合わない

カリスマ講師の目 サマリー型は速読で大意をつかめ！

パラグラフ全体を俯瞰（ふかん）して流れを問う問題は、速読が鍵。細かい点に気を取られていると、大意がつかみにくい。全体の論理の展開を追い、概念化するトレーニングをしよう。ダーウィンの『進化論』は頻出トピックなので、背景知識を持っていることも重要だ。

(3) 正解 **4**

訳 **1** 世界で通用するようになる
2 環境との関係が希薄になる
3 環境技術と表裏一体である
4 生命力や妥当性を失いつつある

解説 第 3 パラグラフ最後の 2 文を参照。「機械論的世界観は、経済成長を優先し、ほかのすべてのものを犠牲にした進歩志向の基盤であり、環境に対して取り返しのつかない損害を与えたため、これらの世界観は、現在、ますます不適切に見え始めている」とあるので、4 の「生命力や妥当性を失いつつある」が正解。1 は文意と逆で、2 や 3 には言及がない。

空所前後のパラフレーズを見抜け！

ここでは本文の beginning to look increasingly inappropriate と正解の選択肢 losing their vitality and validity の言い換えを見分けられるかが鍵だ。

訳

予測と意思決定

事実上、すべての決断はある程度予測されたものであることを考えると、私たち人類が、いかにそれが苦手であるかは注目すべきことである。ノーベル経済学賞を受賞した心理学者ダニエル・カーネマン氏は、私たちは「ヒューリスティクス」(精神的な近道やルール)、およびより難しい問題をより簡単な問題に置き換え可能な経験から得られるバイアスによって、複雑な世界を理解していると論じている。(4) 残念ながら、こうした近道は**意図した通りに機能しない**ことが多いことが、彼の研究によって明らかになった。このようなバイアスは、統計的な知識やそれを適切に適用する忍耐力が不足しているために起こりがちで、(4) その結果、未来に何が起こるかを十分に予測することができないのだ。

この失敗は、個人的な重要事項の決定から政策的な決定に移るときに、より大きな意味を持つことになる。心理学者のフィリップ・テトロック氏とイベント・ホライズン・ストラテジーズの共同設立者兼代表のJ・ピーター・スコブリック氏は、「すべての政策は予測」であり、手段と目的の間の因果関係と仮定するものだと指摘している。COVID-19の危機は、想像力の失敗、つまり未来を正確に予測することの失敗であり、結果として、政府の計画や予算は従来の「安全」の定義を反映し、新種のウイルスが出現したときに、私たちは苦労することになった。

COVIDの失敗により、政策立案者はそのギャップを埋めようと躍起になっている。最新の取り組みとして、テトロック氏とスコブリック氏は、政策立案者に確率的予測とシナリオプランニングを組み合わせることが最良の結果を生むと助言している。もちろん、**最初は奇抜な発想に見えるかもしれない**。(5) この2つのアプローチは、将来について全く異なる仮定をしている。シナリオプランナーは、可能性のある未来があまりにも多く存在するため、重要なのは確率ではなく、もっともらしいことであるという信念から出発する。そして、それらの未来を特定しようとする。しかし、意思決定者は、そのような想像の輪郭を理解するだけでは十分ではないと不満を漏らす。必要なのは可能性の感覚で、そこで登場するのが予測屋である。予測屋は、起こりうる結果の確率を計算しようとする。テトロック氏とスコブリック氏は、この2つを組み合わせた総合的なアプローチによって、「政策立案者に、考えうる未来の範囲と、どの未来が出現しそうかについての定期的な最新情報を提供することができるだろう」と結論づけている。

予測について研究が進むと、皮肉なことに、テトロック氏は、名声と正確さの間に**逆相関がある**ことを発見した。(6) 最も有名な専門家は、予測の記録が最悪であることが判明したのだ。氏はほかの要因として、メディアが短くシンプルで説得力のあるストーリーを要求し、長く複雑かつ、必ずより正確になるようなニュアンスを軽んじていることを非難した。テトロック氏は次のように述べた。専門家も「結局は人間だ。自分の才覚に目がくらみ、間違っていることを嫌う。専門家が道を誤るのは、何を信じるかではなく、どう考えるかによるのだ」

Words & Phrases

□ heuristics	発見的教授法 （必ず正解するとは限らないが、ある程度正解に近い解を見つけるための経験則や発見方法）
□ substitute A for B	B の代わりに A を使う、B を A で代用する
□ posit ~	～と仮定する
□ a causal relationship	因果関係
□ plausibility	もっともらしさ
□ the contours of ~	～の輪郭
□ enter the picture	（その場に）登場する
□ a holistic approach	総合的なアプローチ
□ conceivable future	考えうる未来
□ devalue the nuance	ニュアンスを軽視する
□ invariably	常に
□ be dazzled by ~	～に目がくらむ
□ be led astray by ~	～に道を迷わされる （lead A astray で「A を迷わせる」の意）

(4) 正解 2

訳 1 経験による偏りがある
2 意図した通りに動かない
3 簡単な問題を難しくしてしまう
4 寛容性や注意力を奪ってしまう

解説 第1パラグラフ3文目、空所の前にUnfortunatelyがあるので、未来の予測は主に経験に基づくという2文目に対する逆接だと判断できる。また4文目には、「その結果、未来に何が起こるかを十分に予測することができない」と書かれていることから2が正解。1は前文からの順接になってしまうので不正解。3は、空所直後の「知識や忍耐力不足」の内容と合わないので不正解。4はこのパラグラフでの言及がなく、文脈に合わないので不正解。

カリスマ講師の目 順接、逆接型問題に注目！

前にある副詞や接続詞に注意し、空所を含む文が順接なのか逆接なのかを見抜こう。

(5) 正解 3

訳 1 通常、ギャップを補うことができない
2 これは一般的に非常に危険である
3 最初は奇抜な発想に見えるかもしれない
4 ある意味、常識である

解説 空所直後のコロンのあとには、「この2つのアプローチは、将来について全く異なる仮定をしている」と書かれているので、その内容に相当する3が正解。1、2、4はコロン後の内容に合わないので不正解。

カリスマ講師の目 サマリー型に注意！

コロンのあとには、直前の文の具体例や説明が書かれている。その内容を要約して考えよう。

(6) **正解** **2**

訳 **1** いくつか類似点を認識した
2 逆相関を見出した
3 絶妙なバランスを見出した
4 強い並列性を感じた

解説 空所のあとのセミコロンは接続詞的な働きをしており、ここでは順接であると読み取れる。よって、「最も有名な専門家は、予測の記録が最悪であることが判明した」という内容につながる2が正解。an inverse correlation とは、いわゆる「反比例」のことだ。1、3、4は逆の意味になるのでそれぞれ不正解。

カリスマ講師の目 順接、逆接型問題に注目！

セミコロンは接続詞的な働きをすることに注意。文の前後を読んで、順接なのか逆接なのかを見抜こう。

訳

英国が抱く巨大な妄想

英国が新しい首相を選ぶのに苦労している今、メディア上の論評や世論の議論の多くの中を巨大な妄想が流れている。それは、英国が EU から合意離脱しようが、「ノーディール」で離脱しようが、あるいは単に EU にとどまろうが、法律や政府に対して何らかの新しい主権的コントロールを得ることができ、それによって事態が有利に変化するだろうという、極めて単純なものである。この妄想は、稚拙な判断に基づく、EU によって触発された過剰な規制の数多くの例や、英国の法廷における EU 法のいら立たしい優位性によって拍車がかかっている。28 カ国から成る加盟国グループが決定を下すために通らなければならない面倒で厄介な手続きや、(7) 欧州司法裁判所や欧州人権裁判所による多くの場合理にかなっていない裁定が、この妄想をあおっている。皮肉なことに、後者は実際には EU とは何の関係もなく、離脱しようと残留しようと存在し続けるのだが、そのことをわざわざ説明する論者はほとんどいない。実際、この最後のポイントは、大きな妄想を明確に示している。今日の深く相互依存的な世界では、「支配権を握る」、「自分たちの法律を作る」、「自分たちの国を取り戻す」といった響き渡る隠喩によって象徴される考え方は、根本的に、知的に、そして事実関係においても欠陥があるのだ。EU 加盟国であることとは全く関係のない法律や制度が、日々地球上に拡大している。それらは、今や私たち全員と国際的な無秩序との間に立つ、規則に基づく秩序の一部なのだ。あらゆるレベルで行動を縛りつける網が、秩序ある日常生活とそれを治める法律のほとんどすべての側面を形成している。純粋な、主権者が支配する世界は永遠になくなってしまっているのだ。

それゆえ、英国の新首相が哀れである。(8) 彼はまず、幻想の達人となり、英国を EU から引き離すという一見不可能な芸当をしなければならないだろう。そして、メディアや大衆が理解できるよりも、自分の権限がはるかに制限されていることを辛抱強く説明しなければならないだろう。英国が一種の隠者王国になろうとしない限り、以前とさほど変わらない国際的な規則や手続きの網の目によって生活が支配され続けることを明らかにしなければならないだろう。最も難しいのは、これほどまでに声高く要求されているナショナル・アイデンティティとローカル・アイデンティティの両方が、実は国際的でグローバル化した状況とその避けがたい規律に従うことによって、成り立っていることを説明することであろう。

これは、デジタル化し、グローバル化した時代の大いなる逆説である。(9) 人類の多くが求める即時のコミュニケーションとかつて例を見ないほどの連結性、そして世界をまたぐ巨大なプラットフォームは、矛盾した謎を生み出している。独立性の向上は、ますます大きくなる相互依存性に頼っている。ポピュリズム的な国家主義と地方主義がほぼ至るところでますます渇望されているが、これは人類をグローバル化し、均一化しているのと同じ力によって推進され、実現されている。「私たち」であること、支配権を持つことへの要求は、現代世界を何とかまとめようとしている、より高度な規則と統制の織り成す現実を受け入れることと手を取り合って初めて、実質的な内容を持つようになる。複雑？ とても。直感に反する？ そうだ。分極化した単純さとメディアによる誇張の時代にあって、人に理解させるのはほとんど不可能？ 確かに。しかし、安定した政治を実現し、怒りを鎮め、社会を統治し続けるためには、何とかしてこのメッセージを説得力を持って伝え、受け入れられるようにしなければならない。

Words & Phrases

□ struggle to choose	選ぶのにもがく
□ run through much of the media comment and public debate	メディア上の論評や世論の議論の多くを貫く
□ beneficially	有利なように
□ be fed by numerous examples of ~	数多くの～の例によって拍車がかかる
□ poorly judged and EU-inspired overregulation	稚拙な判断に基づく、EU によって触発された過剰な規制
□ the irritating superiority of ~	人をイライラさせる～の優越性
□ be fueled by cumbersome procedures	面倒で厄介な手続きによってあおられる
□ have to go through to *do*	～するのに通らなければならない
□ the often perverse rulings	多くの場合理にかなっていない判決
□ the European Court of Justice	欧州司法裁判所（EU における最高裁判所に相当する）
□ the European Court of Human Rights	欧州人権裁判所（EU 加盟国を対象とした人権救済機関）
□ crystal clarity	（水晶のような）明晰（めいせき）さ
□ today's deeply interdependent world	今日の深く相互依存している世界
□ embodied in such ringing metaphors as ~	～のような響き渡る隠喩によって具現化される
□ fundamentally, intellectually, and factually flawed	基本的に、知的に、そして事実関係においても欠陥がある
□ the rules-based order	規則に基づいた秩序
□ international anarchy	国際的な無秩序
□ a binding weave of behavior	行動を縛りつけるような網
□ ordered daily life and its governing laws	秩序ある日常生活とそれを治める法律
□ seemingly impossible trick	不可能に見える芸当
□ hermit kingdom	隠者王国
□ be loudly demanded	声高く要求される
□ rest on conformity with ~	～に従うことに寄りかかっている
□ the international and globalized context	国際化し、グローバル化した状況
□ unavoidable disciplines	避けることができない統制
□ the grand paradox of the digitalized, globalized age	デジタル化し、グローバル化した時代の大いなる逆説
□ unparalleled connectivity	かつて例を見ないほどの連結性
□ the giant platforms bestriding the globe	世界をまたぐ巨大プラットフォーム

□ a contradictory puzzle	矛盾している謎
□ growing interdependence	ますます大きくなる相互依存性
□ burgeoning	拡大する
□ populist nationalism and localism	ポピュリズム的な国家主義と地方主義
□ increasingly craved almost everywhere	ほとんど至るところでますます渇望される
□ homogenize humanity	人類を均一化する
□ go hand in hand with ~	~と手を取り合う
□ counterintuitive	反直感的な
□ get over ~	(人に) ~を理解させる
□ media exaggeration	メディアによる誇張
□ be persuasively conveyed	説得力を持って伝えられる
□ outrage assuaged	憤慨はなだめられる (=outrage is to be assuaged)
□ society to remain governable	社会が統治可能であり続ける (=society is to remain governable)

(7) 正解

訳 この文章の筆者によると、英国のメディアで見られる妄想を例証する真実の一例はどれか。

1 欧州人権裁判所が、今後も英国の法律に影響を与え続けることは明らかである。

2 EU の政策によりもたらされた過剰な規制は、実際には英国の主権にそれほど悪影響を与えてきてはいない。

3 EU 内での煩雑な合意形成のプロセスは、英国政府内で導入されてきた。

4 英国が EU を離脱しようがしまいが、欧州司法裁判所は英国の法律に対して何の権限も持たず、その意味で英国は既に主権を握っている。

解説 第1パラグラフの4～6文目を参照。6文目の this last point は5文目の内容を指しており、5文目の the latter は4文目の the European Court of Human Rights を指している。これらの内容を言い換えた1が正解。2については「悪影響を与えていない」の記述はない(無言及パターン)。3については「合意形成のプロセスが英国政府内で導入されてきた」が妄想をくつがえす例ではない(すり替えパターン)。4については、そもそも「英国は既に主権を握っている」という点が本文の内容と矛盾する(すり替えパターン)。

カリスマ講師の目 言い換え型に注目！

本問で正解にたどり着くには、キーワード(delusion, illustrate)を手掛かりに指示語をたどっていく必要がある。本文の will still be there が正解の選択肢では will continue to have an effect と言い換えられている。

(8) 正解 **1**

訳 この文章の筆者が英国の新首相に同情する理由の一つは何か。

1 新首相は、英国が EU メンバーである間に影響を受けてきた規制から完全に自由であると英国民に納得させる必要があるが、実際には不可能である。

2 EU 離脱後も英国が緊密な同盟国であり続けることを EU にアピールする必要がある。

3 英国民が真実だと思っていないのに、EU 離脱後、自国の法律や政府に対して新たな主権が得られると確信させなければならない。

4 より大きな独立を達成したと信じている英国民に、実際は隠者の王国に住んでいることを明らかにしなければならない。

解説 第 2 パラグラフの 2 文目を参照。英国を EU から引き離すことは impossible とあり、a master of illusion でなければならない（→つまり人々にそう思いこませなければならない）とあるので、1 が正解。2 については記述がない（無言及パターン）。3 については「英国民が真実だと思っていないのに」が、国民は新たな主権が得られると考えているという本文の内容と矛盾する（すり替えパターン）。4 については「隠者の国に住んで」はまだいないので、やはり不正解。第 2 パラグラフの 4 文目で unless Britain is attempting to become a kind of hermit kingdom と仮定しているだけである（言い過ぎパターン）。

カリスマ講師の目 行間型&言い換え型に注目！

本文第 2 パラグラフ 2 文目の will have to be a master of illusion という表現から、the delusion（国民が主権を得られるという幻想）を信じさせる必要があるという行間を読み取ろう。また同じく 2 行目の seemingly impossible ≒ apparently not feasible という言い換えにも注意。

(9) 正解 **4**

訳 デジタル化、グローバル化時代の大いなる逆説とは

1 国家主義という要求は、その拡散に寄与するグローバルなプラットフォームの解体によってのみ満たされる。

2 国家主義や地方主義を支持する人がますます増えているが、彼らの自国文化への評価は、グローバリゼーションの嵐によってあおられている。

3 大多数の人が均質的なグローバル社会を切望しているが、グローバル化は文化の多様性を引き起こすものである。

4 瞬時の連結性を提供し、グローバリゼーションを促進する巨大なプラットフォームは、同時に国家主義と地方主義を推進するものである。

解説 第3パラグラフの2～4文目を参照。4文目に渇望されている「国家主義と地方主義」は「人類をグローバル化、均一化しているのと同じ力によって推進され、実現されている」とある。このグローバル化、均一化の力は2文目で説明されている巨大プラットフォームだと考えられるので正解は4。1については、「解体」される必要性については述べられていない（無言及パターン）。2については、後半の「自国文化への評価がグローバリゼーションによってあおられている」とは述べていない（無言及パターン）。3については、前半の「均質的なグローバル社会を切望している」が本文の内容「国家主義や地方主義が渇望されている」に矛盾している（すり替えパターン）。

カリスマ講師の目 サマリー型&行間型に注目！

正解にたどり着くには、キーワード（第3パラグラフ1文目の the grand paradox）を手掛かりに、そのあとに続く複数文の説明をまとめる必要がある。4文目にある the same forces が the instant communication and unparalleled connectivity を指しているのだと行間を読み、それを提供しているのが the giant platforms であると読み取る必要がある。

訳

国民幸福度を集計する

ほとんどの国で、進歩は GNP（国民総生産）や GDP（国内総生産）で測られる。しかし、ある小さな国では、驚くほど異なる尺度が採用されている。1972 年、ブータン国王は、ヒマラヤの内陸にあるこの小国の発展を、今後は GNH（国民総幸福量）で測ると宣言したのだ。資産ではなく、満足度がブータンの公式な優先事項となった。国民の幸福度を示す指標として、利益、損失、黒字、赤字は、「国民総幸福量」の 4 つの柱のうちのたった 1 つにまとめられた。したがって、ブータンの首相は国会への年次報告で、「公平で持続可能な」社会経済開発だけでなく、「文化的価値の保存と促進、自然環境の保全、良い統治の確立」についても証言する。ブータンは、革命的な社会哲学が生まれるには奇妙な場所に見えるかもしれない。(10) もともと地理的に隔離されたその国は、アクセスを厳しく制限することで、シャングリラのような謎めいたイメージを定着させている。だから、GNH をブータンの奇抜さのよくある魅力的な表現だと見なしたい衝動は強い。

(11) しかし、このブータン国王の仏教に由来する布告は、海外の経済学者や社会科学者の間に大きな関心を呼び起こした。ブータンは、市場原理主義に代わる有望な選択肢と考える経済学者もいるところの哲学を実践しているのである。それは、反開発、あるいは反グローバリズムというよりも、プロバランスというべきものである。あるブータンの学者は、GNH は教育や技術などの近代的な進歩を否定するものではなく、「近代的な開発というハンバーガーをブータンのまんだらにどう取り入れるか」を考えることを意味すると説明している。ブータンにとって、それはファストフードやテレビ、インターネットへの扉を開くと同時に、文化的・精神的遺産や素晴らしい環境を守り、称えることを意味するのかもしれない。ブータンの国土は狭く、物理的に孤立しているため、これを行うのは容易である。だが、より大きな先進国にとって、GNH はどのような意味を持つのか。

アメリカの心理学の教授であるエド・ディーナーによると、まず必要なことは「政策立案者の考え方の大転換」だという。(12) 単に経済指標を国家の進歩の指標として考えるのではなく、教育、医療、環境の状態といった社会的指標と、そしてより主観的な生活満足度の指標の両方を考慮に入れるという考えに、政府は慣れなければならないだろう。もちろん、課題となるのは 3 番目の部分である。教育や医療は投票に影響するので、多くの政府が関心を寄せている。(12) しかし、生活満足度とは何から成るのか、それを高めるために政策立案者は何をすればいいのか。

そのコツは、経済的な進歩に対するあまりに限定的な関心が生み出す、しばしば有害な副作用の是正に焦点を当てることである。労働条件、休暇、余暇、育児などの重要性を認識させる。ボランティア活動の社会的価値を考慮する。環境悪化による損失について正直に説明し、産業の利益評価を相殺する。収益額の定義を広げる。そうすれば、従来理解されていた意味での収益額はより上がるだろう。なぜなら、より幸福で健康的な労働者はより生産的であるはずだからである。ブータンは、その壮大な実験から 32 年が経過し、ハイカーやヒッピーだけでなく、知識人の導き手にもなっている。

Words & Phrases

□ tally ~	~を集計・勘定する
□ gross national product (GNP)	国民総生産
□ gross domestic product (GDP)	国内総生産
□ a startlingly different yardstick	驚くほど異なる尺度
□ landlocked	内陸の
□ henceforward	今後は
□ be gauged	測られる、評価される
□ official priority	公式な優先事項
□ as indicators of ~	~の指標として
□ be folded into ~	~に畳み込まれる
□ testify about ~	~について証言する
□ equitable and sustainable	公平で持続可能な
□ preservation and promotion of cultural values	文化的価値の保存と促進
□ conservation of the natural environment	自然環境の保全
□ establishment of good governance	良い統治の確立
□ a revolutionary social philosophy	革命的な社会哲学
□ bubble up	泡立つ、沸き起こる
□ lock in its image as ~	~としてそのイメージを固定する、確定する
□ enigmatic	謎めいた、不思議な
□ tightly control access	アクセス（近づくこと）を厳しく制限する
□ just another	よくある、ありふれた
□ eccentricity	奇抜さ
□ spark real interest among ~	~の間に大きな興味をかき立てる
□ put ~ into practice	~を実践する
□ a promising alternative to market fundamentalism	市場原理主義に代わる有望な選択肢
□ not so much A as B	A というよりむしろ B
□ pro-balance	プロバランス（バランスを重視する姿勢や価値観）
□ place ~	~を配置する、セットする
□ the Bhutanese mandala	ブータンのまんだら（ブータンの価値観・世界観を表している）
□ preserve and celebrate ~	~を守り称える
□ policymaker	政策立案者
□ factor in ~	~を考慮に入れる
□ influence votes	投票に影響する
□ redress the deleterious side effects of ~	~の有害な副作用を是正する
□ a narrow concern with ~	~に対する限定的な懸念
□ promote appreciation of the importance of ~	~の重要性を認識させる

□ offset A with B	A を B で相殺する
□ an honest accounting of the losses	損失についての正直な説明
□ environmental degradation	環境悪化
□ broaden the definition of ~	~の定義を広げる
□ the bottom line	ボトムライン、最終的な損益
□ they say ~	~ということだ
□ the bottom line as traditionally understood	従来理解されている意味でのボトムライン
□ benefit	得をする、利益を得る
□ become a beacon for ~	~にとっての導き手（標識）となる

(10)

正解 3

訳 GNH が、ブータン人の奇抜さの表現と考えられるかもしれない理由は

1 国民の幸福度を示す多くの指標が、国の進歩を測るために恣意(しい)的に GNH の一つの要素に組み込まれているから。

2 経済繁栄という目標を達成するために、ブータンの首相は GNH を重要な戦略として用いており、それは国民総生産を優先する世界のほかの多くの国とは対照的だから。

3 それはすでにさまざまな意味で特異な存在として認識されている孤立した国から生まれた、型破りな概念だから。

4 それは数十年前にブータン国王が定めた政策であり、世界にブータンの存在感を示すために、複数の変わった計測方法を組み合わせたものだから。

解説 第 1 パラグラフの 8 ～ 9 文目を参照。8 文目ではその地理的条件とアクセスの制限からくるブータンの謎めいたイメージについて、9 文目では GNH がブータンの奇抜さを表す表現と言われている。その内容を言い換えた 3 が正解。1 については、「多くの指標」が間違っている（本文では、利益や損失といった経済的な指標を指しているのみ）のと、「恣意的」とは言われていない（すり替えと無言及パターン）。2 については「経済繁栄」が目標とは述べられていない（無言及パターン）。4 についても「ブータンの存在感を示すために」などとは述べられていない（無言及パターン）。

カリスマ講師の目 行間型 & 類語言い換え型に注目！

本文の 7 文目も伏線となっており、revolutionary social philosophy が選択肢では unconventional concept に、9 文目の eccentricity が選択肢では being idiosyncratic と言い換えられている。また、本文で紹介されているブータンの複数の特徴が、正解選択肢では in various ways と表されている。

(11) 正解 **1**

訳 ブータンにおけるGNHの導入は、なぜブータン国外の関心を集めているのか。

1 経済成長だけを重視する現在の手法に代わり、GNHは国の成長を総合的に評価する有力な選択肢となりえる。

2 経済学者は、それ（GNH）を、近い将来、ほかの国々にも波及する可能性のある革命的なグローバル・ムーブメントの前兆と見ている。

3 専門家は、ブータンがGNHを発展のガイドラインとして用いることで、ブータンが持続可能な発展とともにある経済的繁栄を体現できることを期待している。

4 これはブータンの対外開放への意欲の表れであり、同国との貿易拡大の機会があることを示唆している。

解説 第2パラグラフの1～2文目を参照。1文目で「海外の経済学者と社会科学者の関心を集めている」とあり、2文目にその理由として「市場原理主義に代わる有望な選択肢」とある。その内容を表した1が正解。2については「ほかの国々にも波及する可能性がある革命的な」という部分が言い過ぎパターン。3については「ブータンが……体現できると期待している」とあるが、本文では述べられていない無言及パターン。4についても「ブータンとの貿易拡大の機会」に関しては述べられていない。

カリスマ講師の目 サマリー型＆類語言い換え型に注目！

第2パラグラフ2文目のpromisingは正解選択肢ではviableに、market fundamentalismはcurrent methods that only emphasize economic expansionにそれぞれ言い換えられている。選択肢のholistically（総合的に）は4文目と5文目の「成長を測る従来の指標もGNHに取り入れる」をまとめたものとなっている。

(12) 正解 **3**

訳 GNH を国民の幸福度に適用する際に、最も困難な点は何か。

1 教育や医療から、環境保護や文化保護など主観的にしか扱えないものへ焦点を移すこと。

2 従来の指標で失われたものを新しい指標で補うために、国家政策の全体的な利益を再定義すること。

3 国民の幸福にとって重要でありながら、無形で捉えにくい要素を測定するための指標を設計し、推進すること。

4 国が先進国と見なされるために必要な、従来の経済的要素を見失わないこと。

解説 第 3 パラグラフの 2 ～ 3 文目、5 文目を参照。3 文目に that is the challenge とあり、that が指しているものが 2 文目の内容だ。それは「生活満足度とは何か」。5 文目では疑問形で問題提起がされている。指標が捉えにくいことがわかるので、3 が正解。1 については「教育や医療から……焦点を移す」とまでは述べていないので、言い過ぎパターン。2 については「補う」や「再定義する」といったことは本文で述べられていない無言及パターン。4 については、特に「経済的要素を見失わないこと」が最も困難とされているわけではないのですり替えパターン。

カリスマ講師の目 **行間型 & 類語言い換え型に注目！**

第 3 パラグラフ 2 文目の subjective や 5 文目の what does life satisfaction consist of? が、正解選択肢では intangible, elusive で表されている。また 2 文目の factoring in both social indicators...and much more subjective measures of life satisfaction という部分から、designing indicators（指標を設計すること）の必要性が読み取れる。これを promote することについては、本文 5 文目の最後に述べられている。

訳

ヴァイキング

その最西端と最東端の両方において、広大で融合された超大陸ユーラシアは断片に、完全には対応しない周辺部に位置する島々に分かれている。東には海南島、台湾、日本列島、千島列島があり、西の大陸沖にはイギリス諸島、シェトランド諸島、フェロー諸島、アイスランドがある。東西ともに、このような辺境の地には数千年にわたり人類が定住していたようで、その人々の多くは近隣の大陸から来た人々であった。最近、長崎県沖の海底から一部完全なままのモンゴル船が見つかるという水中考古学的な発見があったが、これは、13 世紀のモンゴルの覇者フビライ・ハンが日本列島を征服する前に、接近していた船団が長崎沖で座礁し、いかに日本が侵略から救われたかを思い起こさせるものである。日本とは対照的に、ヨーロッパの西側はそれほど運がよくなかった。(13) 中央アジアの草原を拠点としていたモンゴル人とは異なり、初期のヨーロッパ文明や帝国は沿岸部を拠点としていたからだ。ギリシャ人とローマ人は航海に非常に優れていた。ローマ人は陸上にも優れ、2,000 年以上も前に西ヨーロッパ、北アフリカ、地中海沿岸を支配し、すぐに周辺の島々も支配するようになった。

帝国を築いたギリシャやローマを別として、1066 年にノルマン人がイギリスに侵攻する 1,000 年以上前に、西ヨーロッパは繰り返される混乱や戦争、侵略の波を経験していた。その中でも最も悪名高いのは、現在ヴァイキングと呼ばれている北欧の人々によるものであっただろう。これらスカンジナビアの商人、探検家、貿易商は主に沿岸に住んでおり、(14) そして最も重要なのは、海の達人であることだった。700 年代後半になると、彼らの平和的な活動は、修道院や沿岸の集落を襲う略奪的な襲撃へと発展していった。8 世紀後半から 11 世紀半ばまでの約 400 年間に、(14) 彼らはスカンジナビア沿岸から白海、さらにはヴォルガ川、南はイベリア半島から東は地中海、その先の黒海にまで勢力を及ぼした。

(15) この攻撃的な拡張主義の背景の理由については多くの議論がなされていて、以下のようなものが挙げられる。キリスト教の北方への侵入の対応、814 年にカール大帝の治世が終わり、彼が率いる神聖ローマ帝国が分裂し始めたことによるヨーロッパ大陸のパワーバランスの変化、相対的に不毛な北欧の故郷で人口過剰になったことによる移住、探索・発見・略奪へと彼らを駆り立てた気質と社会などである。ヴァイキングは (14) 航路を見つけることにおいても非常に長(た)けており、バルト海、北海、イギリス諸島、そしてオークニー諸島、シェトランド諸島、フェロー諸島などの北方諸島を訪れたが、彼らの旅はそこにとどまらず、長さ 15 メートルにも満たない (14) 見事に建造された帆船で北大西洋を横断し、アイスランド、グリーンランド、そしてニューファンドランドまで足を延ばした。

9 世紀にヴァイキングに襲撃された島々の一つが、(16) アイルランド南西部に浮かぶスケリッグ諸島で、そこには風と海の条件が揃わなければ上陸することができない。スケリッグ・マイケル島は、冷たい北大西洋から険しくそびえ立つ。驚くべきことに、6 世紀から 7 世紀にかけて、(16) アイルランドのキリスト教修道士たちがここに隠居所を建て、最終的には世を捨て禁欲的な生活を営む修道院を建てた。

上陸は可能でも、修道士が切り開いた急峻（きゅうしゅん）な石段により断崖絶壁を登ることは、多くの観光客を圧倒する。しかし、(16) 標高 230 メートルの山頂に登り、その眺めだけでも堪能する価値は十分にある。

だが最も心を奪われるのは、その島の頂上にある光景である――中世初期に建てられた、古めかしいハチの巣のような形とコーベル式の石屋根を持つ簡素な乾式石造りの住居である「クロッカン」、その礼拝堂や石造りの墓碑、印象的な一枚岩の十字架、のちに建てられた聖ミカエル教会がある。スケリッグ・マイケルの修道院が非常に遠く、なかなか到達できないことは畏敬の念を抱かせるのに十分でないかのように、島の南西の頂上、現代の訪問者が近づくにはあまりにも危険な場所にエルミタージュがある。主峰の修道院から隔絶されたエルミタージュは、真の孤独を求める人たちの究極の隠れ家だった。この場所から外を眺めると、信心深いかどうかにかかわらず、かつてここで隔絶された修道士たちの信仰の深さと彼らを駆り立てた精神性に感嘆せずにはいられない。しかし、それらの聖職者が 9 世紀のヴァイキングの襲撃を逃れるには、ここで遠く離れて孤立しているだけでは不十分だった。果たして、彼らは襲撃されるに値するほどの十分な富を生み出したのだろうか。それとも、彼らの運命はキリスト教会の教義に対するより広範な攻撃に関連していたのだろうか？

Words & Phrases

□ the Vikings	ヴァイキング（8 ～ 11 世紀にスカンジナビア半島やデンマークからヨーロッパ各地に侵入した北ゲルマン人の別称）
□ at both its western and eastern extremes	その最西端と最東端の両方において
□ the great fused supercontinent of Eurasia	広大で融合された超大陸ユーラシア
□ break into fragments	断片に分かれる
□ not quite matching fringes of islands	完全には対応しない周辺部に位置する島々
□ the likes of ~	～のような
□ the Japanese archipelago	日本列島
□ off the western mainland lie ~	大陸本体の西の沖合には～がある
□ the British Isles	イギリス諸島
□ the Shetland Islands	シェトランド諸島（スコットランドに属する諸島）
□ the Faroe Islands	フェロー諸島（デンマークの自治領である諸島）
□ settlement of these outlying fringes by humans	これら周辺地域に人々が定住すること
□ take place over an extended period of several millennia	数千年の長期にわたる期間を通して起こる
□ with colonists coming largely from the nearby continent	入植する人々はほとんど近くの大陸（ユーラシア大陸）から渡ってきて
□ underwater-archaeological discovery	水中考古学上の発見
□ a partially intact Mongol ship	一部完全に保存されていたモンゴルの船
□ on the seabed off Nagasaki Prefecture	長崎県沖合の海底で
□ the approaching fleets of Kublai Khan foundered there	迫りくるフビライ・ハンの艦隊がそこで沈没した
□ Mongol ruler	モンゴルの支配者
□ have a chance to conquer ~	～を征服する機会を得る

□ the steppes of central Asia	中央アジアのステップ（草原地帯）
□ be extremely competent ocean-goers	航海に非常に優れている
□ excel on land	陸上で優れている
□ come to dominate ~	～を支配するようになる
□ Greek and Roman empire-builders apart	帝国を築いたギリシャやローマを別にして
□ ~ years prior to …	…の～年前に
□ repeated waves of unrest, warfare and invasion	繰り返される混乱、戦争、そして侵略の波
□ the Norse people	ノルウェー人、北欧の人（ここではヴァイキングの意味）
□ be largely coastal dwellers	ほとんどは沿岸部に住む人々
□ evolve into plundering raids	略奪を伴う襲撃へと発展する
□ begin with attacks on ~	～への攻撃で始まる
□ monasteries and coastal settlements	修道院や沿岸の集落
□ extend their reach up to ~	～まで影響を及ぼすようになる
□ the Volga River	ヴォルガ川（ロシア西部を流れる川）
□ this aggressive expansionism	この攻撃的な拡張主義
□ be much debated	さまざまな議論がされている
□ a response to northward incursions of Christianity	キリスト教の北方への侵入に対する反応
□ the reign of Charlemagne	カール大帝（8～9世紀のフランク王国の王）の治世
□ the Holy Roman Empire	神聖ローマ帝国
□ begin to fragment	分裂し始める
□ overpopulation in the relatively unfertile Norse homelands	相対的に不毛なヴァイキング故国での人口過剰
□ emigration	（自国から他国への）移住
□ the Baltic Sea	バルト海
□ the Orkneys	オークニー諸島（イギリス領の諸島）
□ span the North Atlantic	北大西洋をまたぐ
□ Newfoundland	ニューファンドランド島（カナダの東海岸にある島）
□ the Skellig Islands	スケリッグ諸島
□ off southwest Ireland	アイルランドの南西の沖合に
□ can only be landed on when ~	～のときにしか上陸することができない
□ conspire to *do*	～するように共謀する
□ Skellig Michael	スケリッグ・マイケル島
□ rise steep and rugged from ~	～から急にそして荒々しくそそり立つ
□ found a retreat	隠居所を設立する
□ an eremitic monastery	世を捨て禁欲的な生活を営む修道院
□ scale the almost sheer flanks of the island by the precipitous stone steps	急峻な石階段で島の断崖絶壁を登る
□ hew out ~	～を切り出す
□ the scramble to ~	～へはい登ること

□ well worth it for the view alone	景色だけでも価値が十分にある
□ *clochan*	クロッカン（スケリッグ島に見られる石積みの小屋）
□ simple dry-stone dwellings	簡単なドライ・ストーン工法（モルタルを用いない石造りの工法）の住居
□ old-fashioned beehive	古めかしいハチの巣
□ with corbelled stone roofs	コーベル式（壁から石などを張り出させる建築技法）の石屋根を持つ
□ its oratories and stone grave slabs	その礼拝堂や石造りの墓標
□ an impressive monolithic cross	印象に残る一枚岩の十字架
□ St. Michael	聖ミカエル
□ the extreme remoteness and inaccessibility of the monastery	修道院が遠く離れてなかなか到達できないこと
□ awe-inspiring	畏敬の念を起こさせる
□ the Hermitage	エルミタージュ（隠者の住むところ）
□ hazardous	危険な
□ a place of extreme retreat	極度に隔絶された、隠者が身を引くところ
□ the driven sense of spirit	駆り立てられたような精神性
□ once cut off here	かつてここに隔絶された
□ embody ~	～を具現化する
□ their remote isolation	遠く離れて隔離されていること
□ spare those men of the cloth from becoming targets of ~	それらの聖職者が～の標的とならないようにする
□ generate sufficient wealth	十分な富を生み出す
□ (be) worthy of ~	～に値する
□ be linked to a broader attack	より広範囲な攻撃に関連する
□ on the tenets of ~	～の教義への（攻撃）

(13) **正解 1**

訳 ユーラシア大陸の西側の島々は、なぜ東側の島々に比べて恵まれていなかったのか。

1 西ヨーロッパで発展した大文明は、大陸の西端にある島々にもその力を拡大する能力のある海軍大国であったから。

2 西側にはフビライ・ハンのような強い侵略者が西側の島々に到達するのを止める嵐がなく、それらはしばしば征服されたため。

3 ローマやギリシャは優れた軍事戦略がある軍事大国であり、モンゴルよりもより永続する成功（支配）を収めることができたため。

4 西方の島々は大陸から遠く離れて点在しており、人々が航海してたどり着くにはより長い年月が必要だったから。

解説 第1パラグラフの5～7文目を参照。モンゴル人とは異なり、ギリシャ人とローマ人は航海に非常に優れていたとある。またローマ人は陸にも強く、広い範囲を支配したとある。よって1が正解。2については、西側に嵐に関する記述はない（無言及パターン）。3については、本文にローマ・ギリシャとモンゴルの成功の長さを比べている記述はなく、また4についても、たどり着くのにかかる時間に関する比較はされていないので、どちらも無言及である。

カリスマ講師の目 類語言い換え型に注目！

設問の lucky と本文の fortunate（5文目）という類語を見落とさないようにしよう。設問の Why については、本文5文目の理由を表す since のあとを確認。5～7文目の内容が選択肢ではより一般的な形で言い換えられていることにも注意。

(14)

正解 4

訳 ヴァイキングが西ヨーロッパで襲撃を成功させた理由は

1 彼らは単に略奪だけに集中するのではなく、貿易や探検をすることにより、その活動がヨーロッパの人々から支持されていた。

2 彼らは 1,000 年以上にわたって東ヨーロッパで略奪を行った経験があり、現代のロシアにある遠隔地まで航海したこともあった。

3 彼らは修道院や海岸の集落を襲うことで、莫大な富を蓄え、ヨーロッパ全土を旅することができた。

4 彼らは造船や航海術に長けていたため、ヨーロッパの辺境地まで航海することができた。

解説 第 2 パラグラフの 2 文目を参照。彼らは masters of the sea だったとあることから、造船や航海術に長けていたと容易に推測できる。実際、第 3 パラグラフの 2 文目には、彼らの航海術（extraordinarily adept at finding courses）や造船技術（impressively constructed sailing boats）についての記述もある。よって 4 が正解。1 については、後半部分の「ヨーロッパの人々から支持されていた」とまでは本文に書かれていないので言い過ぎパターン（無言及パターンとも言える）。2 については「1,000 年以上」や「東ヨーロッパで略奪を行った経験」などが間違っている。第 2 パラグラフ 1 文目の more than a thousand years prior to the Norman invasion of England という記述のすり替えパターン。3 については第 2 パラグラフの 3 文目に襲撃の記述はあるが、それで莫大な富を蓄えたという後半部分は本文では言及されていない。

カリスマ講師の目 行間型&言い換え型&サマリー型に注目！

masters of the sea が意味するところに注目。これは比較的簡単な行間推測・言い換え型である。このような問題を落とさないようにしよう。また、本問は離れた場所にある 2 文の内容をまとめたサマリー型でもある。

(15) 正解 **4**

訳 この文章によると、ヴァイキングが（ヨーロッパに）拡張した一つの理由とは何か。

1 ヴァイキングの故郷が人口過剰で、天然資源を無駄に使ってしまったことで、のちに、ほかの土地への移住を余儀なくされた。

2 ヴァイキングがキリスト教の信仰に触れたことで、それをヨーロッパのほかの国々にも広めようとした。

3 カール大帝のお粗末な支配のもとでの、神聖ローマ帝国の衰退と滅亡がヨーロッパ大陸のパワーバランスを変えた。

4 ヴァイキングの文化や気質が彼らを冒険、新奇、富を求めて他国へ船出させた。

解説 第3パラグラフの1文目に、ヴァイキングのaggressive expansionismの理由として考えられるものが4つ挙げられている。正解はその4つ目の理由を言い換えた4が正解。1については本文の3つ目の理由に近いが、「天然資源を無駄に使った」とまでは述べられていない（言い過ぎパターン）。2については1つ目の理由に近いと思われそうだが、本文ではキリスト教のincursions（侵入）とある。これはinvasionの類語であり、否定的な意味を持つので、ヴァイキングがキリスト教を普及させようとしたとは考えられない（すり替えパターン）。3については本文の2つ目の理由に近いが、あくまでも理由はパワーバランスの変化で、そのあとに神聖ローマ帝国が分裂し始めた（構文すり替えパターン）のであるし、滅亡とまでは言及していない（言い過ぎパターン）。

カリスマ講師の目 **行間型・類語言い換え型に注目！**

使用されている単語のニュアンスから行間を読み取ることも必要である。ヴァイキングがキリスト教を好意的に考えていたのなら、incursionではなくせめてintroductionという単語を使っていただろう。正解選択肢4の「冒険、新奇、富」については、本文のexplore, discover, plunderという動詞からヴァイキングが何を求めていたかを推測したい。また本文のtheir temperament and societyが選択肢ではculture and spiritと言い換えられている。

(16)

正解 1

訳 スケリッグ・マイケル島に関する次の記述のうち、正しいものはどれか。

1 悪天候の際には立ち入ることができない人里離れた島で、海抜 230 メートルの主峰には荘厳な修道院が建っている。

2 最も素晴らしい史跡は、9 世紀に絶えず島を襲撃したヴァイキングから宝物を隠すためにアイルランドの修道士によって建てられたエルミタージュである。

3 その最も感動的な修道院の一つは、のちに聖ミカエル教会と呼ばれるクロッカンで、遠く離れていたためにヴァイキングによる攻撃をうまく逃れることができた。

4 その頂上にある修道院と、南西の頂上にあるエルミタージュは、どちらも観光客の手が届かない危険な場所であり、近づくことができない。

解説 第 4 パラグラフの 1 文目「風と海の条件が揃わなければ上陸できない (which can only be landed on when wind and sea conspire to allow it)」、3 文目「キリスト教修道士たちが最終的には禁欲的な生活を営む修道院を建てた (Christian monks founded...ultimately an eremitic monastery)」、5 文目「230 メートルの山頂にはい登ること (the scramble to the 230-meter summit)」を参照。正解はこれらの内容をまとめている 1。選択肢 2 については、エルミタージュ建設の目的として「宝物を隠すために」という記述はなく、本文によると「隠遁するため」と考えられる (すり替えパターン)。3 については第 5 パラグラフの 1 文目より、クロッカンと聖ミカエル教会は別物と考えられる (すり替えパターン)。4 に関しては、少なくとも前者の修道院については、第 4 パラグラフの最後の文に「眺めだけでも堪能する価値はある」とあるので、完全に観光客が立ち寄れない場所とまでは言い切れない (言い過ぎパターン)。

カリスマ講師の目　**裏返し型 & サマリー型に注目！**

正解の選択肢 1 にある rendered inaccessible by bad weather (悪天候の際は立ち入ることができない) は、本文第 4 パラグラフの 1 文目にある can only be landed on when wind and sea conspire to allow it (風と海の条件が揃わないと上陸できない) の裏返し型である。また上述したように、正解選択肢は複数の文をまとめたサマリー型でもある。

模擬試験 1					
問題番号		1	2	3	4
2	(1)	①	②	③	④
	(2)	①	②	③	④
	(3)	①	②	③	④
	(4)	①	②	③	④
	(5)	①	②	③	④
	(6)	①	②	③	④
3	(7)	①	②	③	④
	(8)	①	②	③	④
	(9)	①	②	③	④
	(10)	①	②	③	④
	(11)	①	②	③	④
	(12)	①	②	③	④
	(13)	①	②	③	④
	(14)	①	②	③	④
	(15)	①	②	③	④
	(16)	①	②	③	④

模擬試験 2					
問題番号		1	2	3	4
2	(1)	①	②	③	④
	(2)	①	②	③	④
	(3)	①	②	③	④
	(4)	①	②	③	④
	(5)	①	②	③	④
	(6)	①	②	③	④
3	(7)	①	②	③	④
	(8)	①	②	③	④
	(9)	①	②	③	④
	(10)	①	②	③	④
	(11)	①	②	③	④
	(12)	①	②	③	④
	(13)	①	②	③	④
	(14)	①	②	③	④
	(15)	①	②	③	④
	(16)	①	②	③	④

模擬試験 3					
問題番号		1	2	3	4
2	(1)	①	②	③	④
	(2)	①	②	③	④
	(3)	①	②	③	④
	(4)	①	②	③	④
	(5)	①	②	③	④
	(6)	①	②	③	④
3	(7)	①	②	③	④
	(8)	①	②	③	④
	(9)	①	②	③	④
	(10)	①	②	③	④
	(11)	①	②	③	④
	(12)	①	②	③	④
	(13)	①	②	③	④
	(14)	①	②	③	④
	(15)	①	②	③	④
	(16)	①	②	③	④

監修・執筆

植田一三（Ichy Ueda）

年齢・性別・国籍を超える英悟の超人、最高峰資格 8 冠突破＆ライター養成校「アスパイア」学長。自己実現と社会貢献を目指す「英悟道」精神、Let's enjoy the process!（陽は必ず昇る）を理念に、指導歴 40 年で英検®1 級合格者を約 2,700 名輩出。出版歴 35 年で著書は 120 冊を超え、多くはアジア 5 カ国で翻訳。ノースウェスタン大学院・テキサス大学博士課程留学、同大学で異文化間コミュニケーションを指導。教育哲学者、世界情勢アナリスト、比較言語哲学者、社会起業家。

執筆

由良　毅 (Takeshi Yura)

東京大学理学博士・テンプル大学経営学修士（MBA）。有機化学者として外資系の製薬企業で管理職を務める。日英独に堪能なトリリンガルで、英検®1級（優秀賞）、国連英検特A級（外務大臣賞）、研究者のボキャブラリーコンテスト3年連続優勝、IELTS 9.0を取得。アスパイア出版部の主力メンバーで、主な著書に『世界の経済・政治・社会問題の知識と英語を身につける』（ベレ出版）、『英検®1級8日間で一気に合格！』（明日香出版社）など。

中坂あき子 (Akiko Nakasaka)

アスパイア英語教育・出版部主力メンバー。英検®1級取得。トロント大学に留学後、名門府立高校で約22年間、英語講師を務める。美学と音楽に造詣が深く、高い芸術性を教材作りとティーチングに活かした新時代のエジュケーショナルアーチスト。主な著書に『英検®1級ライティング大特訓』、『英語の議論を極める本』（アスク出版）、『スーパーレベル類語使い分けマップ』、『英語ライティング至高のテクニック36』（ベレ出版）、『Take a Stance』（センゲージラーニング）など。

上田敏子 (Toshiana Ueda)

アスパイア英検1級・国連英検特A級・IELTS講座講師。バーミンガム大学院修了（優秀賞）後、ケンブリッジ大学で国際関係論コース修了。国連英検特A級（優秀賞）、工業英検1級（文部科学大臣賞）・TOEIC®満点取得。鋭い異文化洞察と芸術的鑑識眼を活かして英語教育界をリードするワンダーウーマン。主な著書に『英語で経済・政治・社会を討論する技術と表現』（ベレ出版）、『英検®ライティング大特訓シリーズ』（アスク出版）、『英検®面接大特訓シリーズ』（Jリサーチ出版）など。

田岡千明 (Chiaki Taoka)

英国マンチェスター大学にて言語学修士・博士取得後、大学や専門英語学校にてTOEFL、IELTS、GMAT、GREを含む英語資格対策テストの指導。TOEFL® ibt 116点、TOEFL® ITP 677点、IELTS 8.5点、TOEIC® L&R 990点、TOEIC® S& W400点。主な著書に『TOEFL iBT® TEST スピーキング+ライティング完全攻略』（明日香出版社）、『TOEFL® スコアアップ大特訓』、『IELTS スピーキング・ライティング完全攻略』（アスク出版）など。

最短合格！ 英検®1級リーディング問題 完全制覇

2022年12月20日　初版発行
2023年 9 月20日　第2刷発行

編　者　アクエアリーズ　© Aquaries, 2022
　　　　ジャパンタイムズ　© The Japan Times, 2022
発行者　伊藤 秀樹
発行所　株式会社 ジャパンタイムズ出版
　　　　〒102-0082 東京都千代田区一番町 2-2 一番町第二 TG ビル 2F
　　　　ウェブサイト https://jtpublishing.co.jp/
印刷所　株式会社 光邦

Printed in Japan　　ISBN978-4-7890-1848-7

Grade 1

英検® 1級

最短合格！
リーディング問題 完全制覇

［別冊］

問題編

the japan times 出版

演習問題

Chapter 1

語句空所補充問題攻略（大問 2）

解答・解説は本冊 028 ～ 075 ページに掲載されています。

Chapter 2

内容一致選択問題攻略（大問 3）

解答・解説は本冊 078 ～ 143 ページに掲載されています。

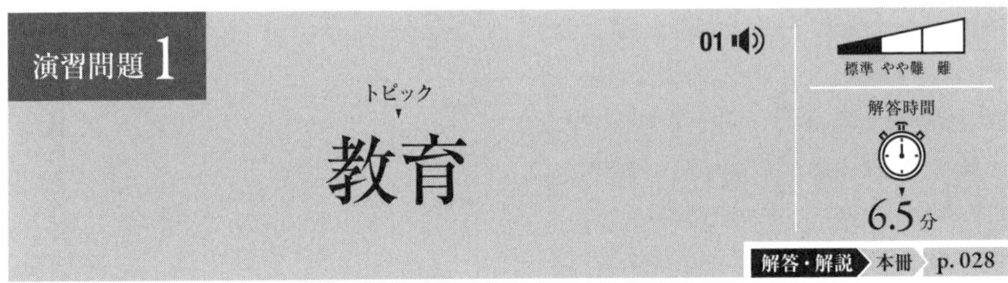

Read the passage below and choose the best answer from among the four choices for each question.

Academic Acceleration

Academic acceleration places students in grades based on their developmental stage rather than their biological age. Advocates argue that it allows children to realize their greatest intellectual potential. This development can be best achieved, they argue, when students are (*1*). Such stimulation can be most efficiently realized through exposure to demanding materials that are suited to the child's current intellectual stage. However, it is a daunting challenge to achieve the aim when teachers must cater to a wide range of intellectual capacities in a classroom where students are grouped together according to the age.

Academic acceleration is based on the measurement of IQ. Gifted children with high IQ or special talents are eligible for special education through the Gifted and Talented Education (GATE) program. The requirement for participation in the GATE program is a minimum IQ score of 130, and just two out of every 100 students will meet this requirement. However, IQ only measures a subset of ability and changes with age and development. Many educators therefore argue against employing it as a criterion for giftedness. Thus, there have been increasing calls for closer examinations of students who (*2*). In particular, there are strong arguments that IQ tests emphasize linguistic and mathematical ability so much that children with exceptional aptitude for other subjects should also be assessed to determine whether they would also be eligible for GATE.

Under the circumstances, in order to generally implement this system, the framework should be (*3*) according to the students' progress. It is estimated that half of those educated in the Netherlands, for example, have experienced retention in primary or secondary education, while it is not unusual for a child who has skipped a grade to be sent back again to the grade they used to belong to. In fact, many people in this country consider it most unfortunate for children to be in the class unsuitable for their level, believing that repeating the same grade in school is sometimes necessary for their development. In contrast, in countries like Japan, where students are uniformly divided into grades based on the age rather than the proficiency level, many children who do not have the average academic ability for their age are likely to suffer. Educational institutions in those countries need to make efforts to ensure that children who fall outside of the box do not lose their motivation to learn. (402 words)

(1) 1 not compared with each other
2 taught by the best educators
3 consistently challenged
4 taught to love learning

(2) 1 appear to have cheated
2 may not belong to GATE
3 seem to dislike school
4 may have been overlooked

(3) 1 in line with sympathetic students' support system
2 flexible enough to allow grade skipping and repetition
3 adaptable to rapidly changing educational environments
4 established the criteria for guidance provision

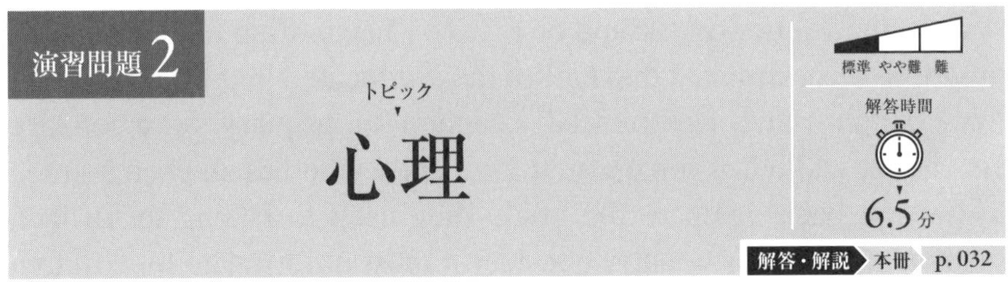

解答・解説 本冊 p. 032

Read the passage below and choose the best answer from among the four choices for each question.

The Framing Effect

People usually use "frames" unconsciously in their judgments and actions within their own frames, but when given different frames, they may make different judgments and choices even if they see exactly the same content. This is called "the framing effect," or a cognitive bias in which people make completely different decisions, depending on how they focus on information with the same meaning. This bias arises because people tend to (*1*). Actually, the recourse that leads to privation are more likely to be eschewed.

This framing effect has been demonstrated in various experiments. McNeil et al. tested whether people chose surgery or radiation therapy when receiving cancer treatments by dividing the subjects into two groups and presenting each group with the following different representations of information about surgery. The first subjects were told, "the survival rate in one month after surgery is 90 percent," whereas the second group was told "the death rate one month after surgery is 10 percent." Although the statements are semantically identical, it was found that more subjects who were given information based on the survival rate chose surgery than those who were given information based on the mortality rate. This may lead to a change in subsequent actions, such as considering drug therapy more positively. Thus doctors should (*2*), as people's judgments and actions can change depending on how the treatment options are framed.

This framing effect is intentionally used in corporate marketing activities. For example, so-called bait products can be offered to encourage the purchase of a particular product. Dan Ariely, a professor of psychology and behavioral economics at Duke University, conducted an experiment on subscriptions to a British magazine, to see which subscription type was chosen most often. At first there were three subscription offers: online only for $59, print only for $125, and online and print for $125. Of the subjects, 16 percent chose online, none chose print only, and 84 percent chose online and print. However, when the "print only" option was removed, the numbers changed significantly. Of the subjects, 68 percent chose online and 32 percent chose online and print. It seems that the presence of the "print only" option made the most expensive option (*3*).

(397 words)

(1) **1** withdraw into themselves in times of risk
2 have an aversion to loss
3 steer clear of the competition
4 be subject to more chastisement

(2) **1** avoid using circumlocution
2 provide detailed information in argot
3 be circumspect in their wording
4 not resort to jargon

(3) **1** a clever consumer scam
2 a decoy to distract customers' attention
3 a bait for avid readers
4 look like a relative bargain

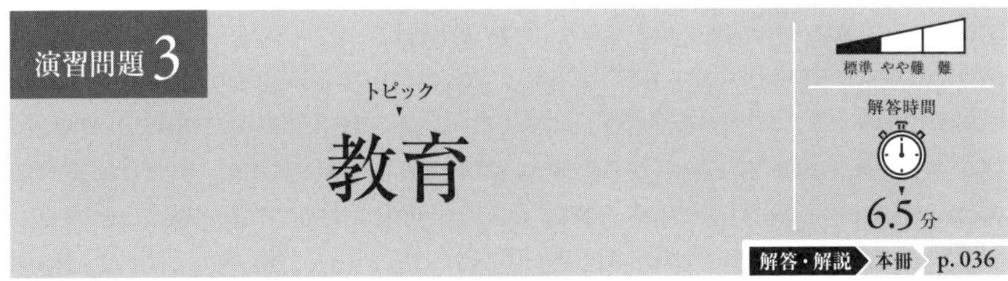

解答・解説 本冊 p. 036

Read the passage below and choose the best answer from among the four choices for each question.

STEM Education

STEM fields, which incorporate computers, mathematics, and engineering, are expected to play an increasingly pivotal role in society across the globe in the foreseeable future. These fields are said to be the most lucrative, in view of salaries five years after graduation. Since the beginning of the twenty-first century, many developed and emerging countries have undertaken national initiatives in STEM education, aiming at the development of human resources which can contribute to IT and thrive in our increasingly globalizing society. For instance, India began a project to develop STEM human resources in 2015, whereas in China more than half of its students are expected to obtain a bachelor's degree in a STEM field by 2030. However, according to one study, more than half of all STEM jobs are available even to those with no four-year college degree, which (*1*) in this field. Furthermore, a report conducted by the National Association of Manufacturing and the professional services network Deloitte demonstrates that there will be 3.5 million STEM jobs in the United State by 2025, but 2 million are projected to go unfulfilled.

STEM education is focused on fostering initiative, creativity, and critical thinking ability (*2*). In elementary schools in Japan, for example, six-year-old children create static electricity with balloons or build a miniature roller coaster, thus learning about physics. Take another example in the US. The SeaPerch program provides students with opportunities to construct a simple, remotely operated underwater vehicle from readily available materials like polyvinyl chloride (PVC) pipe, in order to pique their interest in elementary naval architecture and ocean engineering.

STEM education is based on the innovative utilization of ICT, or information and communication technology. However, there are a number of stumbling blocks to be overcome to achieve the objective, including the protection of personal information and copyrights. Under the circumstances, it is necessary to (*3*) for wireless LAN networks, and carry out the training of the personnel in charge of the technology management. Otherwise, it is a pipe dream to realize the goal of developing innovative human resources through STEM education. (350 words)

(1) **1** demonstrates the economies of scale
2 is irrelevant to the scarcity value
3 indicates unlimited workforce
4 suggests a paucity of human resources

(2) **1** vicarious online studies
2 based on trial and error
3 through hands-on experience
4 by heightening the awareness of clear goal-setting

(3) **1** create a data decoding system
2 establish stable, optimal authentication methods
3 enhance the cultural literacy of users
4 crack down on the leakage of technology information

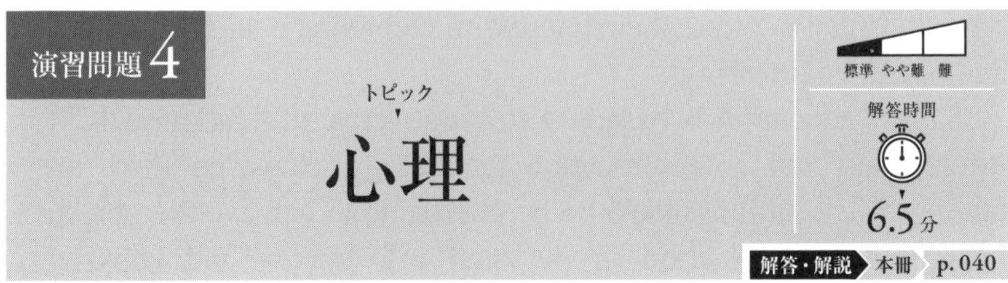

Read the passage below and choose the best answer from among the four choices for each question.

The Pareto Principle

The Pareto principle is based on observations that in a wide variety of situations, about 80 percent of the result is achieved through 20 percent of the effort or by 20 percent of a group. It is also known as the "80/20 law" or the "law of the elite few." While studying at the University of Lausanne, the management consultant Joseph Juran helped popularize the concept in the context of quality control after reading the works of the Italian economist Vilfredo Paleto. Paleto's first book, *Cours d'Économie Politique*, discusses the reason why in Italy, approximately 80 percent of the wealth is owned by 20 percent of the population.

In computer science, the Pareto principle can be applied to optimization efforts. For example, Microsoft noted that by fixing the top 20 percent of reported bugs, 80 percent of related errors and crashes in a given system would be eliminated. Lowell Arthur expressed that "20 percent of the code has 80 percent of the errors." It was also found that, in general, 80 percent of a piece of software can be written in 20 percent of (*1*). Conversely, the most difficult 20 percent of code consumes 80 percent of the time. This has become part of a well-known process of producing the estimates of software coding costs.

Occupational health and safety experts emphasize (*2*) the Pareto principle. That is, by classifying hazards on the assumption that 20 percent of hazards cause 80 percent of injuries, safety professionals can target the 20 percent of hazards that cause 80 percent of injuries and accidents. On the other hand, classifying risks randomly increases the likelihood of modifying one of the 80 percent of hazards that account for just 20 percent of injuries and accidents. Pareto's law not only contributes to efficient accident prevention practices, but also helps ensure that hazards are addressed in an economically efficient order.

Additionally, the wealth of the elite few in a meritocracy has been attributed to multiple talents being distributed among just 20 percent of the population, who possess all the talents necessary. Others have suggested that the 80:20 ratio may result from chance, however. Alessandro Pluchino of the University of Catania, Italy, has pointed out that (*3*), writing that "the greatest success does not coincide with the greatest talent and vice versa." (389 words)

出典 https://en.wikipedia.org/wiki/Pareto_principle（設問化のため修正、加筆）

(1) **1** the most difficult time
2 the easiest code
3 the allotted time
4 the errors it made

(2) **1** that dangers can arise from reliance on
2 a common misconception about
3 prioritizing which hazards to deal with by using
4 a new method for classification

(3) **1** being wealthy is not aways enjoyable
2 great ability does not always lead to great results
3 there is no random element in success
4 a small elite always has multiple talents

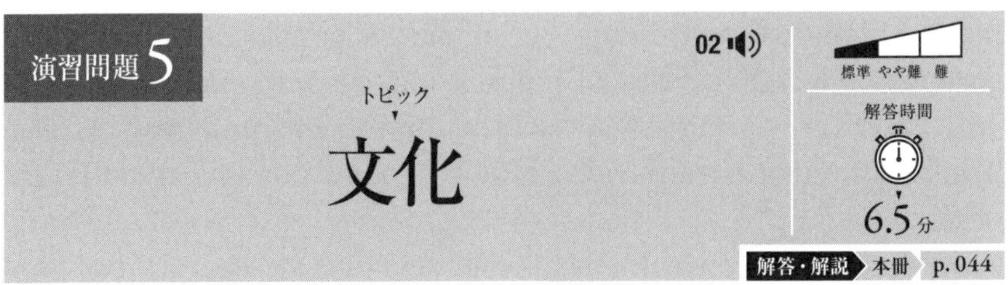

演習問題 5
02
トピック
文化
標準 やや難 難
解答時間
6.5分

解答・解説 本冊 p. 044

Read the passage below and choose the best answer from among the four choices for each question.

World Religions

The history of religion dates back to the primeval period, when religious rituals are said to have been conducted by the ancestors of humans such as the Neanderthals and Cro-Magnons. As there are an incredible number of religions in the world, researchers often try to classify them based on similarities and differences in order to study them efficiently. One common method of categorizing religions is to divide them into universal religions and ethnic religions. The former include Buddhism, Christianity, and Islam. They tend to have scriptures and a founder and (*1*). The latter are religions like Shintoism, Hinduism, Judaism, and Taoism. Universalizing religions offer belief systems that appeal to a diverse range of individuals. They tend to convert and accept anyone willing to follow their tenets. On the other hand, ethnic religions are deeply related to the lifestyles and norms of a people in a specific geographic region and often have no known founder.

Another approach to dividing religions is looking at them as theocentric or anthropocentric. Christianity is the theocentric or god-centered belief that Almighty God works miracles in the world, and that humans are imperfect and sinful beings. In contrast, Buddhism lacks a supreme being, and thus there is no conception of actions that would be contrary to the supreme being's will or that could be seen as violations of a universal law. Instead, it teaches that people should (*2*) their imperfections in order to achieve a state of enlightenment. Therefore, Buddhism is an anthropocentric, or human-centered, belief.

The concept of life after death in Buddhism differs from that of Christianity. In Christianity, the Bible teaches that when people die, their souls will live on and spend eternity either with God in heaven or separated from God in the hell. Buddhism, in contrast, is based on the belief in transmigration, or the belief that after death one is reincarnated into something else and returns to this life. In Buddhism, the forty-ninth day after death is the period of time to determine which world one will be reborn into after death. Unless one is liberated, one may return to the heavens, the realm of hungry demons, or hell, depending on one's deeds before death. However, since (*3*), there is practically no boundary between the afterlife and this world. In Zen Buddhism, the boundary between the afterlife and this world disappears when one is liberated through enlightenment and is no longer in the cycle of samsara. (414 words)

(1) **1** eclipse the other religious doctrines
2 encompass all the religious beliefs
3 transcend ethnic and national boundaries
4 have a knock-on effect on other religions

(2) **1** try to achieve salvation by denying
2 search for enlightenment by compensating for
3 go through reincarnation by transcending
4 strive for integrity by overcoming

(3) **1** these domains overlap each other
2 these worlds exist simultaneously in this life
3 these realms are mutually exclusive
4 these zones interact with each other

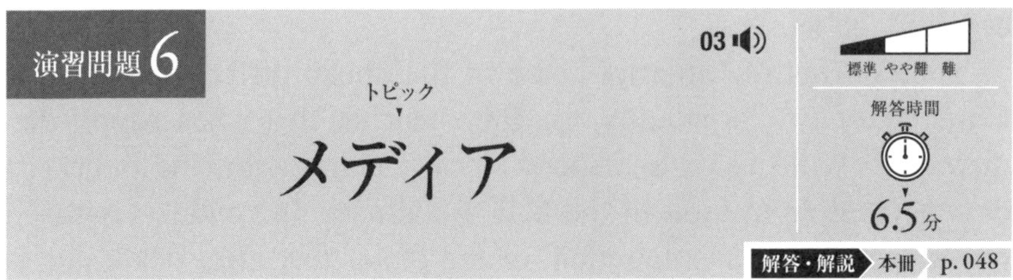

解答・解説 本冊 p. 048

Read the passage below and choose the best answer from among the four choices for each question.

The Internet and the Printing Press

There is no doubt that the Internet has had a tremendous impact on the world. This pervasive influence is often compared to that of the printing press in the sixteenth-century Europe by many historians. There are clear parallels between today and the revolutionary period following the advent of the printing press. Both the modern information technology and the printing press (*1*). The increasing production and declining price of personal computers in the US between 1977 and 2004 bears a striking resemblance to those of printed materials in England between 1490 and 1630. In addition, both contributed to the democratization of society and a rise in the literacy rate as printed materials became more widely accessible, thus leading to the empowerment of individuals.

However, critics argue that the downside of the dissemination of information is that the idea of bringing the whole world online to create (*2*) in cyberspace has been a utopian fantasy, just as Luther's vision of a "universal priesthood"—that all men are equally capable of being priests with the consent of the community—was an illusion. In fact, the global network has become a mechanism for transmitting all kinds of fervor and fear, as shown by the negative impacts of fake news in the public sphere. This is analogous to the fact that the printing press and increased literacy propagated witch hunts in which numerous females were unjustly persecuted and the millennial bliss theory that the world will come to an end after Christ returns to earth and rules as God's kingdom for 1,000 years.

However, sociologists argue that there are significant differences between the current network era and the post-invention era of the printing press. Today's network revolution is much faster and more far-reaching than the wave of reform unleashed by the German invention of the printing press. Furthermore, (*3*) today is markedly different from that in the era of the printing press. In the Middle Ages and early modern period, intellectual property was preserved through guilds, which guaranteed secretive monopolies of technology in Western European cities. Therefore, only a few media were able to generate advertising revenues. The Internet, on the other hand, has become a commercial platform with endless possibilities for anyone to create fortunes literally overnight yet also to ruin corporations once thought to have unassailable market dominance. Finally, the printing press had a devastating effect on religious life in Western Christian countries, whereas the Internet brought disruptive innovations in the commercial sphere and an influence on the political sphere only recently.

(407 words)

(1) **1** leveled the academic playing field
2 were based on a much older technology
3 transformed the consumer market
4 revolutionized mass-consumption society

(2) **1** a globally significant commercial entity
2 a culturally homogeneous society
3 a politically cohesive international community
4 a genuinely democratic egalitarian society

(3) **1** the distribution of revolutionary wealth
2 the protection of intellectual property
3 class differences in income
4 the digital and economic divide

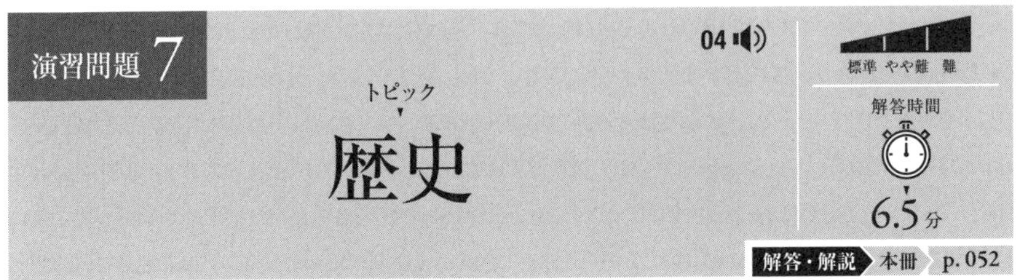

解答・解説 本冊 p. 052

Read the passage below and choose the best answer from among the four choices for each question.

The Berlin Wall

The Berlin Wall materialized on August 13, 1961, when the East German government without warning began construction of a guarded concrete barrier to physically separate and isolate West Berlin from the rest of East Germany (in which West Berlin was located). The 155-km long structure was officially known as the Anti-Fascist Protection Rampart because it was supposedly intended to protect the East German people from the predations of the West; unofficially, it was the embodiment of the Iron Curtain that divided the capitalist and the communist worlds. Thankfully, that monstrosity is now a thing of the past. Only a few short sections still stand in Berlin, while other remnants are on display around the world as reminders of the evils of the era. Yet, (*1*). Some people have a weird nostalgia for the certainties of that time and a fad for such constructions. However, the modern disregard for yesteryear is hazardous.

The world has been transformed in the three decades since the Wall was breached, and we are still struggling to absorb those changes. For some, that moment was "the end of history" and confirmation of the superiority of a "democratic capitalist" model, but populism is on the rise amid growing support for authoritarianism that offers quick and easy solutions to complex problems. The Berlin Wall can and should remind us of the consequences of some choices and the immense cost of such answers. In one of the great ironies of this age, some look back at the Cold War era and see—and perhaps yearn for—(*2*). That is, there was little challenge in discerning who was "good" and who was "bad." No such simple division exists today, although it is revealing and alarming that some speak of "a new Cold War" with fervor and satisfaction. We must better prepare for and be accepting of complexity in international politics.

There is a growing tendency toward viewing walls as solutions to various problems. This reflects a belief that societies are destabilized by external forces and that higher barriers to them will (***3***). Whether the issue is immigrants, refugees, climate change, or "bad thoughts," walls have an increasingly seductive appeal. However, the lessons of the Berlin Wall instruct otherwise. We cannot keep those forces out. They could not be blocked in an analog world or cannot be contained in an increasingly interconnected planet. The flip side of that instinct is a dark impulse within ourselves that seeks control. The Berlin Wall sought to create a space for domination by an oppressive and authoritarian government. It not only kept "foreign" ideas out but demanded rigid conformity to its ideology by those trapped within its confines.

(449 words)

出典 The Japan Times, Remember the Berlin Wall (Editorials), November 11, 2019（設問化のため一部修正）

(1) **1** the memories are fading quickly
2 the Wall also had its benefits
3 it happened without warning
4 we may someday regret it

(2) **1** complexity in international politics
2 the difficulty of judging good and evil
3 such support for authoritarianism
4 a simplicity in how the world worked

(3) **1** have mutual ties with each other
2 insulate us from unwelcome changes
3 decrease resentment against outsiders
4 block out our physical reality

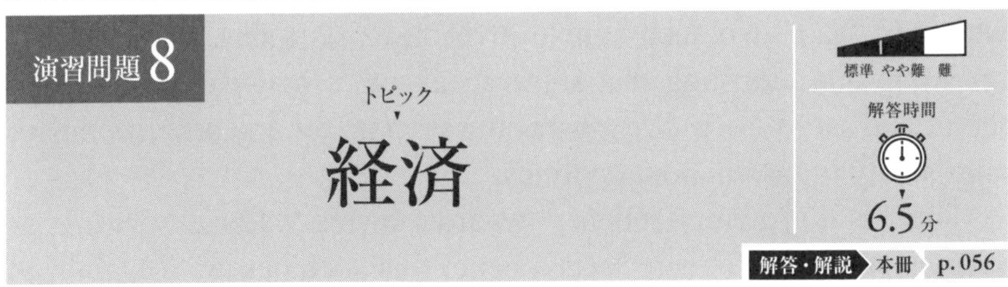

Read the passage below and choose the best answer from among the four choices for each question.

Free Trade

At the beginning of the nineteenth century, Napoleon's blockade of England caused grain prices to soar in that country for a certain period of time. However, the end of the Napoleonic Wars brought a complete reversal of the situation, resulting in a sharp decline in grain prices. British landowners then imposed high customs duties on imported grain to protect their interests. Against this backdrop, Thomas Malthus, famous for his book, *An Essay on the Principle of Population*, argued for import limitations and duties due to the instability of food imports. On the other hand, the political economist David Ricardo thought that if companies specializing in their own field of production, they would achieve prosperity through comparative advantages, thus making duties irrelevant. He therefore argued (*1*). Ricardo's side won the debate in Britain temporarily, but it has been still valid in many other countries in the world ever since.

As trade has been viewed as the international division of labor since the days of Adam Smith and Ricardo, trade liberalization has been promoted mainly in Western countries. Especially after the extreme block economies of countries after the Great Depression led to the world wars, international trade liberalization was increasingly promoted mainly by the US in the postwar period. To this end, the General Agreement on Tariffs and Trade (GATT) was established in 1947, laying the foundation for global trade liberalization. After the Uruguay Round, which liberalized Japan's beef and orange imports, the Multilateral Trade Negotiations evolved into the World Trade Organization (WTO) in 1995. It conducts multilateral trade negotiations among member states based on the principle of the most-favored-nation clause. In essence, it means that if some privileges, such as a tariff exemption, is granted to one trading partner, it must be bestowed on every other trading partner as well. This standard is considered so important that it has been made the first article of the GATT, and it is essential to the principle of (*2*).

However, as the number of member countries has grown, negotiations have become increasingly complicated. Thus countries with particularly common interests began to form the FTA (Free Trade Agreements) and the EPA (Economic Partnership Agreements), aiming for economic cooperation (*3*). The former aims to liberalize the distribution of goods and services by eliminating non-tariff barriers such as quotas and embargoes, whereas the latter goes further and aims to strengthen a wide range of economic relations, through the liberalization of the movement of goods, investment, and people, as well as the protection of intellectual property. In addition, the Trans-Pacific Partnership (TPP), a type of EPA, is an agreement that aims for thorough liberalization, including the elimination of tariffs on goods as well as barriers to entry for foreign companies in various fields including finance and environmental health. (411 words)

(1) 1 for a return to the Napoleonic system
2 for even higher customs duties
3 that population and trade were unrelated
4 against trade restrictions

(2) 1 maximizing duties on imports
2 trade without discrimination
3 prioritizing one's economic allies
4 achieving economic independence

(3) 1 for any contingency
2 for a political leverage at work
3 on a case-by-case basis
4 for mutual exclusive dependency

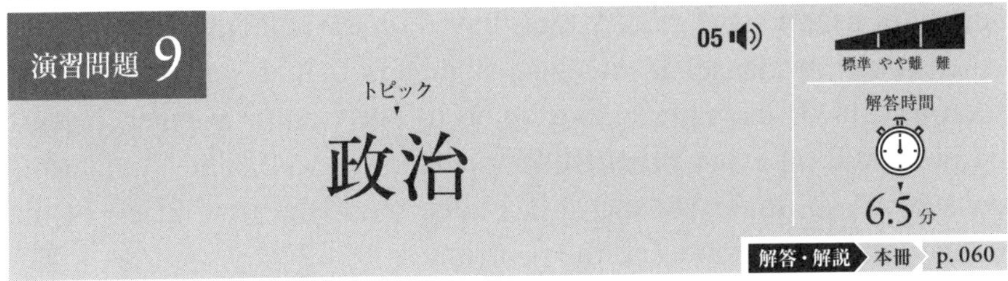

解答・解説 本冊 p. 060

Read the passage below and choose the best answer from among the four choices for each question.

Reform of the National Security Council

International competition is changing. Given the destructive effect of military conflict, an international order that offers alternative peaceful means of dispute resolution, has largely replaced military forces as a means of solving conflict between nations. Military power can be highly effective in certain circumstances, but the number of such cases is dwindling. Today, economic success is the foundation of global success, and prevailing in that competition is a vital national objective. Governments must protect their firms' access to markets and level the global playing field. That logic animates the recent decision of the government to expand the National Security Council to include economic experts and advisers to ensure that this country has the right perspective, insights, and tools to compete in this new era. It is the right move, though the practice of national economic statecraft (*1*). Japan, which has long successfully employed industrial policy to advance its national interests, must hone its tools and ensure that it has the expertise to deal with the rapidly evolving competition in the postindustrial economy of the twenty-first century.

There are new focus areas too. One of the most pressing is protection of intellectual property rights and technologies. The potential application of new technologies to military uses demands new safeguards to ensure that they do not leak to countries that might use them against Japan or its partners. This requires the scrutiny of investments, access to laboratories in the public and private sectors, including universities, and even real estate deals. The government must work closely with private sector entities to make sure that they are alert to risks, to set standards and to acquire information needed for situational awareness. Firms that decline to cooperate will (*2*). This could be a fatal error, however, as access to cutting-edge technologies may well determine the success of firms in coming years.

At the strategic level, officials at the National Security Secretariat must be alert to the weaponization of economic interdependence. Governments are increasingly inclined to use their size, possession of key resources or place in the supply chain to (*3*). This is not new. In the 1970s, OPEC used its control of oil supplies to force oil-importing governments to follow its position on issues concerning Israel. Today, more countries are ready to use their economic leverage. Japan must be prepared for such actions and have a strategy and countermeasures in hand. A key purpose behind the reorganization is to centralize information and decision-making to ensure whole-of-government coordination and an enhanced ability to work with allies, particularly the United States, to achieve agreed outcomes. The scale of the challenge demands a united front among like-minded nations.

(446 words)

出典 The Japan Times, A needed revamp of the National Security Council (Editorials), November 3, 2019（設問化により一部修正）

(1) 1 has gradually lost much of its importance
2 can equalize the international community
3 justifies political and economic hegemony
4 requires a deft touch

(2) 1 be less critical about their success
2 not succeed in determining their achievement
3 be unable to join these frontier efforts
4 actually have an advantage

(3) 1 compel partners to purchase weapons
2 coerce trading counterparts
3 have a domino effect on their partners
4 increase their popularity with citizens

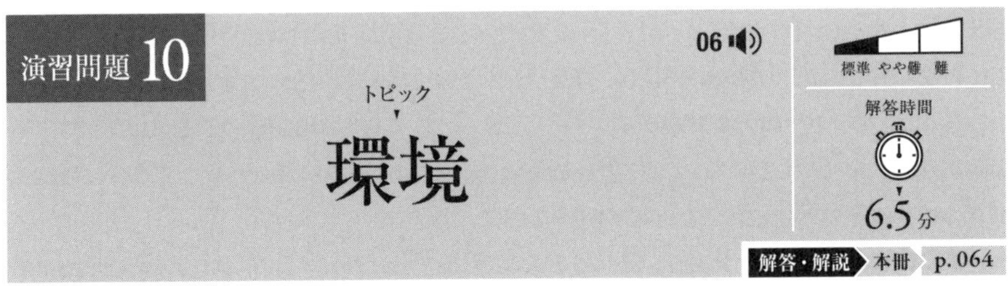

Read the passage below and choose the best answer from among the four choices for each question.

Green Tech Winners

Rare earth elements are 17 heavy metals essential to the manufacturing of many high-tech products. Advanced industrial countries contemplate a transition to a "green economy," one in which demand for those same rare earths will explode. Ample and secure supplies of those resources will be vital not only to realize a greener economy, but will also determine which—and whose—technologies dominate that transformation. Those minerals became the focus of global attention in 2010 when China cut Japan's access to its rare earths exports after the arrest of a Chinese fishing boat captain. That incident exposed the world's (*1*) and the vulnerability to international relations. In the years since, consumers of those minerals have tried to diversify their sources and have achieved some success. Still, the production and processing of many critical minerals remain highly concentrated in just a few countries, with the top three producers accounting for more than three-quarters of supplies.

That continuing dependence is troubling, but it becomes even more alarming as demand for critical minerals is expected to go through the roof as the world attempts to transition to a green, carbon-free economy. Andrew DeWit, a professor at Rikkyo University, who has done considerable work on energy economics, explained in a recent paper that "Greening requires prodigious amounts of very tangible critical raw materials with increasingly high environmental costs and geopolitical implications."

Green tech uses a lot more critical materials than conventional technologies and production, and use of clean tech must grow exponentially if the world is going to reach its climate goals. However, (*2*). DeWit points to Dutch researchers who concluded that in a world in which 30 percent of vehicles are electric by 2030, the demand for cobalt, lithium, and select rare earths outstrips the global supply even with advanced battery chemistries.

Japan has announced that it would aim for net-zero greenhouse-gas emissions by 2050, and the Diet confirmed that pledge when it passed revisions to a law promoting measures to fight climate change. One focus of Japanese energies is (*3*) batteries needed for electric vehicles. That field is currently dominated by Chinese and South Korean companies, but Japan is hoping to overtake them with solid batteries, which should be able to go farther and remain charged longer than the lithium-ion models made by their competitors. Unfortunately, both types require critical minerals, meaning that access to supplies could determine which model prevails. (404 words)

出典 The Japan Times, Will geopolitics pick the green tech winners? (Commentary), by Brad Glosserman, June 29, 2021（設問化のため一部修正）

(1) **1** reliance on an unstable supply of rare earths
2 huge surplus of green energy
3 insecurity in its overall energy supply
4 reliance on materials hardly found outside China

(2) **1** it is not clear if that amount is sufficient
2 the global supply exceeds its demand
3 green tech will never be realistic
4 global climate goals cannot be achieved

(3) **1** how to secure an adequate supply of
2 the environmentally conscious production of
3 the battle for global leadership in
4 developing more capacity than the lithium-ion

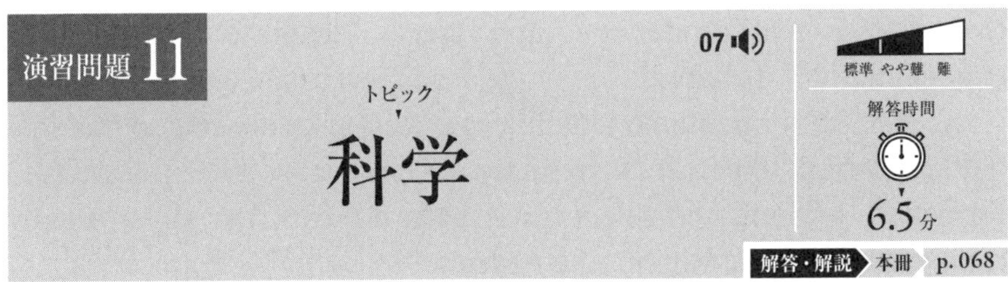

解答・解説 本冊 p. 068

Read the passage below and choose the best answer from among the four choices for each question.

Humans and Robot Consciousness

Yasuo Kuniyoshi, a professor at the University of Tokyo's Graduate School of Information Science and Technology, has been attempting to produce an utterly convincing artificial being for the past 30 years. He wants to design, he says, "A robot which has developed the real ability to understand correctly what people are saying, and is able to converse and interact with them naturally, just as humans do with each other, based on its own experiences and bodily sensations."

Today, in a world where the demarcation between the organic and the electronic is (*1*), we could very well be moving toward their integration. Last month, Elon Musk founded a new company called Neuralink, which is aimed at developing what it calls "neural lace" technology that will allow people to communicate directly with electronic machines. The lace is envisioned as a mesh of electrodes that are implanted into the brain. It would mean that data could be uploaded to the organic brain from computers and thoughts could be downloaded onto electronic hardware.

Kuniyoshi believes that (*2*) to become truly intelligent: a person's thoughts are influenced by—and maybe even determined by—our relationship with the physical world. As he and his team put it when describing a two-legged robot they had built, "Human behavior arises more as a result of the constraints and interactions governed by a person's physical traits and their environment than being something that is regulated by the central nervous system." It's an extraordinary idea. It might mean that a disembodied brain—say, a brain kept alive in a tank—may not be conscious. When people think about the future, they lean slightly forward. If Kuniyoshi's idea is correct, then human head transplants—such as that planned by the maverick Italian surgeon Sergio Canavero—might work.

After building a humanoid robot capable of standing and jumping, Kuniyoshi then started studying how humans develop intelligence (*3*). First, he created a virtual fetus and had it develop in a computer simulation. The virtual fetus spontaneously showed movements similar to those of a real baby. He then made a computer model of a fetus in the 32nd week of development to study how the brain receives information. This extraordinary work is building a picture of how human awareness might start to build up on the basis of feedback from the fetus' own body. (398 words)

出典 The Japan Times, Creating a real ghost in the shell (Science & Health), by Rowan Hooper, April 15, 2017（設問化のため一部修正）

(1) **1** more undeniable than before
2 growing ever more blurred
3 losing its value
4 envisioned more clearly

(2) **1** education is definitely required
2 one must possess a body
3 robots have almost no potential
4 human relationships make it easier

(3) **1** from in the womb
2 based on machine learning
3 from the fully developed fetus
4 based on the human-like robot

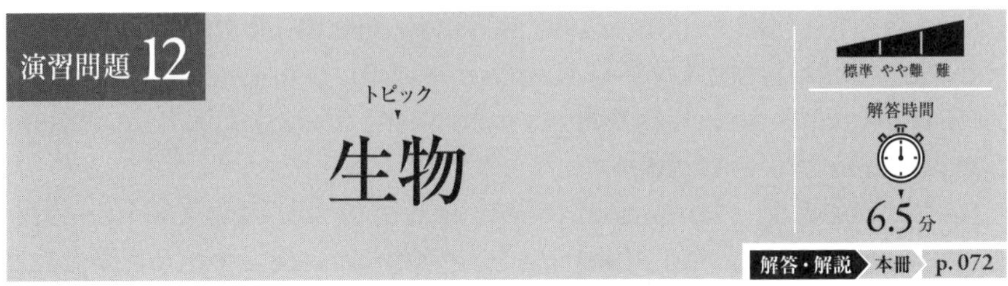

Read the passage below and choose the best answer from among the four choices for each question.

Astrocytes

In our brain, some 100 billion neurons are transmitting information through electrical and chemical signals via synapses. Given the central role these cells play in neurological functioning, it is not surprising that they (*1*)—after all, the signals they transmit lie at the heart of human behavior. It is worth noting, however, that complementary cells called astrocytes actually outnumber neurons in the brain. Unfortunately, these star-shaped cells have largely been ignored in neurological research because they do not fire electrical impulses in the same way that neurons do. Yukiko Goda of the Riken Brain Science Institute in Saitama Prefecture is helping to correct this notion. Her most recent work suggests that astrocytes help to regulate synaptic strength.

The firing of neurons changes the strength of the connections between them. Sometimes a whole new connection is created, and other times, the strength of the connection between neurons is weakened or reinforced. Goda's team looked at brain cells growing in culture and in slices of the hippocampus, the seahorse-shaped structure in the brain that is heavily involved in memory-formation. The team found that astrocytes in the hippocampus regulate changes in the brain brought on by neural activity. "A deeper understanding of how synaptic communication is regulated will help discover disease mechanisms and developing treatments," Goda says. "Our work shows that astrocytes could be (*2*)." Astrocytes are important for the maintenance of and nutritional support for neurons.

A couple of years ago, scientists performed an experiment that clearly demonstrates the power of astrocytes. Immature human brain cells were injected into the brains of baby mice. The cells developed into astrocytes and ousted the native mouse cells. By the time a mouse was one year old, its brain was a hybrid of human-derived astrocytes and regular mouse neurons. Human astrocytes are much larger than mouse astrocytes, and when they were fitted into the brains of mice, they (*3*). When the scientists tested mice with standard tests for memory and understanding, the rodents with human astrocytes stood out from the others. In one test designed to measure memory associated with fear, for example, mice with human astrocytes outperformed mice with regular astrocytes, suggesting their memory was superior. We have learned that astrocytes are far more important in the brain than has been appreciated. (384 words)

出典 The Japan Times, Change in the brain: Central nervous system cells finally get the recognition they deserve (Science & Health), by Rowan Hooper, May 14, 2016（設問化のため一部修正）

(1) 1 wreak havoc on signals
2 come into the spotlight
3 usually hone their skills
4 hardly hamper the progress

(2) 1 an appreciative memory-function in the hippocampus
2 a predominant provider of support with nutritious value
3 a regulator of neural activity in the brain
4 a potential target of novel therapeutics

(3) 1 had the effect of turbo-charging the mice
2 evoked a sense of fear in the brain of the mice
3 supplanted the human-based brain cells
4 became no less smart than the regular rodents

Read the passage below and choose the best answer from among the four choices for each question.

Europe after Brexit

Brexit is a disaster for the United Kingdom. Given the risk that it will now lose Scotland and Northern Ireland to secession, the country seems to have accepted the idea of Great Britain turning back into "Little England." To be sure, saving the English realm is all the Brexiteers ever cared about. The Brexiteers are fixated on the "sovereignty" that they have supposedly regained. Yet it is well known that they owe their success in the 2016 referendum to Russian interference and American social-media algorithms. The "leave" campaign was a saturnalia of cynicism and fake news, led by charlatans who were only too happy to be mistaken for the country's staunchest democrats. Churchill is said to have told Charles de Gaulle that England would always prefer the open sea to Europe. But if he were around today, de Gaulle would point out that Johnson's Britain has neither Europe nor the open sea. Instead, it has trade wars, a pseudo-friendship with US President Donald Trump, and mediocre economic prospects in a world increasingly dominated by powers like the United States, China, and the European Union itself.

Still, it is clear that Brexit is a defeat for the idea of Europe—the metaphysical chimera or the geopolitical Harlequin's coat of many colors. Europe is a unique amalgam of German thought, French politics, and English commerce. Within the EU, the UK was the modern version of John Stuart Mill and David Hume standing against French grandiloquence, and of Benjamin Disraeli checking continental impulses toward Wagnerian chauvinism. Britain brought the irony of

G. K. Chesterton to international negotiations. And it offered a touch of Byronic cosmopolitanism to instill compassion for Greece during its crisis and solidarity for the wretched of the earth more generally. Without the UK, Europe will become more stifling, and will have lost the cradle of liberty.

Let us dispense with the fable that Europe will always come together in times of crisis, as though compelled by some physical law. Why is it assumed that Europe, in its great wisdom, will respond to every authoritarian and populist thrust with an equal and opposite advance of democracy? Last year, the looming realities of Brexit did nothing to save the European Parliament elections. The outcome ultimately conferred a modicum of legitimacy on would-be democrat-dictators like Hungarian prime minister Viktor Orban. It is safe to say that, without England playing its historical prophylactic role, the epidemic of populism will become more virulent on the continent. Does this mean that the dream of European unity is over?

Not necessarily. The EU still has the option of keeping Britain close in heart and mind. We can still benefit from our absent partner by resurrecting the partnership through our actions. I will continue to dream of a Europe that can show fellow feeling for a cherished family member who has departed. We have not lost the culture that gave us Magna Carta, the cosmopolitanism of Gulliver, and swinging London. We still know the true liberalism of John Locke and Isaiah Berlin. This true taste of Europe—a blend of freedom and ironic skepticism—is precisely what we need to stare down the truculent faces of democratic-dictatorship. Europe is not dead. We fight on—without England, but still with the English. (542 words)

出典 The Japan Times, After Brexit, Europe lives on (Commentary), by Bernard-Henri Levy, February 11, 2020（設問化のため一部修正）

(1) What makes the author of the passage doubt that Brexiteers have regained their sovereignty?

1 Britain is no longer an economic power as it was in the days of Churchill, now expecting only moderate economic growth in a world led by other more influential nations.

2 The British people were deceived into voting to leave the European Union by the false-democratics who led the "leave" campaign.

3 There is a possibility that Scotland and Northern Ireland may exit the United Kingdom, leaving Great Britain much smaller than it is now.

4 The "leave" campaign's success was mainly due to the influence of foreign intervention and social network calculations to deliver a specific result.

(2) According to the author of the passage, what was one of Britain's contributions to the European Union?

1 Britain was a reliable leader of Europe, constantly uniting countries that had very different viewpoints and political styles.

2 Britain was a counterweight to the French who tended to develop grand strategic plans just to promote their own political agenda.

3 When other European countries were taking Eurocentric views, Britain acted as a counterbalance to them by helping to keep such attitudes under control.

4 Britain made sure that all countries would be treated fairly in the European Union and that countries like Greece would not be treated differently.

(3) Which of the following statements about Europe after Brexit would the author of the passage most agree with?

1 The European Parliament will be overtaken by dictators, losing its legitimacy and crushing the dream of European unity.

2 Despite the UK's withdrawal from the EU, the spirit of liberalism and democracy could possibly remain to counter governments that oppress people.

3 Europeans will continue to believe that they will always unite in a political crisis since democracy and compassion are the cornerstones of the Union.

4 The positive cultural aspects of Britain and the liberalism that were shared with the other countries of Europe will be lost.

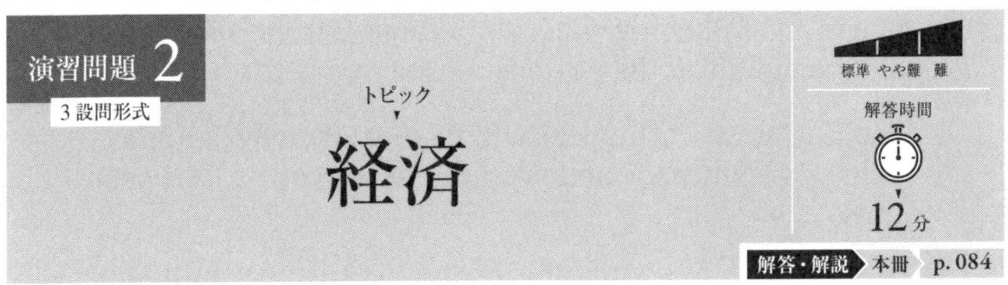

解答・解説 本冊 p. 084

Read the passage below and choose the best answer from among the four choices for each question.

Free-Market Economies

The market economy is akin to nature. Government intervention in the market is comparable to the destruction of the natural environment and therefore should be avoided. Nature untouched by the human hand is great. The fury of the elements dwarfs human power. Essentially, that is the opinion of free-market advocates, who may be described as "economic ecologists." On the other hand, Keynesian economists say the uncontrolled market is plagued by imbalances and instability. In their opinion, government intervention in the market through fiscal and monetary policies is essential to reduce unemployment, curb inflation, correct trade imbalances, and tame boom-or-bust business cycles. Free-market advocates criticize Marxist and Keynesian economists for arrogantly overestimating human intelligence to comprehend the dynamics of the market. They argue that it is best to leave everything to the market, while recognizing the limits of human intellectual capacity. In their opinion, an almighty government is an imaginary goal that should not be pursued.

The unregulated, or laissez-faire, market economy is said to have existed in England between the 1840s and the 1870s. John Maynard Keynes' booklet warning against laissez-faire was published in 1926. Three years later, Wall Street crashed, and the Great Depression set in. After that, industrial countries of the world implemented Keynesian economic policies until the mid-1970s. It was not until the 1980s that laissez-faire policies were revived in the United States and Britain under the leadership of then president Ronald Reagan and then prime minister Margaret Thatcher.

John Gray, a British historian specializing in political thought, does not regard the free market as natural. In his book *False Dawn*, Gray wrote, “The free market is not, as New Right thinkers have imagined or claimed, a gift of social evolution. It is an end-product of social engineering and unyielding political will. It was feasible in nineteenth-century England only because, and for so long as, functioning democratic institutions were lacking.” Gray added, “The implications of these truths for the project of constructing a worldwide free market in an age of democratic government are profound. They are that the rules of the game of the market must be insulated from democratic deliberation and political amendment. Democracy and the free market are rivals, not allies.”

Free-market advocates talk about “reform” when they intend to create a laissez-faire economy. But free-market reforms tend to benefit only a small number of wealthy people. Huge numbers of people, the financially underprivileged, suffer from such reforms. High growth in a free market could slightly increase the income of the poor. However, market freedom is bound to cause wide income gaps significantly, as occurred in the US and Britain during the 1980s and 1990s. The poor are likely to have felt poorer since the feeling of wealth and poverty is relative. Thus, a democratic vote is certain to reject market freedom. Gray also wrote, “In the normal course of a democratic political life, the free market is always short-lived. Its social costs are such that it cannot for long be legitimated in any democracy. This truth is demonstrated by the history of the free market in Britain.” As if to prove the truth, the Labor Party won a landslide victory in the British general election in May 1997. The majority of British voters rejected Thatcherism, or the free-market economy, because it was incompatible with democracy.

(549 words)

出典 The Japan Times, Laissez faire destroys itself (Commentary), by Takamitsu Sawa, August 7, 2000（設問化のため一部修正）

(1) Why do free-market advocates criticize Keynesian economists?

1 Keynesian economists believe that it takes great intelligence to avoid massive damage to the natural environment when intervening in the economy.

2 Keynesian economists advocate government intervention in the market that requires an unrealistically high level of intelligence.

3 Keynesian economists propose fiscal and monetary strategies that go beyond government intervention because they recognize the limit of the government's capacity.

4 Keynesian economists suggest government intervention using artificial intelligence to bring order to the otherwise unbalanced and unstable market.

(2) According to John Gray, which of the following is true of England in the mid- to the late nineteenth century?

1 There were not enough institutions representing the will of people who would not benefit from a free market.

2 Social evolution that occurred there allowed the free market to prosper, even though there were no such democratic systems as we know today.

3 The democratic government developed during that period enabled a free market to function effectively through social engineering and noble political intentions.

4 The free market created there was soon to be terminated because of its negative effects on democracy and politics.

(3) According to the author of the passage, why do free markets never last long under a democratic system?

1 The free market is accompanied by social burdens that will not be accepted by poor people in a democratic state.

2 The free market is protected from political reform, and thus cannot keep pace with changes in the democratic political environment.

3 The income of the poor will not increase as much as that of the wealthy in a democratic government, which eventually leads the poor to reject the democratic government completely.

4 Although free markets can prosper more in a democracy without financially benefiting the poor at all, they will naturally collapse.

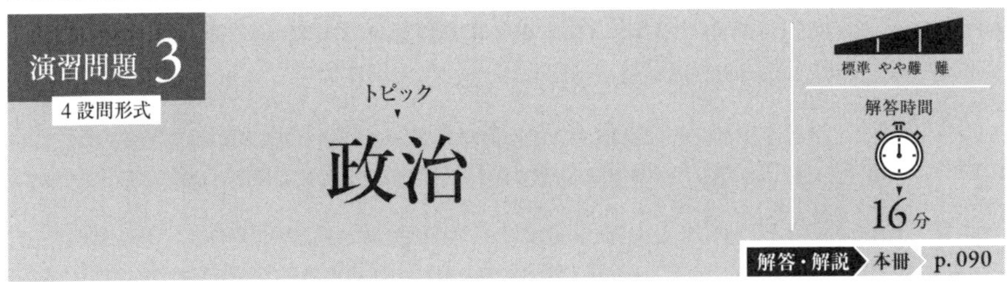

演習問題 3
4 設問形式
トピック
政治
標準 やや難 難
解答時間
16分

解答・解説 本冊 p. 090

Read the passage below and choose the best answer from among the four choices for each question.

Justice in Ukraine

The International Court of Justice (ICJ), the top United Nations court for settling disputes between states, called on Russia this week to immediately stop its invasion of Ukraine, saying it was "profoundly concerned" about the use of force and dismissed its justification for military intervention. Russia is unlikely to heed the order, but that does not mean that it does not matter. The ruling reinforces the foundational principle that governs relations among states, not raw power. It is up to governments to give that decision substance so that it is not just empty words.

Ukraine filed a suit against Russia at the ICJ immediately after the invasion, asking the court to rule on the claim used as a pretext to invade and dismember the country. Moscow accused Ukraine of committing genocide in Luhansk and Donetsk, two regions in the eastern part of the country with large numbers of Russian speakers. Russia did not participate in the initial hearing of the case, nor did it show up for the ruling issued this week. Rather, Moscow sent a letter to the ICJ asserting that the court had no jurisdiction over the case since Russia had formally notified the United Nations' secretary-general that it was acting on the grounds of self-defense, not genocide. That did not deter the justices. The court ruled 13-2 that Russia "shall immediately suspend the military operations" that it launched against Ukraine. In addition, it said that the Russian government must ensure that forces under its control or those that it supports must stop as well.

The court rejected Russia's assertion that its actions constituted "self-defense" under Article 51 of the United Nations Charter, pointing to the many statements by President Vladimir Putin that expressly referred to stopping genocide as the purpose of the use of force. If the reference to self-defense was intended to refer to the two enclaves in eastern Ukraine that had declared independence, the court noted that Article 51 only refers to members of the United Nations, and neither of the two breakaway regions enjoyed that status. The court went on to say that it "is not in possession of evidence substantiating" Russian claims of genocide, adding that it was "doubtful" that the Genocide Convention provides authority for the "unilateral use of force in the territory of another state." But if the Genocide Convention did not legitimate Russian action, it did provide jurisdiction for the ICJ to take the case, pursuant to Article 9. The court accepted the Ukrainian argument that it should not be subject to the use of force as a result of false claims of genocide, which meant that Ukraine has "a plausible right not to be subjected to military operations by the Russian Federation." The ruling also underscored the urgency of acting because of the extraordinary damage being done. Legal experts highlight the court's language, making points that were not legally required but were dictated by the exigency of the moment. Judge Donoghue noted that "any military operation, in particular one on the scale carried out by the Russian Federation on the territory of Ukraine, inevitably causes a loss of life, mental and bodily harm, and damage to property and to the environment." The court is "profoundly concerned" about Russia's use of force. There was unanimity among the judges that neither side should do anything that might "aggravate or extend the dispute."

Ukrainian President Volodymyr Zelenskyy called the ruling "a complete victory," while UN Secretary-General Antonio Guterres said the decision "fully reinforces my repeated appeals for peace." The foundational principles of international law are the sovereignty of states, the equality of states, and the inviolability of borders. Russia's invasion has trampled on those pillars and seeks to replace them with an order ruled by sheer power. The invasion of Ukraine is a simple and naked act of aggression that violates Article 2.4 of the UN Charter, which prohibits the "use of force against the territorial integrity or political independence of any state." Russia will ignore the ruling but that does not make it meaningless. The government in Moscow will be confirmed as one that disrespects and rejects international law, underscoring the ruling and its status as an outlaw. Conversely, Ukraine is reaffirmed as a nation committed to the peaceful resolution of disputes. The ICJ has no enforcement mechanism, but justice is defined and realized by efforts of other actors to give it meaning and content. All of us, collectively, give it substance. That is why world leaders continually refer to international law as they address this crisis. Even as we return to an era of great power competition, we must reject pure power politics. Failure to do so leaves a world in which there is no right or wrong, just a balance of power. That is a grim prospect, but it is one that we all can—must—ensure does not emerge. (813 words)

出典 The Japan Times, Justice in Ukraine depends on our actions, as well as Russia's (Editorials), by the Japan Times Editorial Board, March 18, 2022（設問化のため一部修正）

(1) For what reason did the ICJ reject Russia's claim that it was acting in self-defense?

1 The ICJ did not recognize as valid the formal notification submitted by Russia to the UN due to lack of substantial evidence in the document.

2 The extent of devastation being inflicted on Ukraine by Russia was much more serious and on a larger scale than that in Luhansk and Donetsk.

3 The two areas that President Putin claimed suffered genocide by Ukraine are not UN member states, which means the excuse of self-defense is invalid.

4 Military operations in independent states that have newly been recognized by the UN cannot be tolerated for any reason.

(2) Which of the following can be correctly inferred from the passage?

1 The dubious evidence of genocide presented by Russia qualifies Ukraine to appeal to the ICJ for a ruling to prohibit the use of force by Russia.

2 Article 51 prohibits any member state of the UN, including Russia, from resorting to any type of military operations against genocide.

3 More evidence is needed to authenticate Russia's claim of genocide before the use of force in Ukraine can be approved under the Genocide Convention.

4 Only if the claim of genocide by Ukraine is substantiated, the ICJ will allow Russia to continue military operations in only eastern Ukraine.

(3) According to the passage, what was noteworthy about the court ruling?

1 The judges reached a conclusion that elated both President Zelenskyy and UN secretary general, but for different reasons.

2 A few of the judges called equally on Russia and Ukraine to bridle their actions so as not to exacerbate the suffering in Ukraine.

3 All the judges voted for the ruling that condemned Russia, despite the fact that Russia is a permanent member of the UN Security Council.

4 The judges concurred that the two countries should not take any actions that could possibly exacerbate the predicament.

(4) In what way does the author think the court ruling is relevant to the international community?

1 Though it will have no impact on Russia and the current crisis, the ruling confirms the fundamentals of international law that will prevent future conflicts from occurring.

2 The ruling defines Russia's actions as an act of aggression, enabling the UN to use military force in accordance with the UN Charter.

3 Because the ruling will probably be disregarded by Russia, it will deprive international law of substance and credibility.

4 The ruling corroborates the moral superiority of Ukraine over Russia, providing a basis for the international community to assiduously contend with the crisis.

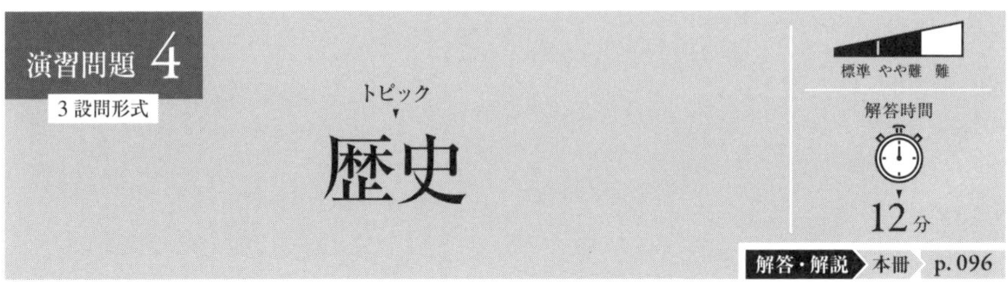

解答・解説 本冊 p. 096

Read the passage below and choose the best answer from among the four choices for each question.

Shifting American Diplomacy on Taiwan

Beginning in January 2017, the Trump administration has made great strides in strengthening America's relationship with Taiwan, bringing the two countries closer together than they have been in more than 40 years by increasing bilateral exchanges, strengthening defense ties, and undertaking arms sales. Symbolic of this progress, Secretary of State Mike Pompeo announced the lifting of self-imposed restrictions on interactions between US and Taiwanese officials. Pompeo said, "Taiwan is a vibrant democracy and reliable partner of the United States, and yet for several decades the State Department has created complex internal restrictions to regulate our diplomats, servicemembers, and other officials' interactions with their Taiwanese counterparts. The United States government took these actions unilaterally, in an attempt to appease the Communist regime in Beijing. No more."

Related to this decision, US Ambassador to the United Nations Kelly Craft was scheduled to visit Taiwan from January 13 to 15 to meet with her counterparts for the first official interaction at that level since the Republic of China was replaced in the UN by the People's Republic of China in 1971. However, on the eve of her departure, Craft's trip was suddenly canceled due to the "upcoming presidential transition." It is unclear what took place with the whiplash-like turnaround in policy. Those close to the incoming Joe Biden administration had said that it "will rightly be unhappy that a policy decision was made in the final days of the Trump administration." This was a very odd statement on many levels, revealing inadvertently the soon-to-be inaugurated administration's pro-China bias. If Biden really supported Taiwan but is unable to make such a decision himself due to his overly close ties with the Chinese Communist Party (CCP), it is good that Trump did the heavy lifting for him.

The "lateness" of the policy announcement may have been related to the simple fact that Trump believed he would be re-elected. And once this corrective measure was in place regarding interactions, it is likely that there would have been a dramatic increase in Cabinet-level or higher visits to Taiwan. In this sense, the sudden cancellation of Craft's visit was a blow to Taiwan and an apparent victory for the CCP. Fortunately, there had been increasingly high-level visits to Taiwan taking place during the Trump years, including that of Secretary of Health and Human Services Alex Azar. He visited Taiwan in the first half of August last year to pay his respects following former president Lee Teng-hui's passing on July 30.

Despite the advances the Trump administration made with Taiwan, it left two important actions incomplete. The first was the realization of an official presidential visit. And the second is the reestablishment of formal diplomatic relations—in other words, recognizing Taiwanese statehood. Many people around the region felt let down by the inexplicable cancellation of Craft's trip to Taiwan. One close friend from Hong Kong wrote to me when she heard the news, "Everything Pompeo did will be undone soon." Normally not political, she was clearly worried about the future. As she should be. "Today's Hong Kong will be tomorrow's Taiwan," goes the expression in the region. Some add a corollary: "And the day after is Okinawa and Japan." The incoming Biden team should understand this point, but they appear or choose not to. (547 words)

出典 The Japan Times, Trump's whiplash diplomacy on Taiwan (Commentary), by Robert D. Eldridge, January 17, 2021（設問化のため一部修正）

(1) According to the passage, what is one of the changes made during the Trump administration in its relationship with Taiwan?

1 It boosted the export of strategic materials to Taiwan with the view of strengthening Taiwan's military presence in the global community.

2 It exercised more restraint in dealing with Taiwan in order to placate the Chinese government, aiming to enhance exchanges between the two Asian countries.

3 It abolished self-imposed regulations on the interaction of its high-officials with Taiwanese counterparts because it decided to concede to the demands of China.

4 It declared its intention to remove restrictions that hampered official communication and visits between the US and Taiwan for many years.

(2) According to the author, Kelly Craft's visit to Taiwan was probably canceled because the new administration

1 felt that Craft did not entirely understand the details of its new policy of dealing with the CCP.

2 was reluctant to adopt policies that may be detrimental to its close associations with the Chinese Communist Party.

3 was too preoccupied with the transition to allocate any personnel resources to Craft's visit to Taiwan.

4 did not want to implement a policy that had been precipitously made by the outgoing president at the end of his term.

(3) What is one concern implied by the author in the passage?

1 The new US administration may reestablish formal relations with Taiwan as it did with Hong Kong in the past, but would probably fail to prevent Chinese expansion plans.

2 The failure of the US to restore diplomacy with Taiwan will make it impossible for an American president to officially visit Taiwan in the foreseeable future.

3 Taiwan, denied its statehood and democracy, could easily come under the control and supervision of the CCP, just as Hong Kong does, and the same could even spread to other areas in Asia.

4 The CCP will not overlook increased visits by American officials to Taiwan during the Trump administration, which could undermine relations between the US and the CCP.

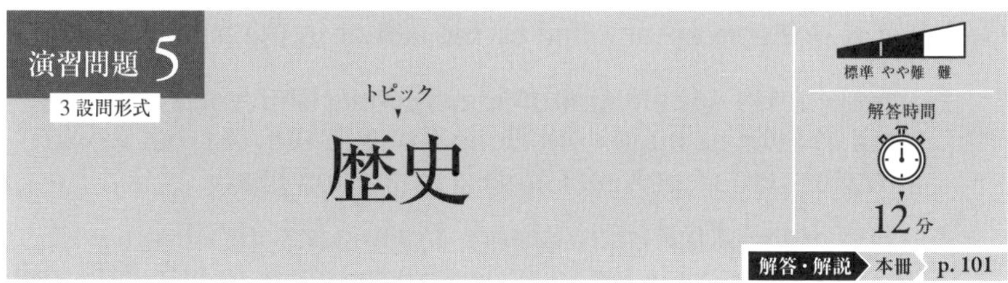

演習問題 5
3 設問形式
トピック
歴史
標準 やや難 難
解答時間
12分

解答・解説 本冊 p. 101

Read the passage below and choose the best answer from among the four choices for each question.

The Disintegration of the Soviet Union

In the late 1980s, when the Soviet Union's last leader, Mikhail Gorbachev, came into power, the Soviet Union was fraught with predicaments. Its economic planning was failing to meet the needs of the state mired in a high-stakes arms race with the US, which led to a gradual economic decline that called for economic revitalization. The government had underestimated the growing demand of the non-Russian ethnic groups for secession from the Soviet Union. In order to address these problems, Gorbachev implemented a two-tiered reform policy: "glasnost," or openness, and "perestroika," or restructuring. However, these policies only encouraged the populace to exercise their newly own freedom of speech to chide the government for its futile attempts at economic resuscitation. He also launched a foreign policy calling for nuclear disarmament, a reduction or suspension of military aid, as well as various other efforts to lighten the economic burden on the Soviet Union. The disintegration of the Soviet Union began in 1987 in the Baltic region, where Estonia, Lithuania, and Latvia demanded autonomy and won independence from the Soviet Union. A Pandora's box was opened.

As secession movements sprang up in Georgia, Ukraine, Moldova, Belarus, and the Central Asian republics, the weakening central government could no longer control those movements. In 1990, a presidential system was introduced and direct elections were held. In August 1991, a group of anti-Gorbachev hard-line Communists, or conservatives opposed to the reforms, organized a coup d'état, kidnapping Gorbachev and announcing his downfall. However, this coup attempt failed due to the citizens' massive protests led by the president of the Russian Republic, Boris Yeltsin, in Moscow. In December 1991, Gorbachev stepped down, and by January 1992, the Soviet Union finally dissolved. The year 1991 witnessed the Soviet Union's breakup into fifteen separate countries. The West applauded its collapse as a victory of democracy over totalitarianism, and of capitalism over socialism. The US was overjoyed to find the end its long-standing opponent going down on its knees, that is, the end of the Cold War confrontation, which had lasted since the end of World War II.

With the collapse of the Soviet Union, a new entity called the Commonwealth of Independent States (CIS) was formed. The CIS is a loose federation of states without its own constitution or parliament, which has nine official members: Russia, Kazakhstan, Tajikistan, Uzbekistan, Kyrgyzstan, Belarus, Armenia, Moldova, and Azerbaijan. Russia, the largest state in the CIS, has been involved in various regional conflicts that have created tension and antagonism within the organization over the years. The member countries, most of which are the independent states from the former Soviet Union, have sovereignty, but are economically interdependent. Although those countries were liberated from the control of the USSR's totalitarian government, they have been confronted with daunting challenges: revamping their economies, reorganizing their political structures, and mediating ethnic disputes, such as armed conflicts over the secession of the Chechen Republic and a conflict with Georgia. In order to weather those hardships, the CIS has been taking bold steps to achieve democratization, reorganization, and reconstruction of the Commonwealth.

(511 words)

(1) What did the author mean by the remark, "a Pandora's box was opened"?

1 The separatist movement had a ripple effect on the country way beyond the level of containment by the declining regime.

2 The Baltic region was so essential to the Soviet Union that the rest of the countries would never function together without it.

3 The post-Gorbachev regime triggered a chain reaction of anti-communist movements that spread around the entire Soviet Union and beyond.

4 The disintegration of the communist empire resulted in the emergence of numerous unforeseen problems which had previously been covered up by Gorbachev.

(2) What was the determining factor in the dissolution of the Soviet Union and the end of the Cold War?

1 The Western support for and encouragement of secession movements served as a catalyst for the disintegration of the Soviet Union.

2 The introduction of a presidential system and a direct election system seriously diminished the full power and authority of the Soviet Union.

3 The separatist movement sowed the seeds of the formation of a new association called the Commonwealth of Independence States (CIS).

4 The insurrection against the reform-oriented government was foiled by a new leader after the introduction of a presidential system.

(3) Which of the following statements explains the main problems facing the CIS?

1 It is a dauting challenge to take drastic measures to reorganize the socioeconomic structure of the Commonwealth to regain its international influence.

2 It is a pipe dream to revamp and revitalize the governance system to resolve the international disputes caused by its totalitarian government.

3 It is a Herculean task to resolve racial and political strife within the unstable organizational structure.

4 It is a lost cause for CIS to regain the sovereignty it has traded for economic liberation and interdependence.

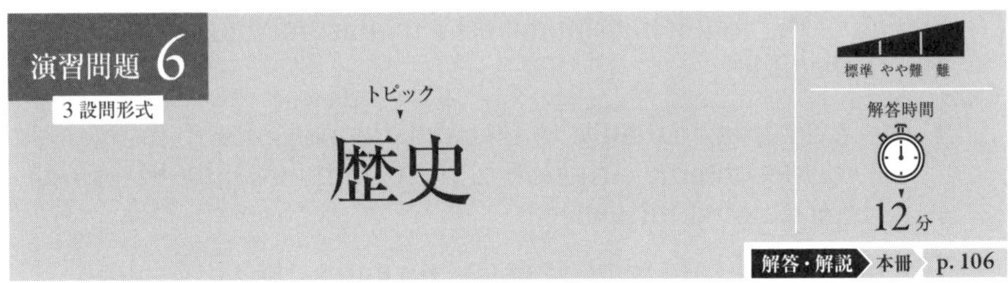

解答・解説 本冊 p. 106

Read the passage below and choose the best answer from among the four choices for each question.

Woodrow Wilson

In 1917, the US Congress declared war on Imperial Germany and entered World War I. The secure New World foolishly joined the Old World slaughterhouse, consigning more than 117,000 Americans to death. The chief outcome of the war was to sweep away several reasonably benign—if imperfect—"ancien regimes," while loosing various totalitarian bacilli. The so-called Great War's unfinished business was finally settled only in World War II, after claiming as many as 80 million more lives.

There was little to choose between the two sides and the only sensible decision was for America to stay out. There was no conceivable threat to the United States. It mattered little to the American people whether Tsar Nicholas or Kaiser Wilhelm was Europe's dominant monarch, whether France regained territory it had lost, or whether ramshackle Austro-Hungary maintained its influence in the Balkans. Unfortunately, there was perhaps no president more sanctimonious and certain of his own righteousness than US President Woodrow Wilson. He could not tell Americans that he wanted to take them into war because of his megalomaniacal desire to dictate international affairs. Instead, he took Great Britain's side in the war's maritime disputes and allowed events to play out.

Britain violated international law and the rights of neutral nations—most importantly America's—while imposing a starvation blockade on Germany. The latter retaliated with U-boat warfare, a new innovation. American lives were lost and Wilson made an astonishing claim: US citizens had an absolute right to book passage on armed merchant vessels designated as reserve cruisers carrying munitions through a war zone. The most famous case of allowing London to mix "bullets and babies," as a frustrated Secretary of State William Jennings Bryan pointed out, was the *RMS Lusitania*. It was torpedoed on May 7, 1915: it sank as a result of the secondary explosion of the ammunition it was carrying. On April 2, Wilson requested that Congress declare war. His eloquence was calculated dishonesty. There was strong resistance from a handful of senators more concerned about America's interests than Wilson's fantasies, but the reluctance of America's heartland counted for little. On April 6, the House followed the Senate in voting for war and propelled America into the Europeans' last imperial conflict.

Washington's entry was a disaster. No American other than Wilson benefited from it. Thousands of brave soldiers and marines died unnecessarily. Without America's involvement, a compromise peace loomed likely between the exhausted antagonists. Alas, the infusion of US aid and troops put Britain and its allies over the top. However, Wilson's subsequent attempt to dictate a glorious peace failed. Allied leaders plundered the losing powers, traded subject populations as casino chips, and manipulated the US president's idealistic vision to suit their pragmatic ends. The losers had no stake in maintaining the settlement. French military commander Ferdinand Foch presciently said of the agreement: "This is not peace. It is an armistice for 20 years." World War II followed naturally. Wilson had inadvertently set in motion the process that destroyed Europe, Imperial Russia, and the Middle East, and slaughtered tens of millions of people. Wilson's nominal idealism proved to be deadly. (521 words)

出典 The Japan Times, Blame Woodrow Wilson for the U.S.' constant wars (Commentary), by Doug Bandow, April 11, 2017（設問化により一部修正）

(1) According to the author of the passage, why would it have been reasonable for the United States not to enter the war in Europe?

1 Imperial Germany was such a strong military power that it would have been unwise to drag the United States into a war that it might lose.

2 Since Britain and France were already winning the war, there was no need for the United States to intervene to ensure their victory.

3 Whichever alliance had gained hegemony in Europe, it would not have affected the US national interest or security.

4 As Britain had transgressed the international law, it was unjustifiable for the US to support the country.

(2) What did Secretary of State William Jennings Bryan mean when he said London was mixing "bullets and babies"?

1 Britain was allowing American citizens aboard vessels carrying ammunition to be used in the war against Germany.

2 The British were breaking the international law, while trying to protect the lives of many American citizens under their control.

3 Britain was encouraging many young American soldiers to fight on the battlefield through financial incentives, such as free travel on its ships.

4 The British were loading both weapons and strategic materials on their ships to fight against a starvation blockade imposed by Germany.

(3) What does the author think would have been the outcome of the War if the US had not participated?

1 Neither side would have achieved complete victory and eventually the exhausted nations of Europe would have made peace.

2 Tsar Nicholas or Kaiser Wilhelm would have become Europe's dominant monarch, whereas France would have regained its lost territories.

3 Germany would not have initiated U-boat warfare and thus the *RMS Lusitania* would not have been sunk.

4 Old regimes would have been swept away from Europe to be replaced by totalitarian states.

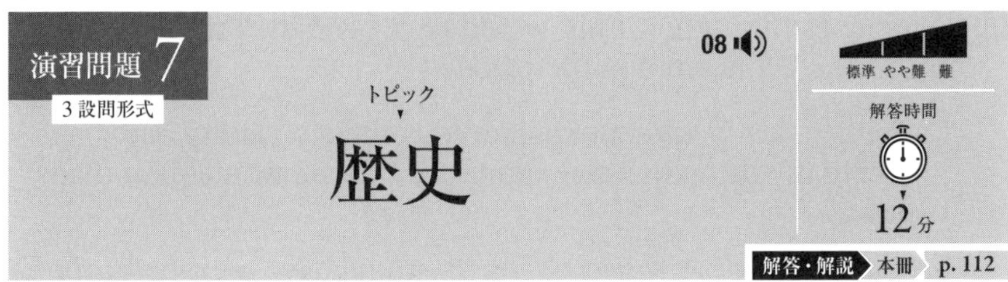

解答・解説 本冊 p. 112

Read the passage below and choose the best answer from among the four choices for each question.

Fifty Years after Nixon's China Visit

Fifty years ago, US President Richard Nixon made his historic trip to China. The visit was a bold move to reshape international relations by transforming the trilateral relationship among the United States, China, and the Soviet Union. Nixon reached out to Beijing to re-balance things to the US's advantage. Nixon understood that the relations between Beijing and Moscow were tense and that finding a common cause with China would ally the world's largest economy with the world's largest population and benefit the US. To do so, however, the US had to swallow its pride over "the loss of China" to communism during World War II. Few Americans had the political armor to deflect the domestic repercussions from that outreach. Richard Nixon, who had built his political career as a staunch anti-communist, was one of them. Nixon's outreach was reciprocated by China's leader, Mao Zedong. Nixon advanced his geopolitical aims and Mao sought to counter growing hostility between his country and its once-fraternal neighbor. Engaging with the US led to an opening to the West, which proved instrumental in transforming China into global power that it is today. Xi Jinping now leads the world's second-largest economy.

Yet there have been few celebrations to mark the 50th anniversary of that visit. In Washington, Beijing is deemed a revisionist state, eager to tear up rules and norms to satisfy long-standing grievances, including the redrawing of borders. In Beijing, the US is said to actively seek to contain China, undermine its growth, and thwart the realization of the "China Dream." There is no more-troubling indication of the depths to which the US-China relationship has fallen than Beijing's readiness to back President Vladimir Putin, as Russian forces invade Ukraine. Rather than respect and affirm the international order that it helped birth, China now encourages lawlessness and indulgence in fiction and folly to justify Russia's attempt to forcibly redraw the borders of Europe.

A Beijing-Moscow alignment has consolidated. The joint declaration issued by Putin and Xi Jinping in February has been heralded as "a new manifesto" for global order. In 50 years, then, Beijing's orientation has shifted and the pendulum has swung. This drift makes plain the simple calculus behind Chinese decision-making. Chinese leaders have long talked about principles and democracy, but the reality is simpler and cruder: they believe in power. The choice was evident during the United Nations Security Council debate when Kenya's representative made a plea to reject dreams of empire and instead support a world marked by the equality of nations and ruled by law. China's response was to waffle. Its UN representative called on all parties to exercise restraint, rather than condemning the person who manufactured an excuse to invade. In a farewell toast at the end of his visit 50 years ago, Nixon urged the two countries to "find common ground on which we can both stand, where we can build the bridge between us and build a new world." A half century later, that task remains undone, a failure that has contributed to the dangers we face today. (513 words)

出典 The Japan Times, Little to celebrate 50 years after Nixon's China visit (Editorials), by the Japan Times Editorial Board, February 25, 2022（設問化のため一部修正）

(1) According to the author of the passage, what was it about President Nixon that probably contributed to his successful outreach to China?

1 His deep insight into international politics made him aware of the importance of resolving negative American feelings over the loss of China.

2 His unique anti-communist approach convinced the American public that they would enjoy substantial economic benefits by partly succumbing to the demands of Mao Zedong.

3 His profound understanding of the world's political dynamics allowed him to convince US politicians that China would definitely reciprocate the economic aid by the US.

4 His reputation of being unyielding to communism helped him circumvent domestic resistance to engaging more closely with China.

(2) According to the author of the passage, which of the following best demonstrates the deteriorating relationship between the US and China?

1 Beijing intends to utilize military forces to change national boundaries in Europe, aiming to create a new international order that favors its interests but not those of the US.

2 China is attempting to tear up old treaties and redeem territories that it acquired in the past from neighboring democratic countries.

3 China, in support of its once-hostile neighbor, no longer upholds the supremacy of the rule by law in defining international boundaries.

4 Beijing seeks to weaken the economy of the US in order to realize the "China Dream" and become the largest economy in the world.

(3) What is suggested by the UN Security Council debate about China's attitude toward international disputes?

1 China often demands restraint from nations not directly engaged in a conflict, encouraging active dialogue between the involved parties alone.

2 China attaches more importance to the use of force than to legal governance in dealing with international conflicts.

3 Instead of resorting to negotiation to settle differences, China unequivocally condemns the more powerful party in a dispute.

4 Only insinuating that it respects international law, China hesitates to articulate its opinions about diplomatic matters on the international stage.

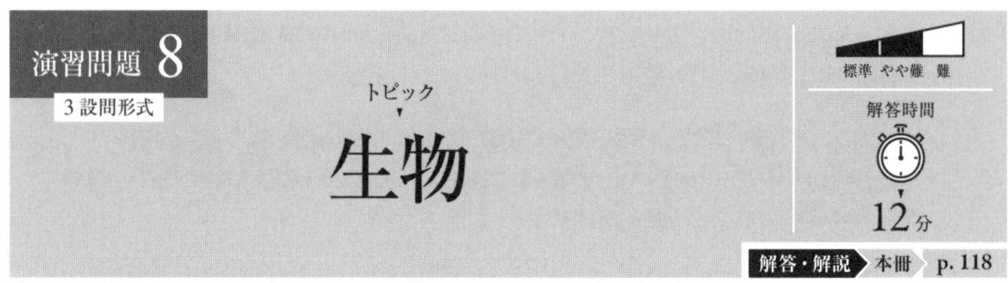

Read the passage below and choose the best answer from among the four choices for each question.

The Origins of the Japanese Wolf

Little was known about the evolutionary history of the Japanese wolf, a small subspecies of the gray wolf that was once endemic to the islands of Honshu, Shikoku, and Kyushu. Though worshiped for centuries as a divine messenger and protector of farmland, the creature is thought to have gone extinct as Japan marched toward industrialization in the nineteenth century. The last known specimen of the Japanese wolf was found in 1905. Fossil records have indicated that a giant wolf reaching 70 centimeters in body height inhabited Japan over 20,000 years ago during the Late Pleistocene. Meanwhile, the oldest known remains of the Japanese wolf (*Canis lupus hodophilax*) can be traced back to 9,000 years ago. An ancestral population of this wolf is likely to have migrated from Eurasia to the Japanese archipelago prior to that time. There have been two controversial hypotheses. The first was that the giant Pleistocene wolf is the direct ancestor of the Japanese wolf and gradually became smaller through adaptation to life on the archipelago, transforming into the Japanese wolf. The second was that the giant Pleistocene wolf and the Japanese wolf are different species.

In order to investigate the genetic origins of the animal, Segawa Takahiro, a senior assistant professor at the University of Yamanashi and researchers from various institutions analyzed the ancient DNA of a skull excavated in Tochigi Prefecture belonging to a female Pleistocene wolf that lived 35,000 years ago, as well as one belonging to a male Japanese wolf from 5,000 years ago. Results showed that the former had no genetic association with the Japanese wolf, but was rather an earlier-diverging lineage, while the latter was a mixture of the Pleistocene wolf and continental wolf lineages. These findings suggest that Pleistocene wolves colonized Japan in waves between 57,000 and 35,000 years ago, followed by the arrival of another wolf lineage 37,000 to 14,000 years ago. Research indicates that these two types of wolves hybridized, leading to the formation of the Japanese wolf. "The results reveal the complex genetic origin and evolutionary history of Japanese wolves based on paleogenomic analyses, providing new perspectives on the evolutionary history of wolves in Asia," the study said.

There are still many unanswered questions regarding the Japanese wolf, including its size and relationship with humans. Regarding one of the smallest wolves in the world, Segawa said that further DNA analysis of more Japanese wolves, especially those from the Pleistocene and Jomon periods, could help to decipher what genetic factors contributed to the phenomenon. However, as shown in this study, the formation of new populations through interbreeding rather than the complete replacement of old lineages may have occurred in species other than the Japanese wolf. Therefore, this research is expected to advance our understanding of the evolutionary history of mammalian fauna in the Japanese archipelago.

(483 words)

出典 The Japan Times, Researchers trace the evolutionary origins of the Japanese wolf (National), by Alex K.T. Martin, May 11, 2022 / プレスリリース「ニホンオオカミの起源を解明」(山梨大学ほか) Paleogenomics reveals independent and hybrid origins of two morphologically distinct wolf lineages endemic to Japan., May 10, 2022 (設問化のため一部修正、加筆)

(1) According to the passage, which of the following had been hypothesized before the DNA analysis conducted by Segawa Takahiro's team?

1 The Pleistocene wolf used to live in Japan 20,000 years ago and became smaller by interbreeding with the Japanese wolf.

2 The oldest corpse of the Japanese wolf was found 9,000 years ago, indicating that the ancestor is different from the Pleistocene wolf.

3 The Japanese wolf, long venerated as a sacred animal, is the different species from the gray wolf that used to live all over Japan.

4 The Pleistocene wolf fit in with the new environment through the process of migration from Eurasia to Japan.

(2) What have Segawa and his team found by analyzing ancient DNA from the wolf skulls?

1 The Pleistocene wolves established colonies in Japan in waves between 57,000 and 35,000 years ago, following another type of continental wolves.

2 The Japanese wolf is an evolutionary antecedent to the Pleistocene wolf, which trace back to the same ancestors.

3 The Japanese wolf is a crossbreed of the Pleistocene wolf and another wolf that reached Japan 37,000 to 14,000 years ago.

4 The Pleistocene wolf is an early diverging lineage of the continental wolf that is a mixture of the Japanese wolf.

(3) What is this research likely to reveal in the future?

1 The process of the replacement of new lineages with old ones as the Pleistocene wolf was replaced by the Japanese wolf.

2 This DNA analysis of the Japanese wolf's skull may decode the genetic factors contributing to their size and relationship with humans.

3 Examining the expansion process of the Japanese wolf through crossbreeding may elucidate the evolution of warm-blooded vertebrates in Japan.

4 This DNA analysis of the Japanese wolf's skull will reveal the reason why they became the smallest in the world.

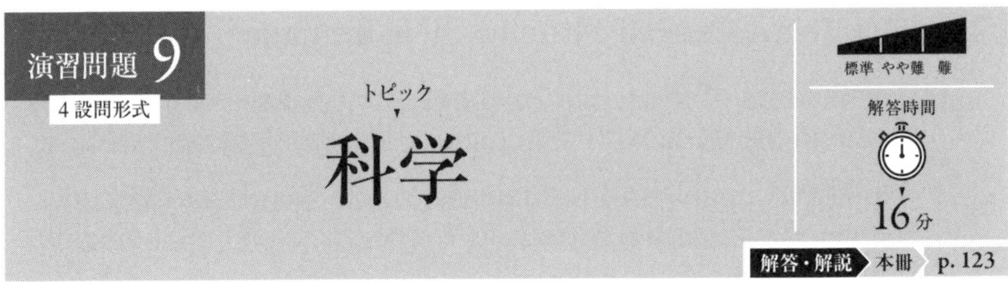

解答・解説 本冊 p. 123

Read the passage below and choose the best answer from among the four choices for each question.

The Double-Edged Sword of AI

AI has the potential to be the most significant technology ever developed for increasing human knowledge and prosperity and for enriching human lives. The consulting company Accenture predicted in 2016 that AI "could double annual economic growth rates by 2035 by changing the nature of work and spawning a new relationship between man and machine" and by boosting labor productivity by 40 percent," all of which is accelerating the pace of integration. However, for just about any use of AI, it is possible to conjure up some type of failure. For many researchers, the chief concern is corruption of the process by which AI is created—machine learning.

AI can be corrupted in various ways. One way is to compromise the tools—the instructions—used to make the machine learning model. Programmers often go to open-source libraries, which are collections of software that can be freely downloaded and modified, to obtain the code or instructions to build the AI "brain." Some sources are downloaded tens of thousands of times every day. Malicious codes can be included or compromises introduced, which are then disseminated around the world. Another danger is corruption of the data used to train the machine. Malicious actors can change labels on data—"data poisoning"—to get the AI to misread inputs. Alternatively, they create "noise" to disrupt the interpretation process. These "evasion attacks" are minuscule modifications to photos, which are invisible to the naked eye but render AI useless. Lohn notes one case in which tiny changes in pictures of frogs got the computer to misclassify planes as frogs.

There is also a danger that the algorithm of the AI, the "logic of the machine," does not work exactly as programmed. The data sets are not corrupt per se, but they incorporate pre-existing biases and prejudices. Advocates may claim that they provide "neutral and objective decision making," but as Cathy O'Neill made clear in *Weapons of Math Destruction*, that is clearly not the case. One issue is that the AI's machine learning mechanisms are not transparent—that is, they are too complex for humans to verify. These are "new kinds of bugs," argues one research team, "specific to modern data-driven applications." For example, COMPAS, a "predictive recidivism" program, uses AI to calculate a criminal defendant's likelihood of committing another crime. This program has been adopted by many states for use in sentencing decisions in criminal courts. It has been independently verified that Black defendants were assessed by the algorithm as being far more likely to commit another crime than was actually the case. Of those individuals assessed as having a high risk rating, 45 percent of blacks were misclassified, compared with just 23 percent of whites. These "AI biases" can be envisaged in many other situations, including corporate recruitment and loan screening.

Computer scientists have discovered a new danger of AI—reverse engineering machine learning, which has created a whole host of worries. First, since algorithms are frequently the intellectual property of their creators, its exposure is virtually a theft. Second, if you can figure out how AI reasons or what its parameters are—what it is looking for—then you can "beat" the system. In the simplest case, knowledge of the algorithm allows someone to "fit" a situation to manufacture the most favorable outcome. Gaming the system could be used to create bad if not catastrophic results. For example, a lawyer could present a case or a client in ways that best fit a legal AI's decision-making model. Judges have not abdicated decision-making to machines yet, but courts are increasingly relying on decision-predicting systems for some rulings.

But for catastrophic outcomes, there is nothing more serious than the third danger: repurposing an algorithm designed to make something new and safe to achieve the exact opposite outcome. A team associated with a US pharmaceutical company developed an AI to find new drugs; among its features, the model penalized toxicity—after all, you do not want your drugs to kill the patient. Asked by a conference organizer to explore the potential for misuse of their technologies, they discovered that tweaking their algorithm allowed them to design potential biochemical weapons—within six hours they had generated 40,000 molecules that met the threat parameters. Some were well-known chemicals such as VX, an especially deadly nerve agent, but it also developed new molecules that were more toxic than any known biochemical weapons. Writing in *Nature Machine Intelligence*, the team explained that "by inverting the use of our machine learning models, we had transformed our innocuous generative model from a helpful tool of medicine to a generator of potentially deadly molecules." The team warned that this should be a wake-up call to the scientific community, claiming that "a nonhuman autonomous creator of a deadly chemical weapon is entirely feasible." Since machine learning models can be easily reverse-engineered, similar outcomes should be expected in other areas. We will see the dilemma: opaque algorithms have the risk of being abused perpetuating injustice; whereas transparent algorithms risk being exploited to produce new and even worse outcomes.

(845 words)

出典 The Japan Times, Artificial intelligence gets scarier and scarier (Commentary), by Brad Glosserman, March 22, 2022（設問化のため一部修正、加筆）

(1) According to the passage, one way to corrupt AI is that

1 spiteful actors make AI mistakenly read the poisoned data or create significant "noise" to elude attacks that are unseen by humans and AI.

2 as the open-source libraries are used numerously every day, they can include "poison," "noise," and even "evasion attacks" that are invisible but harmful to AI.

3 a myriad of open-source libraries that programmers access can find maliciously written codes or information leaks, which are in turn disseminated worldwide.

4 programmers encounter daily maliciously written codes during their process of building the AI brain and compromise the introduction of those data.

(2) What does one research team believe about "new kinds of bugs"?

1 They are peculiar to the application based on data sets that originally contain biased information resulting in expansion of negative impact on more people.

2 Some biases and prejudices are intentionally pre-loaded in the vulnerable and corrupt data sets, which leads to miscalculation in crime predictions.

3 As the author of *Weapons of Math Destruction*, Cathy O'Neill describes in her book, these bugs result from neutral and objective decision making which can avoid any discrimination.

4 They caused a "predictive recidivism" programme COMPAS to discriminate against a certain race, making a two-fold difference.

(3) According to the computer scientists in this passage, the devastating consequence of AI is that

1 with some minor adjustment of the algorithm, AI for the new drug development can even be converted into a producer of venomous substances.

2 with the knowledge of the algorithm, you can game the system and apply your best situation to manufacture the most favorable outcome.

3 reusing an algorithm for the beneficial use can create no more toxic biochemical weapons than such well-known VX.

4 deadly molecules will be created by inverting reverse engineering machine learning at an extraordinary rate, thus leading to the production of lethal weapon.

(4) What point does the author make about algorithm transparency?

1 Although reverse engineering can be used to understand nearly all algorithms, it is often too complicated to be used.

2 Transparent algorithms will be likely designed to make something new and safe to achieve the exact opposite of the outcome, which can threaten even human lives.

3 Without algorithm transparency, it will become more and more likely that dangerous chemical weapons will be manufactured.

4 Opaque algorithms prevent users from examining their understanding of the mechanism because of their complexity, thus leading to promotion of unintended discrimination.

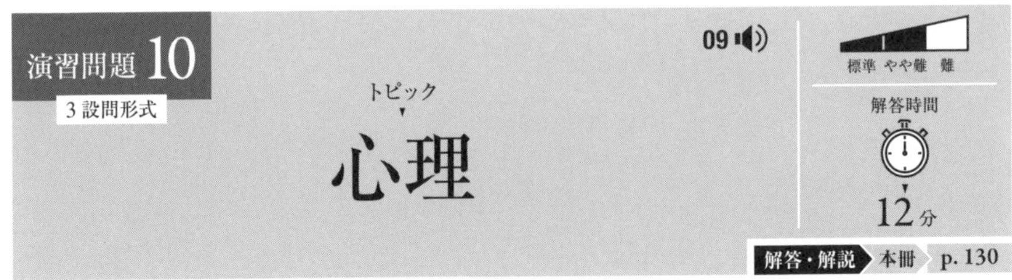

Read the passage below and choose the best answer from among the four choices for each question.

Making Predictions

The psychologist Philip Tetlock's warning that "the average expert is roughly as accurate as a dart-throwing chimpanzee" has been taken more seriously, as the world awaits the results of next month's US presidential election. Donald Trump's victory in the 2016 vote four years ago was widely viewed as a stake through the heart of statistics-led political punditry and fuels a belief that his re-election is imminent. Given that virtually every decision is to some degree a prediction—"where shall we go for dinner?" makes assumptions about a future experience—it is remarkable just how bad we as a species are at it. Ancient civilizations credited the crazed and addled with insight, or were willing to seek destinies in entrails, excrement or the stars. We have advanced considerably in technique, but the future remains as unknowable as ever.

The failure to make accurate assumptions about the future assumes greater significance when we move from decisions of personal importance to those of public policy. Tetlock and J. Peter Scoblic note that "every policy is a prediction," one that posits a causal relationship between means and ends. Every policy choice argues that "doing X now will lead to Y outcome." Mispredictions can be deadly. It is especially difficult to determine the cause and effect in international affairs, and it is getting exponentially harder as the world transforms rapidly and the mental maps that policymakers use for their analyses quickly become outdated.

Intriguing as this may be, far more interesting is Tetlock's earlier work on forecasting that explains our inability to predict the future and offers suggestions on how to improve it. According to Tetlock's research, individuals who know a lot about many different subjects, accept complexity, and are open-minded and curious invariably outperform those who dig deep and know a lot about a single thing. The best forecasters accept uncertainty, and continually assess, update, and revise their analyses. Without being wedded to conclusions or belief structures, they constantly search for clues and analogies, which may not be obvious, to inform their logic and reasoning. There is hope. People can be taught to be better forecasters. A critical skill is numeracy: success demands an understanding of statistics and probabilities and the ability to use them properly. Equally valuable is the wisdom of the crowd. Open-minded thinkers use teams to provide insight into areas that they might not master, and as counterweights to their biases, reasoning, and conclusions. Success depends on the avoidance of "group think." While conclusions must be reached, it is important to see all sides of a question and moderate "certainties" by incorporating opposing views. Self-awareness of limits and flaws, especially biases, is essential.

Of course, foresight does not guarantee that insights will be used. Organizations have many ways, some bold, some banal, to obstruct the use of even the most accurate predictions, a phenomenon that stretches back more than 2,000 years. I predict that we will continue to be flummoxed and frustrated by the future. Moreover, we will repeatedly be blindsided by events that some will have anticipated but our leaders ignored.

(514 words)

出典 The Japan Times, It's hard to make predictions, especially about the future — but it's not impossible (Commentary), by Brad Glosserman, October 20, 2020（設問化のため一部修正）

(1) According to the passage, which of the following statements is true about our ability to predict the future?

1 The accelerating pace of change in the world is making it increasingly difficult to predict the outcome of actions taken as a result of government policy.

2 Predicting the future is a prerequisite for good policymaking, which is why there are more legislators who can draw up sound policies now.

3 As seen in the predictions regarding the 2016 election, most media pundits now can make remarkably accurate predictions based on statistics and analyses.

4 Though we have far-more-sophisticated technology compared with the methods used by ancient civilizations, we are able to predict the future with slightly less accuracy than we were in the past.

(2) According to the author of the passage, which of the following is essential to predict the future more accurately?

1 To have a deep understanding of the topic while focusing on other subjects that are seemingly relevant to the matter.

2 To be adept at figures and to be aware of your own biases so you do not automatically stick to the idea that you formed in the past.

3 To avoid groupthink by not listening to too many people so as not to be influenced by their biases, reasoning, and conclusions.

4 To solicit advice and suggestions from others without being distracted by different views or to try moderating the conclusion by incorporating contradicting ideas.

(3) Which of the following statements would be closest to the author's opinion about making predictions?

1 Even when correct forecasts are made, groups may fail to make use of the predictions to adopt the right course of action.

2 The continuous failure to correctly predict the outcome of important events such as general elections will make people lose faith in any forecasting techniques.

3 Though it is possible to develop techniques for accurate forecasting, few people will be able to do so because they are often encouraged to become experts in only one single topic.

4 Even with advanced data analyses, our basic skills to predict the future have not changed significantly for 2,000 years, which is why we will continue to make wrong decisions.

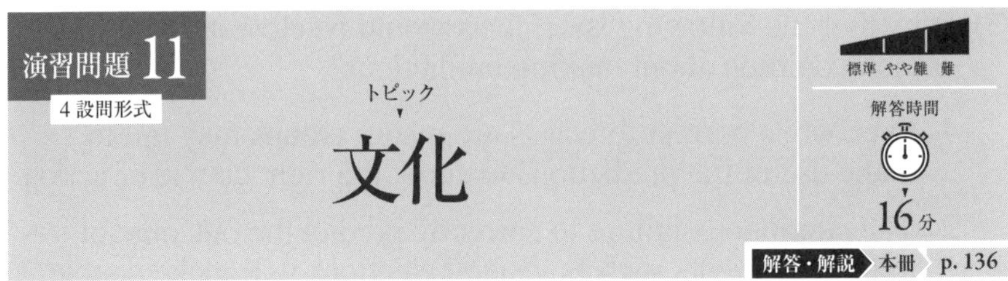

Read the passage below and choose the best answer from among the four choices for each question.

Greek Sculpture

How many of the artworks being made today will stand the test of time and still be appreciated more than 2,000 years in the future? I would say almost none, because, rather than seeking beauty, modern artists are more concerned with novelty, irony, "contemporary relevance," and shock value. Not so with the ancient Greeks, as the show at the National Museum of Western Art reveals. The main masterpieces of the show, such as the "Marble statue of a discus thrower" and "Parian marble statue of Aphrodite"—both Roman-period copies of earlier Greek statues—are works that are infused with a sense of divine perfection that transcends their minor imperfections.

The original of the "discus thrower" was created by the fifth-century BC Athenian sculptor Myron, famous in antiquity for his daring yet balanced compositions. Perhaps because it is a copy, or possibly because Myron wished to emphasize overall harmony, some critics have found fault with the musculature, which seems to be rather too relaxed in places. Also, the facial expression is said to be rather bland and emotionless. The biggest flaw, however, cannot be blamed on Myron or his copiers. Rather, it is the fault of the restorers who repaired the statue after it was excavated from the site of the Emperor Hadrian's villa at Tivoli in 1790. When they placed the head back on the torso, they positioned it facing in the wrong direction. But, in the presence of this work, such cavils seem irrelevant because the statue is the result of a sincere pursuit of beauty that started with Myron's original inspiration and was passed down through his Roman-period copiers to the later mistaken but well-intentioned restorers. In our own age, when "serious artists" make artworks from their own bodily wastes or preserve dead animals in tanks of formaldehyde, we should be less nitpicking about such minor imperfections in works of truly overwhelming beauty.

But why has our modern age so fallen out of love with beauty to the point that it is no longer considered vital to art? This exhibition offers some clues to this great riddle in the ancient Greek notion of beauty, a concept that relied on a combination of sophistication and innocence the modern age seems no longer capable of. When today's audiences see a work such as the "Parian marble statue of Aphrodite," some cannot help being struck by its sexually suggestive elements. Perhaps some of us cannot help but see it through eyes tainted by the vast amounts of pornographic imagery that modern society offers. This was not how the ancient Greeks saw it. This statue is a copy of the famous Aphrodite of Cnidus, a statue by another Athenian sculptor, Praxiteles, that served as a cult image for the worship of the goddess depicted. In other words, this was a holy image. To understand how such an apparently saucy sculpture could be associated with the divine, you have to unlearn the centuries of bodily repression that came with Christianity and study the works of the great Greek philosophers of pagan times. In ancient Greek culture, the human form was the measure of all things, including beauty and the divine. Gods were depicted as being very, very human. By creating beautiful sculptural representations of the naked human body, the ancient Greeks not only created titillating images but also expressed transcendental spiritual ideas.

This symbiosis between the physical and the divine can also be traced back to the ideas of the philosopher Plato. He believed that Eros, a godly combination of passionate love and sensual desire, ultimately led us to contemplate beauty and approach the spiritual perfection underlying the physical universe. He believed that when we admire physical beauty, we glimpse the light of eternity shining in those features from a heavenly source beyond this world. It is this more advanced stage of appreciation that gave rise to the term Platonic love to distinguish it from more base sexual desire. For Plato, Eros as a gateway to higher Platonic knowledge could be either heterosexual or homosexual, and there is certainly plenty at the exhibition to show why "Greek love" later became a euphemism for male homosexuality. But Plato also viewed Eros as a vital, "erotic" cosmic force flowing through nature, in which respect it was more purely heterosexual, with male and female aspects. This more standard view is brilliantly captured in another fine sculpture, "Marble group of a nymph escaping from a satyr." This shows a friendly tussle between a wild man of the woods and a nature goddess. Once again the subject of sexual desire is used to create a melodious composition that throws up beautiful shapes from whichever angle you view it. (780 words)

出典 The Japan Times, For the Greeks, the human body laid bare the divinity of beauty (Art), by C.B. Liddell, July 14, 2011（設問化のため一部修正）

(1) Which of the following statements is closest to the author's idea about modern artists?

1 They tend to focus on elements other than beauty, which makes it likely that their works will be appreciated longer than those that highlight beauty alone.

2 They tend to be less interested in beauty than the impact that their work will have on modern society.

3 Like ancient artists, they should make an effort to contrast godly perfection with humanity in their works in order to remain popular in the future.

4 Influenced by ancient Greek artists, in whose work physical beauty was a vital element, they frequently look for minor flaws in others' works.

(2) What is the main reason that the author of the passage suggests we should not be so critical of the deficiencies in the "discus thrower" by Myron?

1 Despite its boring facial expression, the work has stood the test of time, which proves it is a great work of art that transcends time and space.

2 Myron wished to emphasize overall harmony in his works and thus individual flaws in the facial expression are not relevant to the overall value of the work.

3 The major flaw is to be blamed on the people who restored it badly in the Roman period, misplacing the head on the torso.

4 Regardless of any flaws the statue may have, it shows the artist's aspiration to express beauty, a quality that is rarely seen in artists today.

(3) According to the passage, which of the following statements can be true about the ways ancient Greeks viewed their artworks and a modern audience would view them today?

1 The ancient Greeks probably saw the works of art in their time as more sexually arousing than a modern audience feel about modern pornography, which was not so widespread at the time.

2 For ancient Greeks, many artworks are holy images of their gods that encouraged pilgrimage to the city of their origin, whereas they have no such religious implications for a modern audience.

3 In appreciating the ancient Greek artworks, ancient Greeks saw a union of beauty and divinity in the human body, while modern audiences would differentiate the carnal from the spiritual.

4 Since the body is viewed as divine in Christianity, a modern audience, mostly Christian, would be more aware of any flaws in the muscular system of statues than ancient Greeks.

(4) According to the passage, which of the following is a view advocated by Plato?

1 Although both homosexuality and heterosexuality could function as gateways to knowledge, male homosexuality should be a preferred path to enlightenment.

2 Sexual desire, as shown in the nymph and satyr sculpture, is a relentless battle between an uncontrollable desire and a rational mind.

3 Love and sensual desire are important to appreciate beauty, which in turn is necessary to appreciate the spiritual righteousness of all creations.

4 The admiration of physical beauty is vital as it forms the basis of sexual desire to understand true beauty and reach spiritual perfection.

模擬試験

模試 1

解答・解説は本冊 146 ~ 169 ページに掲載されています。

模試 2

解答・解説は本冊 170 ~ 193 ページに掲載されています。

模試 3

解答・解説は本冊 194 ~ 219 ページに掲載されています。

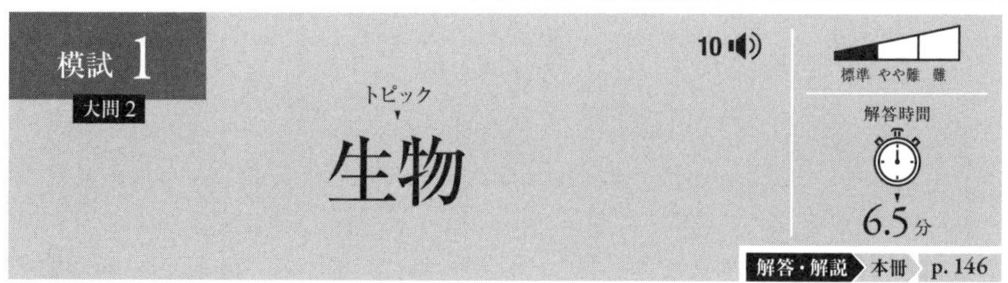

模試 1
大問 2
トピック
生物
10
標準 やや難 難
解答時間
6.5分

解答・解説 本冊 p. 146

Read the passage below and choose the best answer from among the four choices for each question.

The Mexican Tetra

The Mexican tetra is a small fish living deep underground in caves. They come in two types, a "normal" type that lives in rivers and streams, and a blind type that lives in caves. Charles Darwin wrote about blind cave fish in *The Origin of Species*: "By the time that an animal had reached the deepest recesses after a myriad of generations, disuse will have perfectly obliterated its eyes with natural selection often affecting other changes, such as increased length of antennae or palpi..." Darwin guessed that animals losing their vision in this way would (*1*), and this is what has happened with the blind cave fish. The animals are able to sense tiny vibrations in water and fluctuations in water pressure, and use this information to get around.

It turns out that the blind fish also carry a gene that induces an insatiable appetite. From an evolutionary viewpoint, since the fish live in caves, they often have to endure the time of food scarcity. When food is abundant, the animals can (*2*). They eat indiscriminately—algae and dead and rotten plants and animals. In human society, with an abundant food supply, people can develop high blood sugar levels that lead to diabetes if they have similarly voracious appetites. The fish, however, do not become diabetic even though they have high blood sugar levels. If scientists learn the process of this mechanism, they may find a new treatment for diabetes.

Now Yoshiyuki Yamamoto, a developmental biologist at University College London, UK, and his colleagues have discovered another remarkable feature of the Mexican tetra. The fish living near the surface are able to regenerate their hearts after an injury, unlike humans. It turns out that the "surface fish" can regenerate damaged hearts, but the cave fish cannot. As some other species of cave fish in different regions have retained the ability to regenerate, ecological and geological differences among the caves may influence the evolutionary loss of regeneration. Yamamoto and his colleagues cross-bred animals from the surface with those from caves to find out what happens with intermediate forms. The hybrid fish showed different levels of regeneration, indicating that the ability to regenerate heart tissue is heritable. "If the genetic mechanisms are the same between the cave fish and humans, it might be possible to (*3*) for helping patients with wounded hearts," says Yamamoto. (395 words)

出典 The Japan Times, The little blind fish that can mend a broken heart (Science & Health, by Rowan Hooper, November 23, 2018（設問化のため一部修正）

(1) **1** perfectly remove its visual organs
2 shift to a different habitat
3 feel pressure to move around
4 compensate the loss with other functions

(2) **1** reduce their feelings of extreme hunger
2 forgo voracious appetite
3 gorge and accumulate supplies
4 contrive to survive food shortages

(3) **1** use genes from cave fish
2 bequeath their genes to them
3 transform organs into different forms
4 switch it back on again

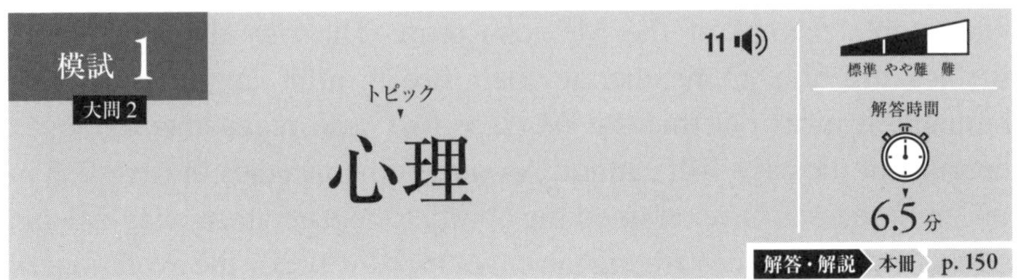

解答・解説 本冊 p. 150

Read the passage below and choose the best answer from among the four choices for each question.

Evolving Jealousy

"Comparison is a very foolish attitude," said Indian mystic Chandra Mohan Jain, popularly known as Osho, "because each person is unique and incomparable. Once this understanding settles in you, jealousy disappears." It may be true, but in fact, very few of us can achieve this understanding, and jealousy, as a shaper of character and social relations, (*4*). Animals including birds have jealousy, according to a psychological counselor Shinrai Oshima. Infants fling their siblings out of the nest to their deaths. They will not share parental attention; they will have it all and no moral delicacy holds them back, as it would most of us. Presumably the parents are forgiving. Evolution would have stamped the practice out otherwise.

Love is a demanding passion, but its possessiveness can sometimes be problematic. We are not as different from infant birds as we like to think. Love shared is love threatened. It is our instinctive fear of solitude, Oshima says, that makes us feel that way. Today the pursuit of success has largely replaced the pursuit of love, and jealousy has evolved accordingly. Jealousy is shared by men and women, old and young—but there are differences. Male jealousy, testosterone-driven, tends to be aroused by income, productivity, luxury, and other symbols of success. Women focus more on relationships: "She's more popular than I am, gets invited to more parties, gets on better with the boss; why was she invited to that office party and not me?" Women no longer depend on men as they once did, but (*5*). This one, says Oshima, is rooted in the ancient female "search for a mate."

We can only rise so high. There is always someone richer, more powerful, better connected, or better loved. "Each person is unique and incomparable," said Osho; poverty, therefore, is as much an asset as wealth, "once the understanding settles." The tea ceremony, for example, can settle the understanding, says the tea master Yuriko Ishida. Jealousy is the worldliest of "thoughts"—feelings, rather. It has no place in the tea room. A century ago, the writer and art critic Kakuzo Okakura, in *The Book of Tea*, invited the samurai to "leave his sword on the rack beneath the eaves, the tea room being preeminently the house of peace. Then he will bend low and creep into the room through a small door not more than 3 feet in height." This (***6***) everyone at the ceremony, regardless of their social status. The mandatory custom, it seems, was designed to encourage humility. (421 words)

出典 The Japan Times, Examining a jealousy that's a long way from the green-eyed monster (Media), by Michael Hoffman, November 2, 2019（設問化のため一部修正）

(4) **1** is harmful in terms of evolution
2 often worsens one's personality
3 seems to be here to stay
4 is found only among older animals

(5) **1** age-old impulses die hard
2 evolution changed their manner of seeking a spouse
3 they want the same things as males now
4 they are independent of their partner

(6) **1** placed a heavier burden on
2 was closely related to
3 was dependent on
4 was incumbent on

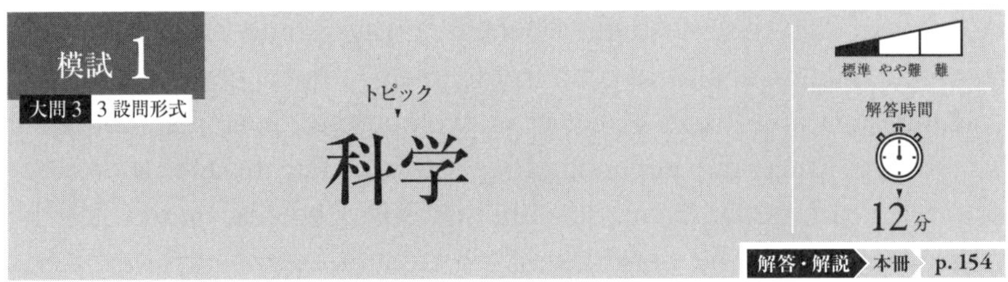

解答・解説 本冊 p. 154

Read the passage below and choose the best answer from among the four choices for each question.

Biomimetic Applications

In ancient Greece, the inventor Daedalus was inspired by nature. According to a myth, he was languishing in the labyrinth of King Minos with his son. Inspired by views of the birds flying overhead, he made artificial wings from feathers held together by wax, and flew from his prison to freedom. In a more mundane example, the Swiss engineer Georges de Mestral invented Velcro in the 1950s when he realized how the hooks of burrs clung to his dog's fur. These stories are early examples of a rapidly emerging field: biomimetics, the study of engineering and design solutions that evolve from natural selection. While human ingenuity is remarkable, and the discoveries and inventions we have made are often breathtaking, we usually achieve only poor imitations of solutions found in nature. This is not surprising, since natural selection has had millions of years longer than we have had to work on honing ways to live.

However, more and more scientists are replicating in the lab what evolution has optimized in nature. For example, scientists from Penn State University presented their plans for "morphing airplane wings"—wings that change their shape according to the speed and duration of flight. Project leader George Lesieutre, professor of aerospace engineering at Penn State, said at the Structures, Structural Dynamics and Materials Conference in Palm Springs, California, that flying efficiently at high speed requires small swept wings. On the other hand, flying slowly requires long narrow wings. Thus his team designed morphing wings that can alter both the wing area and the cross-section shape to accommodate different flight speeds. And in the engineering equivalent of a mixed metaphor, the wing is covered with a segmented outer skin resembling the scales of a fish. Since the underlying structure of the wing undergoes a radical change, the overlaying skin must be able to change with it. Lesieutre said he thinks the idea of the segmented skin holds great promise. The skin is composed of overlapping plates and is similar to conveyors on airport baggage carousels.

A few years ago, researchers discovered how geckos are able to defy gravity and stick to ceilings; spiders do it in essentially the same way. The spider's feet are covered with tiny hairs, and each hair is itself covered with even more hairs. These smaller hairs are called "setules," and they are what make the spider stick. German and Swiss scientists used a technique called Atomic Force Microscopy to measure the electrical force between the tiny hairs and the surface the spiders stick to. Feeble on its own, the combined force exerted by many thousands of the tiny hairs gives the spider incredible clinging power. Andrew Martin, from the Institute of Technical Zoology and Bionics in Germany, said, "We found out that when all 600,000 tips are in contact with an underlying surface, the spider can produce an adhesive force of 170 times its own weight." This attractive force, known as van der Waals force, is a distance-dependent interaction between molecules without being affected by the surrounding environment. This feature would make it possible to develop materials that stick on wet or greasy surfaces. Antonia Kesel, head of the research group in Germany, said "you could also imagine astronauts using spacesuits that help them stick to the walls of a spacecraft—just like a spider." She added, "We now hope that this basic research will lead the way to new and innovative technology." (575 words)

出典 The Japan Times, The secret of the 'superhero' spider leads advances in field of biomimetics (Science & Health), by Rowan Hooper, April 22, 2004（設問化により一部修正）

(7) According to the first paragraph, what can be said about biomimetics?

1 Humans have long sought to devise natural selection methodologies through our remarkable ingenuity by using functions of animals such as bird wings.

2 As human ingenuity is noteworthy, we have invented no less stupendous contrivances than natural solutions including Velcro in the 1950s.

3 Humans have attempted to weather the predicament or demonstrate resourcefulness since ancient times by emulating biological processes in nature.

4 Despite the outstanding human ingenuity, we cannot ameliorate our living conditions through natural solutions because of its time-consuming process.

(8) George Lesieutre's team announced at the conference that

1 they designed morphing wings covered with a divided external layer resembling the scales of a fish for flight duration and a broader range of flight speeds.

2 flying efficiently at high speeds needs to change small swept wings into the wing area and the cross-section shape, whereas flying slowly needs to change their long narrow wings.

3 they designed evolutionally optimized "morphing airplane wings," which are almost the same size as fish to adjust various flight speeds and duration.

4 the structure of the morphing airplane wings will be promisingly applied to conveyers on airport baggage carousels, which is durable for radical changes of speed.

(9) Which is true about the van der Waals force?

1 The van der Waals force that makes use of spiders and geckos will hopefully pave the way to the development of state-of-the-art technology.

2 Researchers found that all the molecules of spider hairs are inherently adhesive enough to stick to ceilings through the Atomic Force Microscopy technique.

3 As the force is not influenced by the surrounding environment, it can develop wet or greasy materials into an adhesive force of 170 times the weight of a spider.

4 Although the force itself is negligible, numerous microscopic hairs generate such tremendous force through interaction between molecules that geckos can cling to ceilings.

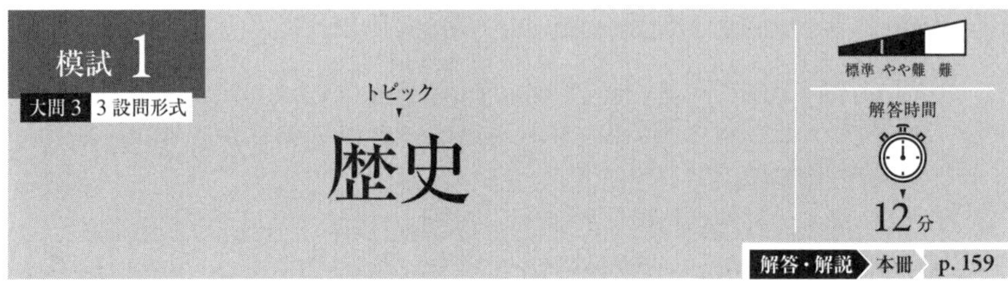

模試 1
大問 3 3 設問形式
トピック
歴史
標準 やや難 難
解答時間
12 分
解答・解説 本冊 p. 159

Read the passage below and choose the best answer from among the four choices for each question.

A. Q. Khan

Widely considered the “father” of Pakistan’s nuclear weapons program, Abdul Qadeer Khan passed away on October 10, 2021 at the age of 85. His vigorous efforts earned him the fame as a national hero in his home country, an icon who made invaluable contributions in the fight to stand tall and free on the international stage and to protect Pakistan from its neighboring titan. For many others, however, Khan was a downright criminal who enabled nuclear proliferation around the world. Fearful that India’s new nuclear capabilities would give it an insurmountable advantage in the competition with Pakistan, Khan endeavored to secure the same leverage for his own government. Recalling how India had supported separatists who split his country in two, with East Pakistan becoming Bangladesh, he commented, “I wanted that what happened in 1971 should never be repeated again.” He stole designs for nuclear centrifuges from his Dutch employer so that Pakistan could enrich uranium to build its own nuclear bombs. Years later, he mentioned that after the 1974 tests, he felt Pakistan’s security was jeopardized.

Khan returned to Pakistan in 1975 to set up the country’s first nuclear facility, later named the Dr. A. Q. Khan Research Laboratories. In his position as director and chief scientist, he is reputed to have directed Pakistan’s nuclear weapons development program, an effort that culminated in its first nuclear tests in 1998, just after India conducted its own nuclear tests. Pakistan’s current prime minister Imran Khan tweeted, “He was loved for that work by our nation because of his contribution to buildings a nuclear weapon state." Providing security against "an aggressive, much larger nuclear neighbor," Prime Minister Khan continued, made the scientist "a national icon." Were Khan responsible only for his country's progress beyond the nuclear threshold, his international reputation would be much different. Instead, however, he also established a nuclear smuggling and proliferation network that supplied technology to North Korea, Iran, and Libya, enabling some of the world's most dangerous governments to pursue their own dreams of going nuclear. Western governments believe that Khan was instrumental in enhancing Iranian nuclear capabilities and advancing Pyongyang's nuclear program, trading his enrichment technology for the North's ballistic missiles.

Those activities prompted the United States, a key supporter of Islamabad, to pressure then president Pervez Musharraf to fire Khan, which he did in 2001, although the scientist retained a role as a scientific adviser to the government. Three years later, Khan confessed on Pakistan's national television to having run the international nuclear proliferation program, but insisted that he had acted alone. He was pardoned by Musharraf, but was put under house arrest, where he remained for the rest of his life. Yet, parts of this tale are contested. Some Pakistani scientists insist that Khan was a mere cog in a larger program, and his prominence reflects Khan's public relations abilities rather than his technical skills. Khan himself recanted parts of his 2004 confession, denying any involvement in nuclear smuggling and said that everything he did had official government sanction. In his telling, he was no rogue actor who acted for personal motives. A. Q. Khan's legacy will always be binary: national hero for Pakistanis and international smuggler for many others. No matter which version prevails, his life is a reminder of the power of an individual to write history.

(553 words)

出典 The Japan Times, A.Q. Khan: A hero in Pakistan, a nuclear villain elsewhere (Editorials), by The Japan Times Editorial Board, October 15, 2021（設問化のため一部修正）

(10) What led A. Q. Khan to engage in nuclear weapon development?

1 He intended to create nuclear weapons by appropriating designs for nuclear centrifuges from a European organization to take revenge on a neighboring country.

2 He was aspiring to take center stage in the international arena by making substantial contributions to his homeland and surpassing the nuclear capabilities of India.

3 He desperately wanted to galvanize separatists into Balkanizing his larger neighbor by creating enriched uranium to build a nuclear weapon.

4 He hoped to forestall another secession from his mother country and help his government gain more political leverage in the race against his neighboring country.

(11) Which of the following statements would the author of the passage most likely agree with?

1 Although the prime minister said Khan made “a critical contribution” to Pakistan’s nuclear program, there is proof that he did less than is commonly believed.

2 It is likely Khan would have had an easier time in Pakistan if he had zeroed in on developing nuclear weapons only in the interest of his own country.

3 Khan would have been more internationally acclaimed if he had not traded his enrichment technology for the Pyongyang’s ballistic missiles.

4 Khan would not have assisted the world’s most dangerous states in achieving their ambition of becoming nuclear powers if India had not conducted its own nuclear tests.

(12) Which of the following statements is true of Khan's life?

1 There are doubts that Khan could have run the nuclear proliferation program by himself and that his scientific ability has been exaggerated.

2 Khan is generally interpreted as a rogue actor who had pursued his own stake at the expense of Pakistan.

3 It is a contentious issue whether Khan had greatly contributed to his country by utilizing his unparalleled technical skills in nuclear technology and public relations.

4 Khan will be construed either as an icon of rogue states at one spectrum or an international smuggler at the other end of spectrum.

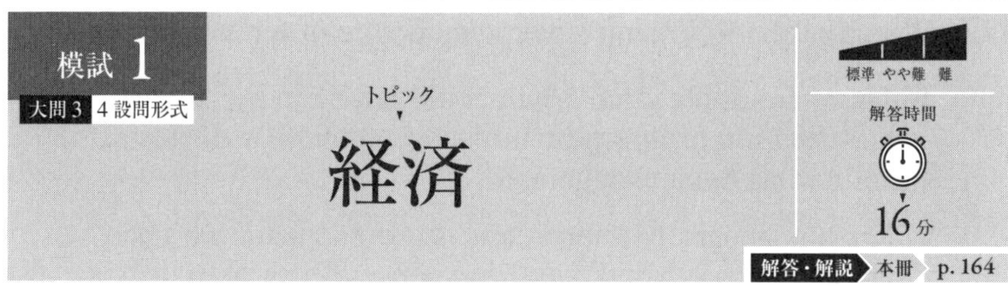

解答・解説 本冊 p. 164

Read the passage below and choose the best answer from among the four choices for each question.

"Game Theory"

Game theory first gained attention with the publication of *Theory of Games and Economic Behavior in* 1944, a groundbreaking book by the mathematician John von Neumann and the economist Oscar Morgenstern. The theory employs mathematical principles to analyze how individuals, companies, and governments can deal with various social, economic, and business problems by viewing those involved as players in a game. Once restricted largely to the field of economics, game theory originally dealt with situations known as "zero-sum games," in which any gain made by one player resulted in an equivalent loss by his or her opponent. But in the twenty-first century, game theory is applied to an extensive range of behavioral relations and used as a term for the science of logical decision making in humans, animals, and computers. This theory deals with various real-life problems of remarkable complexity in terms of chess or board games, analyzing the strategies implemented by the players.

Game theory has made dramatic progress as a fundamental theory in the humanities such as philosophy and ethics, social sciences including political science, sociology, and business administration, and natural sciences such as biology, to elucidate human behavior and the evolution of living organisms. In economics, there are many fields whose structure was clarified for the first time by being grounded in game theory. Actually, it has been applied to the effects of various regulations and to theories of bidding for public works projects in urban planning and to logistics and supply chain analysis. The most important characteristic of Neumann's game theory is that it is useful for understanding decision-making when multiple decision makers are in a relationship where their actions have an influence on one another. This approach can help to model the structure of anything from businesses setting prices to countries determining policies for use of nuclear weapons.

Game theory is clearly exemplified by the following prisoner's dilemma. Two criminals, "A" and "B," who are suspects in the same case, are arrested on separate charges and placed in isolation in separate rooms. The prosecutor, lacking the evidence to convict the men for a more serious robbery that they committed together, attempts to pressure one or both of them into a confession. First, the prosecutor asks A to confess to his own crime and testify against B. If A agrees to do so, and B remains silent, then A will go free, whereas B will receive a five-year sentence. He also warns A that if he does not cooperate but B confesses and agrees to testify against him, then B will go free and A will get five years. An identical offer is then made to B. Both A and B also know that if they remain loyal to each other and stay silent, they will each only receive a one-year sentence on the original charges they were arrested for. The prosecutor also explains that if they both opt to betray each other by confessing, they will each receive a three-year sentence.

Which is the better strategy for the two to choose, silence or confession? According to experts in game theory, whether the other party confesses or keeps silent, the rational choice would be to confess. If they both choose to remain silent, they will each receive a one-year sentence, for a combined total of two years. However, if the other player confesses, the one who has stayed silent will be sentenced to five years in prison; therefore there is a strong disincentive to do so. The fundamental dilemma is that both criminals can achieve a superior outcome for themselves through cooperation, yet the game's incentives drive them toward betraying each other, an action that gives rise to six years of combined prison time for the two criminals.

The choices of players in such situations led to the development of a concept called “von Neumann-Morgenstern utility.” In economics, “utility” refers to the total benefit one receives from something, and von Neumann and Morgenstern expressed different players’ utility in numbers because they demonstrate the relative attractiveness of various choices available to them. Von Neumann and Morgenstern reasoned that the option with the highest utility would be a player’s preferred option. However, each player’s gain is not only dependent on his or her own strategy; it is also influenced by the strategies of the other players. This is the essence of the game. Based on game theory, a tremendous variety of phenomena, including elections, shareholder behavior, and patients’ willingness to undergo risky medical procedures, can be expressed through mathematical models, thus making it theoretically possible to predict how people will behave in such circumstances.

(765 words)

(13) What is one way that the application of game theory has changed since the mid-twentieth century?

1 It has been heavily influenced by knowledge gained through observations of a wide variety of both living creatures and non-living inventions.

2 The inclusion of zero-sum games has made it much more useful than it was in the past.

3 It has shifted from focusing only on games designed for entertainment to including those that have real-world applications as well.

4 The application of game theory has been expanded to deal with situations in which a far greater number of factors influence the outcome.

(14) Which of the following is shown by the prisoners' dilemma?

1 If one of them chooses to confess and the other chooses to remain silent, the former will receive a longer sentence of imprisonment.

2 If they both choose to confess in pursuit of only their own interests, they will receive a shorter sentence of imprisonment than if they choose "not to confess."

3 If each person chooses the option that is most appealing from a self-interested point of view, they will have a worse outcome than if they had cooperated with each other.

4 If two persons cooperate with each other for their mutual benefit, they will take the "no confession" option, which will result in the heavier sentence of imprisonment.

(15) Experts in game theory believe that

1 although it first appears that silence and confession are the only options in the game, there is actually a more effective strategy.

2 although criminals are more likely to betray each other, the results would be very different if non-criminals were tested.

3 there is more chance of a betrayal when both prisoners are aware of what the other one is planning to do.

4 the penalties that motivate them have the effect of producing negative outcomes if they play the game logically.

(16) What of the following explains the concept called “von Neumann-Morgenstern utility”?

1 While it works with the benefits received by players, it has little value in assessing the risks that they are likely to face.

2 Social events like elections and political campaigns can be demonstrated by mathematical models, which contributes to election prediction.

3 How much benefit each player can receive from the game depends on the plan of actions of the players as well as their opponents.

4 The fundamental nature of any game’s utility can change suddenly depending on a single player’s strategy.

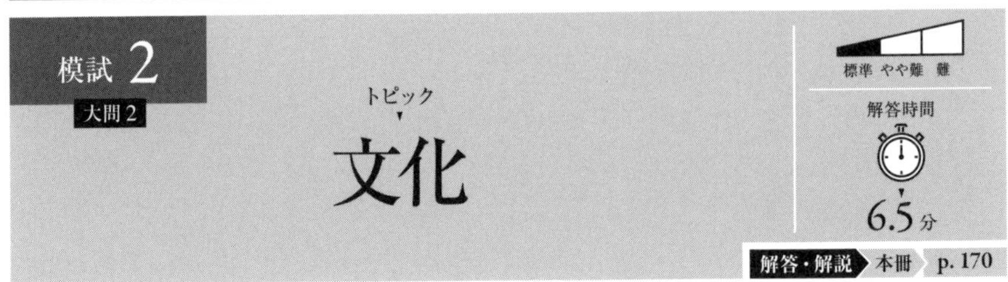

解答・解説 本冊 p. 170

Read the passage below and choose the best answer from among the four choices for each question.

Endangered Languages

An endangered language is one that is in danger of disappearing because there are no longer any speakers of the language. When a community loses a language, the cultural traditions associated with that language are often lost as well. This is the case, for example, with songs, local healing practices, ecological and geological knowledge, and linguistic behaviors that cannot be easily translated. In addition, the social structure of the community is often reflected by speech and linguistic behavior. Such patterns are even more pronounced in dialects. As a result, individual and community identities may be affected, values and traditions may be replaced by new ones, and social cohesion may be weakened. The loss of a language also has political consequences. This is because some countries grant a different political status and privileges to ethnic minorities, often defining them in terms of language. This means that communities that lose their language may also lose their political legitimacy as communities (*1*).

A number of projects are underway to prevent or delay language loss by revitalizing endangered languages and promoting education and literacy in minority languages, which are often spoken by native peoples. Many of these are joint projects by language communities and linguists. Countries worldwide often have specific legislation aimed at protecting and stabilizing the languages (*2*). Furthermore, recognizing that most of the world's endangered languages have little chance of revival, many linguists are working to document the thousands of languages around the world that are less well unknown.

The accelerating disappearance of languages is generally regarded as a problem for linguists and speakers of endangered languages. However, some linguists, such as phonetician Peter Radeforged, have argued that language disappearance is a natural part of human cultural development and that languages disappear because communities stop speaking them for their own reasons. Radeforged argued that linguists should not try to hinder the process of language loss by simply recording and describing languages scientifically. A similar view was expressed at length by the linguist Salikoko Mufwene. He sees the constant cycle of language death and the emergence of new languages through creolization, or the mixing of languages and the creation of new languages, as (*3*). (359 words)

出典 https://en.wikipedia.org/wiki/Endangered_language（設問化のため一部修正、加筆）

(1) 1 with special collective rights
2 that share the same ethnicity
3 of those who speak their dialect
4 reflecting their speech and language behavior

(2) 1 that have gone extinct
2 unknown to anybody in the world
3 spoken by indignant residents
4 of indigenous speech communities

(3) 1 a continuous ongoing process
2 an inevitable situation worldwide
3 a sign of breaking with tradition
4 a legislative imperative

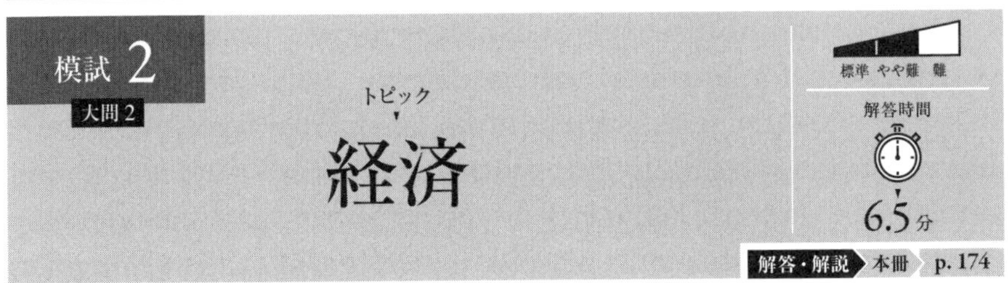

解答・解説 本冊 p. 174

Read the passage below and choose the best answer from among the four choices for each question.

Friedman's "Monetarism"

Monetarism, which holds that money supply is the biggest factor in changes in prices and nominal income, is the idea that gives a new dimension to the importance of money. This theory attracted a lot of attention in the 1980s, when the Reagan and Thatcher administrations made it a pillar of their economic policies. It is a development of the classical quantity theory of money that Keynes had criticized into an effective theory for analyzing inflation in particular. In other words, by reintroducing the theory that Keynes had criticized, the theory (*4*) Keynesianism. Milton Friedman was the main proponent of this monetarism, who reigned as the leader of the Second Chicago School. During the 1960s to 1970s, Friedman sharply criticized Keynesianism's failure to provide effective analysis and countermeasures against inflation, and strongly insisted on the effectiveness of monetarism.

Friedman argued that inflation is a monetary phenomenon, and so was the Great Depression. He also argued in his 1963 book, *A Monetary History of the United States*, that the Great Depression was caused by the Federal Reserve Board's monetary policy of tightening the money supply (*5*) during the recession. Friedman believed that since economic growth requires more funds to be in circulation, the economy was unable to recover and a stock market crash that could have been a temporary setback transformed into a decade-long financial crisis. The newly developed quantity theory of money was elaborately constructed based on the permanent income hypothesis, which states that "human behavior is determined by long-term expected income."

Interestingly, monetarism seems to (*6*). The basic idea of monetarism is close to laissez-faire in that the market mechanism is sound and smooth in nature, and that full employment will naturally be achieved without government intervention. This view coincided with the neo-liberalization of American society that became prominent from the 1970s onward. Thus, monetarism, which had a profound influence on the economy in the 1980s, led the transition to neoliberalism. But the theory soon lost its effectiveness, as inflation and deflation were not necessarily attributed to an excess or deficiency of currency against the background of the subsequent progress of financial innovation. However, the monetarist perspective remains influential today, though monetarism in the strict sense has already moved away from the mainstream of economic theory. In fact, as is the case in Japan today, the monetarist approach can be said to be one of the effective approaches to controlling economic stimulus measures such as public works projects and emphasizing monetary and currency policies by the central bank for economic revitalization.

(426 words)

(4) **1** was formed in direct opposition to
2 was to bear the brunt of
3 was gradually integrated into
4 was actually revolving around

(5) **1** while it would have decreased it
2 when it should have increased it
3 because of the pressing need
4 due to the sociological imperative

(6) **1** be mostly ignored today
2 be difficult for politicians to deal with
3 go in and out of fashion
4 cause more problems than it solves

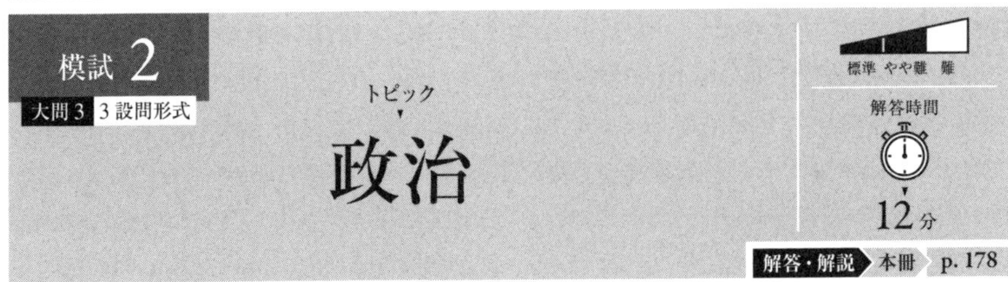

Read the passage below and choose the best answer from among the four choices for each question.

The Anatomy of Terrorism

The September 11 terrorist attacks and the horrifying scale of their civilian casualties sent shockwaves throughout the world. After the harrowing tragedy, the US government demanded that Afghanistan's Taliban regime extradite the mastermind behind the attacks, Osama bin Laden. However, due to their adamant refusal, the US mounted an offensive against the Taliban regime in Afghanistan. Since the end of the Cold War, the US has been the world's sole military superpower, but it now found itself in a new situation of being vulnerable to attacks by terrorist groups and non-traditional military forces, which challenged leaders to adapt to a rapidly changing world.

In the past, political and ideological groups with no resource to defy state power head-on had committed terrorist acts to inflict blows against target nations through nefarious acts of violence with the objective of coercing governments to accept their political demands. However, a few states were now beginning to take the initiative in supporting terrorism as well, viewing it as a means of neutralizing other countries' military superiority, which has blurred the line between terrorism and acts of war. Although the September 11 attacks were perpetrated by the Islamic fundamentalist organization al-Qaeda, then US president George W. Bush referred to the situation as a "new war" against the actions of a terrorist organization—a non-state actor. His reference to the attacks caused a major stir, since war has traditionally been deemed as a state-sponsored activity. With the goals of thwarting the emergence of other terrorist networks, the Bush administration announced a war on terrorism immediately after the bombardment, imposing economic and military sanctions against countries suspected of harboring terrorists and increasing global surveillance and intelligence sharing.

In November 2004, a United Nations Secretary-General's report described terrorism as any act "intended to cause death or serious harm to civilians with the purpose of intimidating a population." However, those labeled "terrorists" by their opponents rarely identify themselves as such, and use other terms such as "freedom fighter" and "revolutionary." Indeed, the word "terrorism" is so politically and emotionally charged that it precludes a precise definition. The leading terrorism researcher Professor Martin Rudner defines "terrorist acts" as attacks against civilians for political or ideological goals, saying, "One man's terrorist is another man's freedom fighter." Thus people like the Nobel Peace Prize winners Menachem Begin and Nelson Mandela, who used to be called "terrorists" by Western governments, are now referred to as "statesmen" by many.

Since the attacks, counter-terrorism has become a top priority for the US government, with increasing public fear and concern about terrorism. Despite a general aversion to terrorist acts, in some cases including that of former suspected terrorist Gerry Adams who became a well-known politician in Northern Ireland, they are affirmed and appreciated by the public. This is where debates arise over the justifiability of terrorism. Supporters argue that it is sometimes necessary to resort to violence to defend citizens against oppressive governments. The causes of "freedom" and "liberty," which give meaning to human lives, are more important than a single human life, they argue. Terrorism can also raise awareness of a neglected cause among people in the world. However, opponents assert that terrorism will merely create an endless vicious cycle of violence and suffering. They further insist that a person's life is far more valuable than any cause which is pursued through terrorism. (557 words)

(7) Why did George W. Bush refer to the situation after the September 11 terrorist attacks as a "new war"?

1 He wanted to demonstrate that the conflict was going to be different from anything in history due to the fact that no government had ordered the attacks.

2 He hoped to make an analogy between the terrorist attacks and his attacks on the terrorism which have been viewed as a state-sponsored activity in the international community.

3 He wanted to take the initiative in commanding the execution of terrorists by viewing and supporting international terrorism as a means of attacking other civilizations.

4 He needed to mitigate the public resentment against terrorism in the US by strategically defusing the mounting tension in the new era of international terrorism.

(8) What did Martin Rudner mean when he said "one man's terrorist is another man's freedom fighter"?

1 Like the word "freedom," the word "terrorism" is nearly impossible to define and has changed its meaning over time.

2 Terrorism is a highly elusive and relative term that often goes beyond value judgement and can cause strong emotions and political controversies.

3 There is little agreement among experts on whether it is ever acceptable to commit terrorist acts in order to free political prisoners.

4 Different people have different criteria for the intensity and gravity of terrorist acts on which very few countries have had a common ground.

(9) What is the point in the terrorism debate that divides people most?

1 Whether a principle that one believes in and is committed to sometimes carries more weight than the loss of mere physical existence.

2 Whether or not terrorism can enhance the awareness of the general public about the justifiability of seemingly unforgivable acts.

3 Whether or not counter-terrorism is such an important issue to national security that it sometimes overshadows the value of human life.

4 Whether or not terrorism can break the long-standing vicious circle of oppression against dictatorial governments.

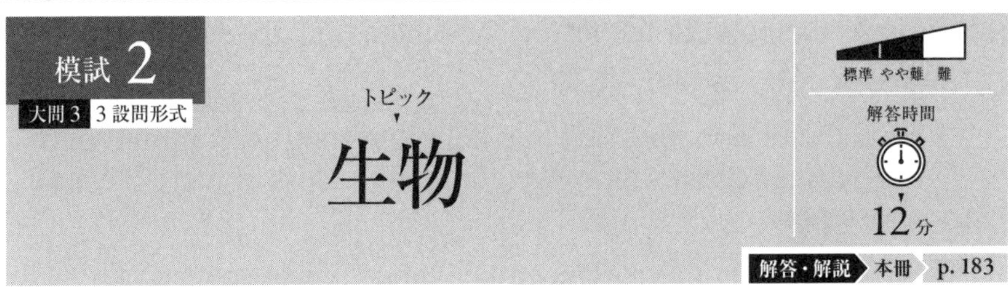

解答・解説 本冊 p. 183

Read the passage below and choose the best answer from among the four choices for each question.

Bee's Brains and Intelligence

The tiny brain of a honeybee contains nearly a million neurons, compared with 85 billion in our own brains. Yet, bees can communicate the location of flowers to other bees in the hive. When a foraging bee has found a source of nectar and pollen, it can let others in the hive know by performing a peculiar figure-of-eight dance called the waggle dance. The dance is not as complex as true language, but it is a form of communication.

Recently, Hiroyuki Ai of Fukuoka University has made another breakthrough in our understanding of this extraordinary behavior by investigating the neurons that allow bees to process the dance information. During the dance, bees vibrate their abdomens as they move in a figure-of-eight pattern. These vibrations emit pulses, which will be picked up and signalized by an organ on the antennae called Johnston's organ, equivalent to our ears. Honeybees are so sensitive to vibration that mimicking the noise of a waggle dance allows bees to journey to the same place indicated by a real dance, which is useful in dark hives. Ai and his team recorded the vibrations made by the waggle dance, simulated the noises, and applied the vibrations to the antennae of bees in the lab. This allowed them to track which neurons fired in response to the waggle dance and follow their route in the insect brain.

The team discovered three different types of "interneurons." These are connecting neurons that allow communication between different parts of the brain. Ai, along with team members, traced the path of interneurons in the part of the brain concerned with processing sounds. They found that the way the interneurons turn on and off is the key to encoding information contained in the waggle dance about distance. This mechanism, called "disinhibition" in neuroscience, is similar to one used in other insects. For example, it is how moths assess the distance from the source of a smell their antennae have picked up. Ai and his team suggest there is a common neural basis in these different species.

Communication is the key to forming complex societies. It is what allows the honeybee to perform such extraordinary behaviors. Intelligence is required for communication, so does this mean honeybees, with minuscule brains, are intelligent? The American Psychological Association Task Force on Intelligence defines it as the ability "to adapt efficiently to the environment and to learn from experience." Bees are able to do this. There are six different kinds of dance, for example, and bees can learn and change their behavior accordingly. If bees encounter a dead bee at a flower, they change the pattern of dancing they perform back at the hive, suggesting they can perform a risk/benefit analysis. Both bee and human language are a consequence of intelligence, and Ai's research forces us to rethink what we mean by intelligence. What it certainly shows is that the brain size is irrelevant to intelligence. (486 words)

出典 The Japan Times, Bee research may redefine understanding of intelligence (Science & Health), by Rowan Hooper, November 28, 2017（設問化のため一部修正）

(10) What groundbreaking discovery did Hiroyuki Ai make about bees' behavior?

1 The vibrations generated by the waggle dance send out pulses and allow other bees in the hive to "hark" them, leading them to nourishment.

2 The waggle dance performed by bees is a communication tool, though it is less complex than human languages.

3 Bees trace and signal the vibration component of sound on the antennae called Johnston's organ, which allows them to share the information with other bees.

4 Bees perform a figure-of-eight dance so that they inform others in the beehive of the location of a source of nectar and pollen.

(11) What did Ai and his research team find after the experiment mentioned in the passage?

1 The "interneurons" in the part of the brain concerned with processing sounds indicated that they encode information in the waggle dance about distance.

2 The "interneurons," called "disinhibition," require on-and-off practice to make the information from outside decrypted in the brain.

3 The "disinhibition" in neuroscience, peculiar to bees, contributes greatly to the assessment of the distance from the food source.

4 The "interneurons," or connecting neurons, serve as a nexus between different parts in the brain, which allows bees to process sounds.

(12) What does the author of the passage imply about intelligence?

1 The brain size is seemingly related with intelligence, considering that the "language" of bees is no more complex than humans'.

2 Although the research conducted by Ai and his team indicates that bees can frame complex societies, we have to rethink the definition of intelligence.

3 Given the definition that intelligence is an ability to adopt an improvisational attitude, bees are resourceful despite their infinitesimal brain.

4 Despite their microscopic brain, bees seem ingenious because their communication behaviors are fine-tuned for intelligence enhancement.

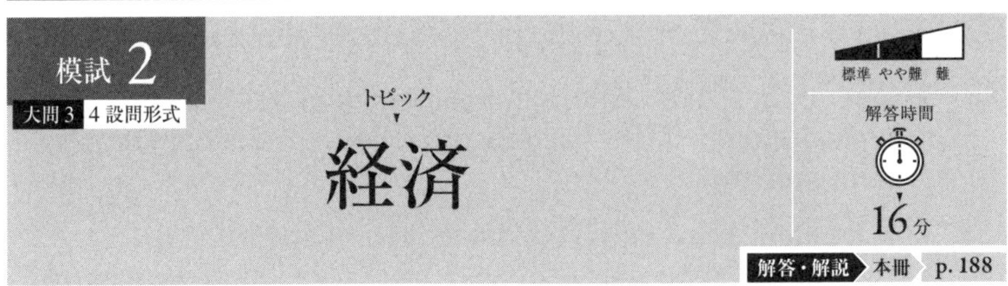

解答・解説 本冊 p. 188

Read the passage below and choose the best answer from among the four choices for each question.

The US-China Trade War

It is a good rule of thumb to be suspicious of any "official" announcement just before the close of business on a Friday afternoon. The timing suggests that the news is anything but good and the details are hoped to be buried by the soon-to-begin weekend. In that light, the timing of Friday's announcement of the long-sought US-China bilateral trade agreement is a stark contrast to the claim of US officials that it is "amazing" and "historic." A more accurate assessment is that the deal is valuable if it ends the self-inflicted pain and uncertainty created by their trade war, but objective experts note that gains from the agreement were not worth the costs of the fight. US President Donald Trump has denounced Chinese trade policy since announcing his candidacy, and in March 2018 he began imposing tariffs on Chinese exports to the United States to end the trade deficit that he claimed was proof of the country's unfair practices and to halt the theft of US intellectual property. In the 21 months since, he imposed tariffs on two-thirds, or $370 billion, of Chinese imports—sums that he wrongly claims are paid by Chinese firms. In fact they are paid by US companies and are often passed on to consumers. In addition, he threatened to impose another $160 billion on Sunday. China retaliated with sanctions of its own, raising tariffs to 25 percent on $60 billion worth of US products, and threatened to impose another round on 3,300 US products if Trump followed through with his threat. The result was a steep plunge (53 percent) in US agricultural exports to China and virtually no impact on the trade balance.

The prospect of further deterioration of relations prompted both governments to reach a "phase one" deal last week that is essentially a truce, not a peace agreement, in their trade war. The agreement commits China to additional purchases of US products—the exact amount is unclear, but the US has said the number is $200 billion over two years—along with the opening of Chinese markets to US financial companies, restrictions on the terms of technology transfer, an end to currency manipulation and establishment of a dispute resolution process that allows either country to reimpose sanctions in the event of a complaint. Most significantly, both sides agreed to suspend tariffs set to go into effect on Sunday, and the US agreed to reduce tariffs on $120 billion worth of products from 15 percent to 7.5 percent.

While the US administration heralded the deal, others were less enthusiastic. China called it a "win-win agreement," but officials were restrained when they discussed the news at a press conference late Friday night. The biggest US tariffs—25 percent on $250 billion of manufactured goods—remain in place. China has studiously avoided any commitment to purchase a specific amount of agricultural products, but Trump has said the figure could reach $50 billion a year, the number that many experts believe is more than US farmers can produce. The biggest shortcoming is that the deal does not address the systemic issues that are at the heart of China's trade and industrial policies. Trump's economic advisors and trade negotiators argue that China subsidizes its businesses and facilitates, if it does not actively participate in the theft of intellectual property. Robert Lighthizer, the chief US trade negotiator, acknowledged this shortcoming—as well as the fact that the deal will not rectify the trade imbalance—adding that this deal is only the first step in what will be a long effort to fix the "unfair" relationship between the US and China. No one expects that to conclude soon, and China is likely to delay, hoping that Trump will not be re-elected and that it will have better luck with the next US administration.

Japan, like every other major trading country, is pleased to see a trade truce. The global economy has been slowed by the fight, with losses extending well beyond the two combatants. Japan has suffered collateral damage as businesses that built China into their supply chain have been badly hurt by tariffs on exports. Japanese companies that ship from China to North America have seen sharp drops in exports along with significant decreases in share prices. It is difficult to see the compromise that has been reached, as justifying the harm that has been done. Astute observers note that many of China's purported "concessions" were likely in any case. In addition to the economic damage, the global trade regime has been undermined, as its two biggest participants have openly resorted to bullying and unilateralism. There is not only the danger of more in the future—Trump steadfastly refuses to give up the tariff threat—but the prospect that other countries will imitate them. This deal is a victory in only the narrowest of terms.

(807 words)

出典 The Japan Times, A truce is reached in the U.S.-China trade war (Editorials), December 16, 2019（設問化のため一部修正）

(13) Which of the following is closest to the experts' assessment of the US-China bilateral trade agreement?

1 Whatever can be achieved by the agreement will not be enough to recoup the losses that have been incurred by the trade dispute so far.

2 The agreement should be welcomed with great applause as a significant step forward in settling one of the worst trade conflicts in the history of US-China relations.

3 Whether the agreement could bring real benefits to the US depends partly on whether it can find a practical way to stop China's theft of US intellectual property.

4 It will likely be a historic victory for President Trump if it can reduce the US's long-standing trade deficits with China.

(14) According to the passage, which of the following is true regarding the actions taken in the trade war between the US and China?

1 The US imposed heavy tariffs on its imports from China, making Chinese companies pay back part of the profits they have gained from trade with the US.

2 In response to the US tariff increase, China raised tariffs on US products to a quarter, which did not help ameliorate the trade imbalance between the two countries.

3 China's retaliation against the US threat to impose tariffs on $160 billion of Chinese products did not lead to any reduction in US agricultural exports to China.

4 The US said that if China did not make additional purchases of $200 billion worth of US products, it would reimpose a sanction of raising tariffs on Chinese products imported to the US.

(15) According to the passage, what is one reason that the US-China bilateral trade deal may not actually be a "win-win agreement"?

1 The agreement, without any clear stipulations regarding some fundamental issues, cannot effectively protect US intellectual property from Chinese companies.

2 The Chinese government is expected to deliberately postpone signing the agreement until the next US presidential campaign ends.

3 China's unrealistic commitment in the agreement to buy more agricultural products than can be produced by American farmers make its validity dubious.

4 The agreement, which does not require China to change any of its trade and industrial policies, will only exacerbate the already detrimental trade imbalance.

(16) According to the passage, what could be the impact of the US-China trade war on a global scale?

1 The trade war will inevitably cause a sharp drop in US and Chinese exports to other countries, which will soon lead to a further global economic slowdown.

2 The concessions that the Chinese government has made will probably discourage many global companies from incorporating the US and China into their supply chains.

3 Other countries may also follow the US and China by using the forcible technique of raising tariffs to address trade issues they face.

4 Many companies around the globe that export their products and services to the US and Chinese markets will also suffer seriously as their products will be subject to higher tariffs.

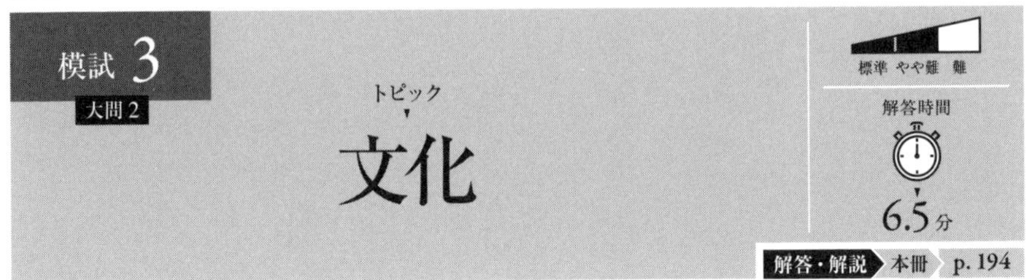

Read the passage below and choose the best answer from among the four choices for each question.

The Mechanical World View

Mechanism is a conception of the world originated by the French philosopher René Descartes. According to this theory, the natural world works according to mechanical laws, and everything in the material world can be explained in terms of the arrangement and movements of its parts. It was the basis for Newtonian mechanics, which held that all physical phenomena could be understood in mechanical terms. From the historical perspective, the mechanical worldview owes much of its triumph to Charles Darwin's *The Origin of Species*, which is considered to be the foundation of evolutionary biology. As Darwin's theory of biological evolution is, in every respect, comparable to Newton's scientific discoveries in physics, the theory ended up becoming a supplement to Newton's mechanics. Then the superficial aspect of the theory was immediately applied to (*1*) without understanding the full implications of Darwin's findings.

Though it appeared to be a triumph for the mechanistic worldview, it (*2*). For instance, the English philosopher and sociologist Herbert Spencer viewed Darwin's theory of evolution as empirical evidence for the "survival of the fittest in human society." This concept transformed into social evolutionism, a now-discredited theory that calls for the dominance of the upper classes over other members of society and the exploitation or conquest of so-called primitive societies. Fortunately, though, the objectionable way in which it justified the strong benefitting at the expense of the weak has mostly fallen out of favor in a more or less egalitarian modern society.

The mechanical worldview is characterized by the concept of progress. This view considers progress as a process by which the disordered natural world creates a more ordered material environment for human use. In other words, progress is a way of manipulating the natural world so that it produces even greater values than it had in its primordial state. In this respect, science is a method of learning the ways of nature and basing the natural world on consistent principles and rules. However, according to the economic and social theorist Jeremy Rifkin, the author of *Entropy*, various worldviews that have emerged in the modern era, including the mechanical worldview, are all (*3*). These worldviews were the foundations of progress-oriented attitudes that favored economic growth at the expense of all else and have resulted in possibly irreparable damage to the environment. Therefore, they are now beginning to look increasingly inappropriate. (387 words)

(1) 1 delve into the efficacy of the worldview
2 marginalize the dominant mechanistic views
3 serve as a catalyst for the mechanical theory
4 further legitimize the mechanical worldview

(2) 1 ignored an important scientific truth
2 had nothing to do with Descartes' theory
3 had several significant exceptions
4 was also taken too far

(3) 1 gaining currency in the world
2 making tenuous relationships with the environment
3 inextricably linked with environmental technology
4 losing their vitality and validity

Read the passage below and choose the best answer from among the four choices for each question.

Predictions and Decisions

Given that virtually every decision is to some degree a prediction, it is remarkable just how bad we as a species are at it. The Nobel Prize-winning economist and psychologist, Daniel Kahneman, argues that we make sense of a complex world with "heuristics"—mental shortcuts or rules—and biases derived from experience that allow us to substitute simpler problems for more difficult ones. Unfortunately, his work demonstrates that those shortcuts frequently (***4***). These biases tend to happen because we lack the statistical knowledge or patience to apply them properly, and as a result, we poorly anticipate what the future will bring.

That failure assumes greater significance when we move from decisions of personal importance to those of policy. The psychologist Philip Tetlock and J. Peter Scoblic, a co-founder and principal of Event Horizon Strategies, note that "every policy is a prediction," one that posits a causal relationship between means and ends. The COVID-19 crisis is a failure of imagination—a failure to accurately forecast the future—and as a result government planning and budgets only reflected traditional definitions of "security" and left us struggling when a novel virus emerged.

The COVID failure has policymakers scrambling to fill the gap. In their latest effort Tetlock and Scoblic advise policymakers to combine probabilistic forecasting and scenario planning for the best results. Of course, (***5***): the two approaches make highly disparate assumptions about the future. Scenario planners start with the belief that there are so many possible futures in which plausibility, not probability, is what matters. They then try to identify those futures. Decision-makers complain that understanding the contours of those imaginings is not enough. There needs to be some sense of likelihood, which is where forecasters enter the picture: they try to calculate the odds of possible outcomes. Tetlock and Scoblic conclude that a holistic approach that combines the two "would provide policymakers with both a range of conceivable futures and regular updates as to which one is likely to emerge."

When studying predictions, ironically, Tetlock (*6*) between fame and accuracy; it turned out that the most renowned experts had the most dismal records of prediction. Among other factors, he blamed the media, which demands short, simple, and compelling stories, devaluing the nuance that lengthens and complicates a narrative, which invariably renders it more accurate. As Tetlock explained, experts "are just human in the end. They are dazzled by their own brilliance and hate to be wrong. Experts are led astray not by what they believe, but by how they think." (429 words)

出典 The Japan Times, It's hard to make predictions, especially about the future — but it's not impossible (Commentary), by Brad Glosserman, October 20, 2020（設問化のため一部修正）

(4) 1 are biased by our experiences
2 do not work as intended
3 make simple problems more complicated
4 deprive us of tolerance and caution

(5) 1 they usually fail to compensate this gap
2 this is generally extremely dangerous
3 it may seem like a strange idea at first
4 it is, in a way, common knowledge

(6) 1 recognized some similarities
2 found an inverse correlation
3 found an exquisite balance
4 saw a strong parallel

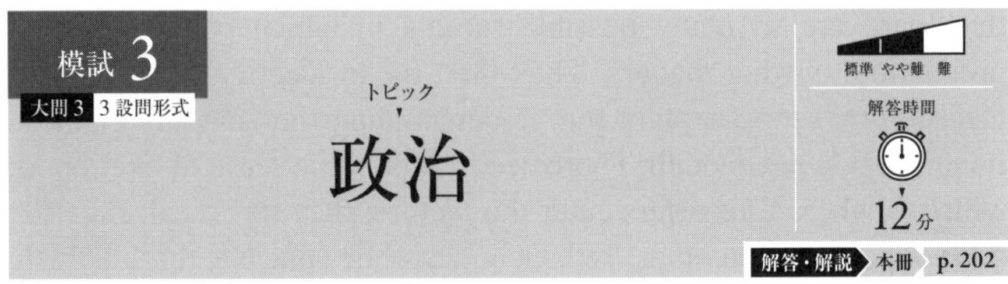

解答・解説 本冊 p. 202

Read the passage below and choose the best answer from among the four choices for each question.

The UK's Giant Delusion

As the British struggle to choose a new prime minister, a huge delusion runs through much of the media comment and public debate. This is quite simply that, whether Britain leaves the European Union with an agreed deal, or leaves with the "no-deal," or just stays in the EU, some kind of new sovereign control can be gained over its laws and government that will change things beneficially. The delusion is fed by numerous examples of poorly judged and EU-inspired overregulation, as well as by the irritating superiority of EU law in British courts. It is also fueled by cumbersome procedures that a club of 28 countries has to go through to reach decisions and by the often perverse rulings of the European Court of Justice and the European Court of Human Rights. Ironically, the latter in reality has nothing to do with the EU, and will still be there, leave or remain, although few commentators bother to explain that. Indeed, this last point illustrates the great delusion with crystal clarity. In today's deeply interdependent world, the whole idea embodied in such ringing metaphors as "taking control," "making our own laws," and "getting our country back" is fundamentally, intellectually, and factually flawed. Laws and institutions that have no connection with EU membership are expanding across the planet daily. They are part of the rules-based order that now stands between all of us and international anarchy. A binding weave of behavior at every level shapes almost every aspect of ordered daily life and its governing laws. The world of pure sovereign control has gone forever.

Pity, therefore, the new British prime minister. He will have to be a master of illusion first and perform the seemingly impossible trick of extracting Britain from the EU. Then he will have patiently to explain that his powers are far more limited than the media or the public can comprehend. He will have to reveal that unless Britain is attempting to become a kind of hermit kingdom, life will continue to be governed by a network web of international rules and procedures not very different from what went before. Hardest of all will be to explain that both national identity and local identity, for which greater recognition is so loudly demanded, actually rest on conformity with the international and globalized context and its unavoidable disciplines.

This is the grand paradox of the digitalized, globalized age. The instant communication and unparalleled connectivity in high global demand and the giant platforms bestriding the globe have created a contradictory puzzle. More independence depends on growing interdependence. The burgeoning populist nationalism and localism increasingly craved almost everywhere are driven and enabled by the same forces that are globalizing and homogenizing humanity. The demand for being "us," for having control, only has substance if it goes hand in hand with acceptance of the woven reality of higher rules and controls that are just managing to hold the modern world together. Complicated? Very. Counterintuitive? Yes. Almost impossible to get over in an age of polarized simplicities and media exaggeration? Certainly. Yet somehow the message must be persuasively conveyed and made acceptable if stable government is to be delivered, outrage assuaged, and society to remain governable. (536 words)

出典 The Japan Times, The U.K.'s giant delusion of sovereign control (Commentary), by David Howell, June 25, 2019（設問化のため一部修正）

(7) According to the author of the passage, which is one example of the truth that illustrates the delusion seen in the British media?

1 It is clear that the European Court of Human Rights will continue to have an effect on British legislation.

2 Overregulation resulting from EU policies has never actually had much of a negative impact on British sovereignty.

3 The complicated processes for reaching an agreement within the EU have been adopted within the British government.

4 Whether Britain leaves the EU or not, the European Court of Justice will continue to have no authority over British laws, in which sense Britain already has sovereign control.

(8) What is one reason the author of the passage feels sorry for the new British prime minister?

1 He will need to convince the British people that Britain is completely free of the type of rules that affected it while in the EU, this is apparently not feasible.

2 He will need to make an appeal to the EU that Britain will remain a close ally even after leaving the organization.

3 He will have to assure the British people that after leaving the EU, new sovereign control will be gained over its laws and government, when they do not believe this to be true.

4 He will have to reveal to the British people who believe they have achieved greater independence that they are actually living in a hermit kingdom.

(9) The grand paradox of the digitalized, globalized age is that

1 the demand for nationalism can only be fulfilled by the dismantling of global platforms that contribute to its proliferation.

2 an increasingly large number of people support nationalism and localism, but their appreciation for their own culture has been fueled by the storm of globalization.

3 while the majority of people crave a homogeneous global society, globalization leads to cultural diversity.

4 giant platforms that provide instant connectivity and promote globalization are at the same time driving nationalism and localism.

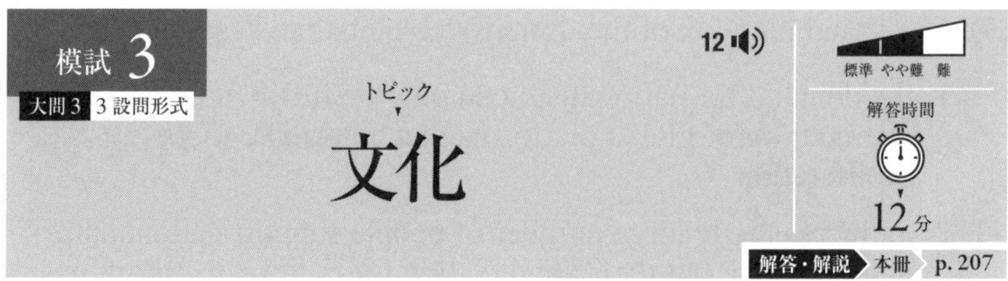

解答・解説 本冊 p. 207

Read the passage below and choose the best answer from among the four choices for each question.

Tallying National Happiness

In most countries, progress is measured in terms of GNP or GDP—gross national or domestic product. But one small country has adopted a startlingly different yardstick. In 1972, the king of Bhutan declared that progress in the landlocked Himalayan mini-kingdom would henceforward be gauged in terms of GNH—gross national happiness. Contentment, not capital, became Bhutan's official priority. As indicators of national well-being, profits, losses, surpluses, and deficits were folded into just one of four "pillars of gross national happiness." Thus, in his annual report to the National Assembly, the Bhutanese prime minister testifies not just about "equitable and sustainable" socioeconomic development, but also about "preservation and promotion of cultural values, conservation of the natural environment, and establishment of good governance." Bhutan might seem an odd place for a revolutionary social philosophy to bubble up. Already isolated by geography, it has locked in its image as an enigmatic Shangri-La by tightly controlling access. The temptation is strong to see GNH as just another charming expression of Bhutanese eccentricity.

Yet, the king's Buddhist-inspired decree sparked a real interest among economists and other social scientists abroad. Bhutan is putting into practice a philosophy that some economists now see as a promising alternative to market fundamentalism. It is not so much antidevelopment—or even antiglobalization—as it is pro-balance. One Bhutanese scholar explains that GNH does not mean rejecting modern advances, including education and technology, but figuring out how to place "the hamburger of modern development in the Bhutanese mandala." For Bhutan, this might mean opening the door to fast food, television, and the Internet while at the same time preserving and celebrating its cultural and spiritual heritage, and its superb environment. Its small size and physical isolation make the task easier. But what might GNH mean for larger, more developed countries?

According to Ed Diener, an American professor of psychology, the first thing that is required is "a huge shift in the way policymakers think." Instead of merely considering economic indicators as a measure of national progress, governments would have to get used to the idea of factoring in both social indicators, such as education, healthcare, and the state of the environment, and much more subjective measures of life satisfaction. It is the third part, of course, that is the challenge. Most governments do pay attention to education and healthcare, since such matters influence votes. But what does life satisfaction consist of, and what can policymakers do to promote it?

The trick is to focus on redressing the often deleterious side effects of too narrow a concern with economic progress. Promote appreciation of the importance of work conditions, vacation, leisure time, and childcare. Take into account the social value of volunteer work. Offset assessments of industry profits with an honest accounting of the losses due to environmental degradation. Broaden the definition of the bottom line, they say, and the bottom line as traditionally understood will probably even benefit, since a happier, healthier workforce should prove more productive. Thirty-two years into its grand experiment, Bhutan has become a beacon for intellectuals as well as hikers and hippies.

(516 words)

出典 The Japan Times, Tallying national happiness (Editorials), October 24, 2004（設問化のため一部修正）

(10) GNH may be viewed as an expression of Bhutanese eccentricity because

1 so many indicators of national well-being are arbitrarily rolled up into one component of GNH to measure national progress.

2 Bhutan's prime minister uses GNH as an important strategy to achieve the goal of economic prosperity, in contrast to many other countries that prioritize gross national product.

3 it is an unconventional concept emerging from an isolated nation that is already perceived as being idiosyncratic in various ways.

4 it was a policy decreed by the King of Bhutan that combined unusual measurements to showcase its presence in the world.

(11) Why has the adoption of GNH in Bhutan attracted interest outside Bhutan?

1 GNH may be a viable alternative that holistically measures national growth instead of current methods that only emphasize economic expansion.

2 Economists view it as a harbinger of a revolutionary global movement that may sweep other nations in the near future.

3 Experts are hopeful that by using GNH as a guideline for development, Bhutan can embody economic prosperity with sustainable development.

4 It is an indication of Bhutan's willingness to open up to the outside world, which suggests that there will be opportunities to expand trade with the country.

(12) What is the most difficult aspect of applying GNH to measure national well-being?

1 Shifting the focus from education and healthcare to environmental protection and cultural preservation, which can only be majored subjectively.

2 Redefining overall benefits of national policies so that what is lost in conventional indicators will be made up for by the new ones.

3 Designing and promoting indicators to measure intangible, elusive elements that are nonetheless crucial for the well-being of the people.

4 Not losing sight of the conventional economic factors that are still required for any nation to be regarded as advanced.

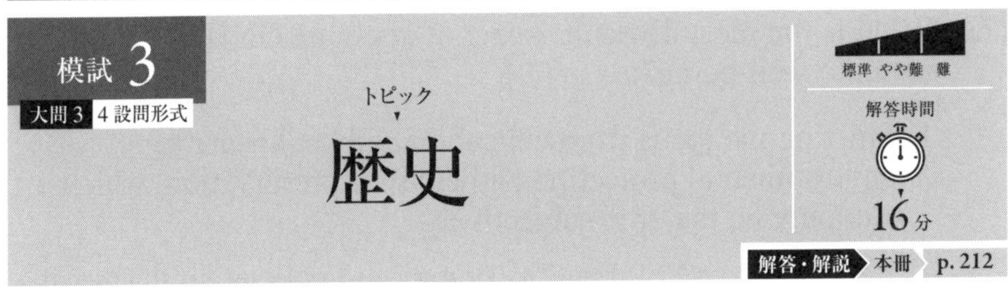

解答・解説 本冊 p. 212

Read the passage below and choose the best answer from among the four choices for each question.

The Vikings

At both its western and eastern extremes, the great fused supercontinent of Eurasia breaks into fragments, not quite matching fringes of islands. In the east, there are the likes of Hainan, Taiwan, the Japanese archipelago, and the Kuril Islands; while off the western mainland lie the British Isles, the Shetland Islands, the Faroe Islands, and Iceland. In both the east and the west, settlement of these outlying fringes by humans seems to have taken place over an extended period of several millennia, with colonists coming largely from the nearby continent. The recent underwater-archaeological discovery of a partially intact Mongol ship on the seabed off Nagasaki Prefecture is a reminder of how Japan was only saved from invasion when the approaching fleets of Kublai Khan foundered there, before the great thirteenth-century Mongol ruler had a chance to conquer these islands. In contrast to Japan, the western fringes of Europe were not so fortunate, since early European civilizations and empires were very much coastal unlike the Mongols whose base was the steppes of central Asia. The Greeks and the Romans were extremely competent ocean-goers; the Romans also excelled on land and came to dominate western Europe, North Africa, and the Mediterranean more than two millennia ago, and soon dominated the fringes as well.

Greek and Roman empire-builders apart, though, more than a thousand years prior to the Norman invasion of England in 1066, western Europe experienced repeated waves of unrest, warfare, and invasion—among them perhaps the most infamous were launched by the Norse people, whom we now refer to as the Vikings. These Scandinavian merchants, explorers, and traders were largely coastal dwellers and, most importantly, masters of the sea. In the late 700s, their peaceful activities evolved into plundering raids beginning with attacks on monasteries and coastal settlements. For nearly four centuries, from the late eighth century to the mid-eleventh century, these raiders and traders extended their reach up to the Scandinavian coast and into the White Sea, even to the Volga River, and south around Iberia, then east into the Mediterranean, and beyond that into the Black Sea.

The reasons behind this aggressive expansionism are much debated, including: a response to northward incursions of Christianity; a shift in the balance of power in continental Europe at the end of the reign of Charlemagne in 814, after which the Holy Roman Empire he headed began to fragment; overpopulation in the relatively unfertile Norse homelands forcing emigration; and their temperament and society that drove them to explore, discover, and plunder. The Vikings were extraordinarily adept at finding courses that took their ships into the Baltic Sea, across the North Sea and all around the British Isles and the northern islands, such as the Orkneys, Shetlands, and Faroes. However, their journeys did not stop there, as their voyages in impressively constructed sailing boats no more than about 15 meters long spanned the North Atlantic and took them as far as Iceland, Greenland, and even Newfoundland.

One group of islands raided by the Vikings in the ninth century is the Skellig Islands off southwest Ireland, which can only be landed on when wind and sea conspire to allow it. Skellig Michael rises steep and rugged from the cold North Atlantic. Amazingly, during the sixth or seventh century, Irish Christian monks founded a retreat here and ultimately an eremitic monastery. Even if making a landing is possible, many visitors are overwhelmed by scaling the almost sheer flanks of the island by the precipitous stone steps the monks hewed out. The scramble to the 230-meter summit is, however, well worth it for the view alone.

Yet it is the scene at the top of the island that inspires most, with its *clochans*—simple dry-stone dwellings dating from the early Middle Ages that are shaped like old-fashioned beehives with corbelled stone roofs; its oratories and stone grave slabs; an impressive monolithic cross; and the later church of St. Michael. As if the extreme remoteness and inaccessibility of the monastery on Skellig Michael were not awe-inspiring enough, the Hermitage is located on the southwestern peak of the island, and far too hazardous for modern-day visitors to approach. Isolated from the monastery on the main peak, the Hermitage was a place of extreme retreat for those who wished for true isolation. Looking out from this spot, whether religious or not, visitors cannot help admiring the depth of belief and the driven sense of spirit that the monks once cut off here embodied. Their remote isolation, though, was not enough to spare those men of the cloth from becoming targets of ninth-century Viking raiders. Could they really have generated sufficient wealth worthy of being attacked? Or was their fate linked to a broader attack on the tenets of the Christian church? (793 words)

出典 The Japan Times, In the wake of the Vikings (Life), by Mark Brazil, November 13, 2011（設問化のため一部修正）

(13) Why were the islands on the western side of Eurasia not as lucky as the islands on the eastern side?

1 A great civilization that developed in western Europe was a naval power with the ability to expand its power to the islands on the western edge of the continent.

2 There were no storms in the west to stop powerful invaders like Kublai Khan from reaching the western islands, which were often conquered.

3 The Romans and Greeks had superior military strategies that made their success longer-lasting than the Mongols'.

4 It took longer for people to sail to the islands in the west because they were fragmented and distanced from the continent.

(14) The Vikings became successful raiders in western Europe because

1 by trading and exploring instead of concentrating only on raiding, their activities were supported by the people of Europe.

2 they had experience plundering Eastern Europe for more than a thousand years and had even sailed to remote areas in modern-day Russia.

3 by raiding monasteries and coastal settlements, they accumulated great wealth which made it possible for them to travel all over Europe.

4 they were highly skilled in shipbuilding and sea navigation, which enabled them to sail far to remote areas of Europe.

(15) According to the passage, what is one reason for the expansion of the Vikings?

1 Overpopulation of their homeland led to wasteful use of natural resources that later forced the Vikings to emigrate to other lands.

2 Exposure to the Christian faith caused the Vikings to spread the faith to other countries in Europe.

3 The decline and collapse of the Holy Roman Empire under the inept rule of Charlemagne changed the balance of power in continental Europe.

4 The culture and spirit of the Vikings induced them to sail to other countries in search of adventure, novelty, and wealth.

(16) Which of the following statements is true about the island of Skellig Michael?

1 It is a remote and isolated island rendered inaccessible by bad weather, with an awe-inspiring monastery built on its main peak, 230-meters above the sea.

2 Its most stunning historic site is the Hermitage, which was built by Irish monks to hide their treasures from the Vikings who constantly raided the island in the ninth century.

3 One of its most inspiring monasteries is *clochans*, later called the church of St. Michael, which successfully escaped attacks by the Vikings with its remoteness.

4 It has a monastery located on its top, and the Hermitage on its southwestern peak, both of which are too hazardous to approach and beyond the reach of any tourist.

the japan times 出版